Cof ac Arw

Ysgrifau Newydd ar W

Cof ac Arwydd:
Ysgrifau Newydd
ar
Waldo Williams

Golygwyd gan
Damian Walford Davies
a
Jason Walford Davies

Cyhoeddiadau Barddas
2006

ⓗ Y Cyfranwyr

Argraffiad cyntaf: 2006

ISBN 1 900437 87 2

*Cyhoeddwyd gyda chymorth ariannol
Cyngor Llyfrau Cymru.*

Cyhoeddwyd gan Gyhoeddiadau Barddas

Argraffwyd gan Wasg Dinefwr, Llandybïe

Beth sydd ar ôl? Hen gyfrolau o rew
yn drwch hyd y muriau
diderfyn; a dyn, rhwng dau
glawr, yn ffaglu ei eiriau.

Tony Bianchi

Yr oedd dyfnder i'w wreiddiau mawr o hyd
Ym mhridd y Preselau;
Y fro hon sy'n ei fawrhau:
Gwelodd tu hwnt i'w golau.

James Nicholas

Diolchiadau

Dymuna'r Golygyddion ddatgan eu diolch i'r canlynol: Eluned Richards, ceidwad hawlfraint gweithiau Waldo Williams, am ganiatâd i ddyfynnu o'r farddoniaeth a'r rhyddiaith, ac i Wasg Gomer yng nghyswllt y dyfyniadau o *Dail Pren*; Enid Stevens am ganiatâd i ddyfynnu o lythyr Waldo at ei mam, Anna Wyn Jones; Tony Bianchi a James Nicholas am yr englynion; Linda Norris am ddelwedd y clawr; y Parchedig Roger Griffiths a'r Parchedig D. R. Rees am ganiatâd i gynnwys y ffotograffau o'r beddfeini yng Nghas-mael a Threamlod, Sir Benfro; Aled Rhys Hughes am y ffotograff ar dudalen 104; yr Ymddiriedolaeth Genedlaethol, Bwthyn Coleridge, Nether Stowey (a Derrick Woolf a Tilla Brading yn arbennig) yng nghyswllt y ffotograff ar dudalen 91; Vernon Beynon, perchennog tir y ddau gae, am ganiatâd i ddyfynnu'r englyn anghyhoeddedig 'Bwlch-y-Ddwy-Sir'; Tegwyn Jones am lunio'r mynegai; Gareth Pritchard am ganiatâd i ddyfynnu o lythyrau Waldo at Megan Humphreys; ac Alan Llwyd am gael ailgyhoeddi erthygl R. M. Jones, a ymddangosodd yn wreiddiol yn *Barddas*. Cynhwysir cyfieithiad Rowan Williams o 'Mewn Dau Gae' gyda chaniatâd caredig Rowan Williams, Hugo Brunner a The Perpetua Press. Cydnabyddir yn ddiolchgar gymorth Cronfa Syr David Hughes Parry, Prifysgol Cymru, Aberystwyth.

Byrfoddau

CDW   James Nicholas (gol.), *Waldo: Cyfrol Deyrnged i Waldo Williams* (Llandysul, 1977)

CMWW   Robert Rhys (gol.), *Waldo Williams: Cyfres y Meistri 2* (Abertawe, 1981)

DP   Waldo Williams, *Dail Pren* (Aberystwyth, 1956)

Llsgr. LlGC   Llawysgrif yn Llyfrgell Genedlaethol Cymru, Aberystwyth

WWRh   Damian Walford Davies (gol.), *Waldo Williams: Rhyddiaith* (Caerdydd, 2001)

Cynnwys

Rhagarweiniad

Damian Walford Davies a Jason Walford Davies

Cof ac Arwydd: daw'r ymadrodd o un o gerddi mwyaf eiconaidd Waldo Williams: 'Preseli' (1946). Fe'i dewiswyd fel teitl ar gyfer y casgliad hwn o ddeg ysgrif newydd ar Waldo gan ei fod yn crisialu bwriad y gyfrol hon – hanner can mlynedd wedi ymddangosiad *Dail Pren* (1956) – i fynd â ni y tu hwnt i'r ddelwedd chwedlonol a delfrydoledig o 'Waldo' (pam nad 'Williams'? – onid problematig yw'r agosatrwydd hwnnw?) drwy ystyried o'r newydd gerddi honedig gyfarwydd a ddaeth yn rhan o gof cenedl, a thrwy dalu sylw manlyach i 'arwyddion' cymhleth y bardd, a hynny fel y gellir pennu cyfeiriadau beirniadol newydd. Nid 'y "Waldo" a grewyd gan ei edmygwyr anfeirniadol' (geiriau Robert Rhys) a gawn yma. Ar lawer ystyr, bardd dieithr, lluosog a ddaw i'r amlwg wrth i'r gyfrol herio sawl darlleniad 'swyddogol' o'r dyn a'i waith. Un agwedd ganolog ar y gyfrol yn y cyswllt hwn yw'r parodrwydd i ddadlennu'r paradocsau, y problemau a'r trawma sy'n rhan mor allweddol o'r farddoniaeth a'r rhyddiaith hithau.

Gwelwyd yn ddiweddar ymgais i fynd i'r afael â gwaith Waldo o bersbectifau ffres a heriol. Darllenwyd y farddoniaeth o'r newydd o fewn fframweithiau damcaniaethol; trafodwyd y cysyniad o awdur(dod), a rôl y darllenydd mewn perthynas ag ystyr symudliw testun llenyddol; cynigiwyd ymdriniaethau hanesyddiaethol sy'n lleoli'r cerddi yn eu cyddestunau cymdeithasol, diwylliannol a rhyngwladol ehangach, ac yng nghyd-destun 'cyd-destunau' cyfieithiadau Saesneg ohonynt; ac fe'n hatgoffwyd (yr oedd angen gwneud hynny) nad gyda *Dail Pren* y daeth gyrfa farddonol Waldo Williams i ben.[1] Y mae'r ysgrifau yn *Cof ac Arwydd*

---

1. Gweler Damian Walford Davies, 'Waldo Williams, "In Two Fields", and the 38th Parallel', yn T. Robin Chapman (gol.), *The Idiom of Dissent: Protest and Propaganda in Wales* (Llandysul, 2006), 43–74; Tudur Hallam, '"Cwmwl Haf" Waldo Williams a Theori'r "Switches"', yn Owen Thomas (gol.), *Llenyddiaeth Mewn Theori* (Caerdydd, 2006), 152–87; Jason Walford Davies, 'Waldo Williams, "Y Dderwen Gam"', *Barddas*, 271 (Chwefror/Mawrth, 2003), 26–32 (cyhoeddir trafodaeth lawnach gan yr awdur ar y gerdd hon yn *Gweledigaethau: Cyfrol Deyrnged Yr Athro Gwyn Thomas*, a gyhoeddir yn 2007 gan Gyhoeddiadau Barddas); a rhagymadrodd Tony Conran yn *Waldo Williams: The Peacemakers* (Llandysul, 1997), 9–50.

hwythau'n mapio tir newydd. Ceir cydbwysedd yma rhwng trafodaethau testunol-fanwl ac ymdriniaethau cysyniadol, ac eir ati i archwilio gwaith Waldo yn nhermau amryfal *rwydweithiau*: rhai personol, cymdeithasol, politicaidd, llenyddol, crefyddol, daearyddol ac ieithyddol.

Yn achos nifer o'r ysgrifau hyn, y mae'r gwaith o gyd-destunoli yn digwydd ar hyd echel drawsffiniol – rhwng daear Cymru a thir Lloegr, rhwng y Gymraeg a'r Saesneg, rhwng un o gerddi Waldo a'i hailymgnawdoliad ar ffurf cyfieithiad, a rhwng gwahanol rannau ymadrodd. Rhwydwaith o leisiau yw'r gyfrol hithau: ceir dialog fywiog rhwng y gwahanol ysgrifau, ac y mae annibyniaeth barn y cyfranwyr unigol yn sicrhau na cheir yma unfrydedd barn yn wyneb amlochredd aflonyddol Waldo. Da yw medru dweud mai un o ganlyniadau canolbwyntio sylw ar y *nexus* Waldoaidd yw'r ffaith na cheir yn yr ysgrifau, ac aralleirio un o linellau 'Preseli', un llef deg llais.

Gellir hefyd ddarllen y gyfrol yn adrannol-thematig. Ysgrifau sydd, yn eu ffyrdd gwahanol, yn darllen y gwaith (cerdd unigol, cyfres o gerddi, a *Dail Pren* fel cyfanwaith) yn erbyn cefndir cymdeithasol-wleidyddol y dydd yw'r tri darn cyntaf. Dadleua T. Robin Chapman fod *Dail Pren* yn 'cydgordio' ag 'ofnau, obsesiynau a digwyddiadau' blwyddyn ei chyhoeddi – a hynny ar lefel leol, genedlaethol a rhyngwladol. Drwy lygaid darllenwyr 1956 yr eir at *Dail Pren*; y mae'r weithred hanesyddiaethol-ddychmygus hon, sy'n adfer inni union gyd-destun cronolegol-ddiwylliannol *Dail Pren*, yn ein galluogi i brofi cyffro ergyd wreiddiol y cyhoeddi, a thrwy hynny adfywio ein perthynas â'r testun. Canolbwyntia Robert Rhys ar gynnyrch y cyfnod 1940–2, gan ddatgelu'r 'ing', yr 'ymddieithriad' a'r 'rhwystredigaeth' sydd wrth wraidd cerddi a all ymddangos fel rhai 'siriol broffwydol', a defnyddio term Saunders Lewis.[2] Nodweddir dadansoddiad Rhys gan sgeptigiaeth iach parthed rhethreg cerddi Waldo, a thrafodir un o'r testunau pwysicaf o blith y rheini a ddaeth i olau dydd yn ddiweddar: y llythyr a ysgrifennodd y bardd at ei gyfaill E. Llwyd Williams ym 1939 ynghylch salwch ei dad, J. Edwal Williams, ac effaith andwyol awyrgylch y tŷ – un o ddelweddau mawr cadarnhaol Waldo, wrth gwrs – ar ei fywyd mewnol a'i ymwneud ag eraill. Cerdd o gyfnod y rhyfel na chafodd y sylw dyledus gan feirniaid – 'Gŵyl Ddewi' (1943) – sy'n denu sylw John Rowlands. Cynigir dadansoddiad o ddwy ran gyferbyniol y gerdd yn erbyn tirluniau hanesyddol a diwylliannol Sir Benfro, a hefyd yn erbyn tirluniau barddonol cerddi eraill megis 'Tŷ Ddewi' ac 'Elw ac Awen'.

Ffocws ysgrifau R. M. Jones a Damian Walford Davies yw'r gerdd broblematig, amwys, 'O Bridd', ac eir i'r afael yn y ddwy â natur y weledigaeth arswydus sy'n sail i'r gerdd. Tystia 'O Bridd' yn huawdl, ym

---

2. Saunders Lewis, '*Dail Pren*', *CMWW*, 268.

marn Jones, i gred Waldo yn y Cwymp a'r Pechod Gwreiddiol. Crybwyll-
wyd eisoes Waldo 'lluosog'; gwahaniaetha Jones rhwng 'Waldo'r Beirniad'
(y creadur cyfaddawdol, rhyddfrydol) a 'Waldo'r Bardd' (sydd dan ddylan-
wad yr 'Awen' ddigyfaddawd-foesol). Fel y dadleua Jones: 'Dywed y Bardd
. . . wrtho mai Barn eithaf sydd ar waith yn ail hanner y gerdd; dywed y
Beirniad (a'r werin) wrtho mai braf fyddai lleddfu hynny'. Anghytuna
Damian Walford Davies â'r dadansoddiad hwn; yn ei dyb ef, yr hyn a
amlyga'r gerdd yn hytrach yw seicopatholeg a chyflwr meddwl 'ffobig' a
'niwrotig' y bardd yn y 1940au cynnar. Cymerir y ddadl hon fel man
cychwyn ar gyfer archwiliad (wedi diagnosis) o'r modd y disodlwyd y
weledigaeth dywyll, lesteiriol gan brofiad adferol a gafodd y bardd yn
nhirweddau daearyddol a llenyddol Wordsworth a Coleridge yng Ngwlad
yr Haf – adferiad a seliodd 'gymod' Waldo â'r pridd. Canolog yn y fan
hon yw 'athroniaeth-ddiwinyddiaeth' gyfannol, gydgysylltiol y *One Life*
yng ngwaith y ddau fardd o Sais. Yn gymwys iawn, y mae'r cysyniad hwn
yn ymgysylltu â'r astudiaeth ddilynol gan Alan Llwyd, sy'n cynnig darllen-
iad manwl – yn wir, ailddehongliad – o un o gerddi mwyaf preifat a
chywasgedig Waldo, 'Oherwydd ein Dyfod', yng ngoleuni ymwybydd-
iaeth Wordsworth, Shelley, a Blake o undod cydymdeimladol popeth byw.
Dyfynna Alan Llwyd ymadrodd gan Waldo o'r ysgrif 'Gyda ni y mae'r
Drydedd Ffordd' a all sefyll fel un o arwyddeiriau'r *oeuvre*: 'y mae popeth
yn fwy na'i ffin'.

Cawn gan R. Geraint Gruffydd ac M. Paul Bryant-Quinn ddadansodd-
iadau o ymateb Waldo i brofedigaethau teuluol ac i'w 'alltudiaeth' yng
Nghymru a Lloegr yn ystod y 1940au. Dathliad o'i berthynas â'i wraig
Linda, fe gofir, yw 'Oherwydd ein Dyfod', y gerdd y cynigiodd Alan
Llwyd ddarlleniad ohoni. Yn ei ysgrif ef, y mae R. Geraint Gruffydd yn
ailymweld â cherdd arall y mae Linda (a fu farw mor annhymig ddechrau
Mehefin 1943) yn bresenoldeb ynddi – 'Geneth Ifanc'. Unwaith eto, y
mae popeth yn fwy na'i ffin: dengys Gruffydd sut y try'r 'ysgerbwd carreg'
a welsai Waldo yn yr amgueddfa yn Avebury yn 'symbol o golled ddwbl'
iddo; yma hefyd, yn bresenoldeb grymus, y mae ei chwaer, Morvydd
Moneg, 'fel y cofiai [Waldo] amdani draean canrif ynghynt'. Yr ydym yn
ymwneud yn y fan hon â deinameg drawsffiniol sy'n ddaearyddol yn
ogystal ag yn amseryddol. Man cychwyn M. Paul Bryant-Quinn yw
cefndir emosiynol a seicolegol y 'cyfnod trist a chythryblus' a dreuliodd
Waldo yn Lloegr wedi marwolaeth Linda. Cynigir darlleniad newydd o un
o gerddi'r 'alltudiaeth' honno – 'Cwmwl Haf' (1947) – darlleniad sy'n
seiliedig ar y posibilrwydd fod y gerdd yn cofnodi arswyd agoraffobig;
medd Bryant-Quinn: 'Tybed nad yw meddwl am fardd mawr bro'r Preseli

yn brwydro yn erbyn ofnau felly nid yn unig yn dwysáu'r cerddi, ond hefyd yn rhoi gwedd newydd ar arwyddocâd delweddau'r tŷ a'r ffenestr (a'r cysyniad o'r diffenestr) a geir mor aml ynddynt?'. Pwnc arall yr â'r awdur i'r afael ag ef yn yr ysgrif hon yw'r 'strwythur bwriadol' y mae'n ei weld yn nilyniant cerddi *Dail Pren*. Dyma eto wedd ar y 'trawsffiniol' yn yr ystyr bod i gerddi'r gyfrol gyfochredd a phatrymau atseiniol sydd ynddynt eu hunain yn sylwebaeth ac yn egwyddor.

Ffocws ieithyddol-fanwl sydd i ddwy ysgrif olaf y gyfrol. Yn ei astudiaeth estynedig, dengys Jason Walford Davies sut y mae 'athroniaeth a bydolwg y bardd hwn . . . yn fewnosodedig yn ei ramadeg' ar ffurf ei ddefnydd unigolyddol – un o nodau amgen y farddoniaeth, fe ddadleuir – o'r rhan ymadrodd honno sy'n mynegi perthynas: yr arddodiad. Cynigir 'ymdriniaeth â helaethrwydd gweledigaeth Waldo o fewn "cyfyng furiau'r" gair unigol'. Dyma archwilio nodwedd allweddol o arddull y bardd (a'r awdur rhyddiaith yntau) sydd ynddi'i hun yn ddisgwrs. Gwrthrych sylw Rowan Williams yw ei gyfieithiad trawsffurfiol, trawsffiniol o gerdd fwyaf Waldo, 'Mewn Dau Gae'. Cawn ein hebrwng ganddo drwy'r bwlch rhwng y gwreiddiol a'r trosiad; datgelir ganddo deithi ieithyddol cymhleth y ddwy diriogaeth, ynghyd â natur yr her y mae idiom arbennig Waldo – bardd a oedd drwy gydol ei yrfa farddonol *rhwng* dwy iaith – yn ei chynnig i'r cyfieithydd. (Gellir dadlau, yn wir, fel y gwna Jason Walford Davies, fod (hyn)odrwydd disgwrs Waldo yn ymgorfforiad barddonol o Landsker ei sir enedigol.) Yn ail ran yr ysgrif, cynigir gan Rowan Williams sylwadau cyffredinol cyrhaeddgar ynghylch y prosesau sydd ynghlwm wrth yr 'ymglywed' diwylliannol â lleisiau ac isleisiau'r gwreiddiol: 'what are the connections "under" the words as well as in them? . . . You are always looking or listening for what these particular words in one language make possible, for their range and echoes; you are feeling around them, sensing the alternatives they hint at and deny'. Y mae Rowan Williams yn boenus o ymwybodol o'r arlliwiau a gollir wrth symud dros y ffin ieithyddol; dyna un rheswm y tu ôl i'n penderfyniad i adael yr ysgrif bwysig hon – sydd hithau mor 'arlliwgar' – heb ei chyfieithu. Ac y mae hyn hefyd yn gymwys, wrth gwrs, gan fod cadw'r Saesneg yn y fan hon yn gydnaws â'r lluosowgrwydd diwylliannol hwnnw sy'n nodweddu magwraeth a gyrfa farddonol Waldo Williams.

'Gwyn ei Byd yr Oes a'u Clyw . . .':
Dail Pren a Chymru 1956

T. Robin Chapman

Pace Waldo,[1] nid ystyr arfaethedig y bardd yw'r unig ddarlleniad dichonadwy ar gerdd, am y rheswm syml ddigon nad dyna'r unig ddarlleniad a geir. Peth sefydlog ond symudliw yw testun llenyddol. Bodola ar un ffurf ar y tudalen ond ar amryw ffurfiau diderfyn a chyfnewidiol eraill eto ym mhennau ei ddarllenwyr. Ychwaneger at hynny ei orgyffwrdd â thestunau eraill sy'n ei ategu a'i amodi, a dyna dro arall ar y caleidosgop. Pan berswadiwyd Waldo i gasglu ei gerddi yn gyfrol ym mis Tachwedd 1956,[2] gweddnewidiodd eu harwyddocâd. Trwy eu dethol a'u trefnu a'u cyfosod rhwng dau glawr gwnaeth ddau beth: yn gyntaf, creodd gyfanwaith ohonynt, fel bod modd darllen pob un yn gyfiawn yng ngoleuni ei gilydd fel cynnyrch un cyfnod ac un ymwybyddiaeth gyfannol; yn ail, er iddynt gael eu llunio dros gyfnod o chwarter canrif, ym 1956 fe'u bathodd o'r newydd. Fe'u gwnaeth, yng ngeiriau llythyr at J. Gwyn Griffiths yng Ngorffennaf y flwyddyn honno, fel 'beirniadaeth . . . ar yr oes hon, y gwareiddiad hwn, a'r wlad hon yn enwedig'.[3]

Natur wirebol rhai o'r cerddi sydd i gyfrif am eu cyfoesedd cameleonig a'u perthnasedd parod, bid siŵr: rhoi cyllyll yn llaw'r baban yw arfogi teyrnas, a chennad dyn yw bod yn frawd ym mhob oes. Eithr ym mhair digwyddiadau 1956, pryd yr edrychai Cymru ymlaen at ailddiffinio ei chenedligrwydd, ni waeth pa mor annelwig y termau, tra'n ceisio dirnad arwyddocâd y cyfnewidiad hwnnw yng nghyd-destun dadfeiliad y drefn imperialaidd – Brydeinig, Rwsaidd, ie, ac Americanaidd – canodd *Dail Pren* gyfeiliant i'r ymchwil. Waldo oedd yr eglurwr sydyn. Tyfodd ei idiom yn rhywbeth a oedd yn ymylu ar fod yn ddisgwrs. Gellir synio'n deg am 1956, felly, fel cynefin *Dail Pren*, lawn gymaint â'r blynyddoedd a fu'n

---

1. 'Mae damcaniaeth ar gael heddiw fod sawl dehongliad o gân yn bosibl a bod y rhai na feddyliodd yr awdur amdanynt gystal, os nad gwell weithiau, na'r un oedd ganddo. Ni chawn i flas o gwbl ar ganu yn yr ysbryd hwn'; *Baner ac Amserau Cymru*, 13 Chwefror 1958, 5; *WWRh*, 89.

2. Gweler J. Gwyn Griffiths, 'Dail Pren: Y Cysodiad Cyntaf', *Taliesin*, 103 (1998), 43–6.

3. J. Gwyn Griffiths, 'Bardd yr Heddychiaeth Heriol', *CMWW*, 199; *WWRh*, 83.

dystion i bob cerdd yn ei thro. Yr hyn a wnaeth y casgliad yn glasur oedd nid yn unig ansawdd ei gynnwys, y disgwyl cyffredinol a fu amdano, y 'chwedl fabinogaidd' a dyfasai o gwmpas personoliaeth Waldo ei hun, chwedl D. Jacob Davies,[4] a'r ymwybyddiaeth mai hwn fyddai campwaith ei awdur, ond hefyd ddamwain ffodus ei lansio mewn blwyddyn a gydgordiai ag ysbryd yr hyn a geir ynddo. Gan hynny, ymhlith yr holl ddarlleniadau dichonadwy a dilys, ymarferiad buddiol yw ceisio darllen y gyfrol trwy lygaid darllenwyr canol yr ugeinfed ganrif a ymatebodd iddi yn erbyn cefndir ofnau, obsesiynau a digwyddiadau'r flwyddyn honno.

Yn ei golofn yn *Y Cymro* yn nechrau 1957, edrychodd yr Aelod Seneddol Llafur dros Arfon, Goronwy Roberts, yn ôl ar 'flwyddyn dywyll'. Buasai yn sicr yn flwyddyn gynhyrfus. Ar 29 Hydref glaniodd milwyr o Brydain yn Suez, a phrin wythnos yn ddiweddarach, ar 4 Tachwedd, ymlwybrai tanciau Rwsia trwy strydoedd Budapest. Bythefnos wedi hynny, yr oedd un papur lleol yn sôn, gyda'r blas a deimla wythnosolyn taleithiol bob amser wrth i ddigwyddiadau'r byd mawr oddi allan ymyrryd â'i ddalgylch, fod cwponau petrol yn cael eu dosbarthu yn etholaeth Goronwy Roberts am y tro cyntaf er 1950, a bod swyddfa'r post ym Mangor naw milltir i ffwrdd wedi agor 'a special position at the counter to deal with the demand'.[5] Cyhoeddwyd *Dail Pren* yn ystod mis a welodd bryderon am gyflenwadau glo i ysgolion, chwyddiant rhemp ('drudaniaeth' yn iaith y cyfnod), a rhybudd gan yr awdurdodau mai ar eu menter eu hunain y teithiai pererinion i Fethlehem y Nadolig hwnnw.

Diau i ddiweddglo ansicr a bygythiol 1956 liwio agwedd ehangach Roberts tuag ati. Mwy diddorol na'i ddigalondid oedd ei asesiad. Buasai'r flwyddyn, barnodd, yng ngafael 'dau deimlad dwfn sydd yn gwrthdaro yn enbyd yn erbyn ei gilydd . . . Y naill yw'r deffroadau cenedlaethol ymhob gwlad bron, a'r llall yw cyd-ddibyniaeth cynhyddol yr holl wledydd trwy'r cyfan'.[6] Yr oedd yn gasgliad a âi'n od o groes i'w argyhoeddiad ddeuddeng mis cyn hynny ei bod yn bryd anwybyddu '[m]ân ddadleuon gwleidyddol nad oes iddynt yn y pen draw unrhyw realedd na phwysigrwydd'. Ni buasai rhyfel rhwng cenhedloedd yn bosibl, meddai, 'oni bai am y rhyfel rhwng unigolion'. Rhaid oedd cychwyn trwy gydnabod un Duw yn gynsail pob credo:

> Os yw hyn yn wirionedd, yna mae gobaith i'r byd. Fe olygai bod unoliaeth rhwng dynion, gan eu bod yn cyfrannu o'r un hanfod er

4. *Y Cymro*, 20 Rhagfyr 1956, 10.
5. *The North Wales Chronicle*, 23 Tachwedd 1956, 5.
6. *Y Cymro*, 3 Ionawr 1957, 8.

mor wahanol y wedd grefyddol arno. Gan hynny, dyletswydd y
Cristion yw chwilio am yr hanfod daionus hwn ymhopeth ac ym
mhawb, ac ar ôl cael hyd iddo ei hyrwyddo er gogoniant Duw, sef
yr hanfod sydd yn goroesi ac yn goruchafu popeth.[7]

Nid Goronwy Roberts oedd yr unig un a gâi drafferth i gysoni'r ddau
ddehongliad. Y duedd eglur yn y wasg Gymraeg oedd synio am Suez a
Hwngari – a helyntion Cypros, Malta, Cenia, y Traeth Aur a Ceylon yn eu
tro – fel mentrau ymerodrol, gormes y rhai mawr ar y rhai bychain, oher-
wydd trwy wydrau dwbl felly yr edrychai Cymru ar y byd ac arni ei hun
yn ei pherthynas â Phrydain yn y flwyddyn a aethai heibio. 'Peth diddorol
ydyw byw mewn cyfnod fel hwn sydd mor llawn o gynnwrf, a llawer o
hwnnw yn gynnwrf er daioni',[8] haerodd David Thomas yn haf 1956.
Syniai hwnnw am y 'deffroad cenedlaethol' yn y Dwyrain Canol ac Affrica
a'r ymysgwyd yn Suez fel 'un digwyddiad . . . o gyfres o ddigwyddiadau
mawr diweddar cydgysylltiedig'. Pan rybuddiodd Thomas y gwledydd
rhag penboethni, hawdd oedd adnabod ei wir gynulleidfa:

> Gwin go gryf ydyw gwin rhyddid, ac yn y dechrau y mae perygl
> iddo godi i ben pobl nad ydynt yn gynefin ag ef; y mae hyn mor
> wir am genedlaetholwyr y gwledydd newydd ag ydyw am ddos-
> barth y gweithwyr yn y Wladwriaeth Les. Rhaid arfer pwyll ac
> amynedd gyda'r naill a'r llall.[9]

Ategwyd ei eiriau gan Idris Roberts, dan y teitl 'Gorthrwm – a'r dewis', yn
ei golofn yntau yn Y Cymro:

> Un o'r materion hynny sy'n corddi'r byd heddiw, yw cri tiriog-
> aethau darostyngedig am ryddid, am gael torri'n rhydd oddi wrth
> hualau gwledydd mawrion. Mae'r ymdeimlad newydd hwn o
> genedligrwydd yn mynd at wraidd problem heddwch yn y byd.
> Hon, yn wir, yw y broblem.[10]

Yr oedd gan Sosialwyr rhyngwladol o stamp David Thomas, awdur Y
Werin a'i Theyrnas, ac Idris Roberts le da i ofni. Ym misoedd cynnar 1956
bygythiai Cymru'r undod dosbarth y tybiai'r ddau ei weld rhwng gwerin-
oedd y byd uwchlaw pob teyrngarwch cenhedlig. Ymhlith cenedlaetholwyr

7. Ibid., 5 Ionawr 1956, 4.
8. 'Nodiadau'r Golygydd', Lleufer, XII (1956), 105.
9. Ibid., 106.
10. Y Cymro, 14 Ionawr 1956, 16.

cyfansoddiadol a diwylliannol, heddychwyr, deisebwyr ac ymgyrchwyr, caredigion yr iaith a gwladgarwyr undydd, unnos, ffynnai anniddigrwydd annelwig nad oedd y wlad yn cael chwarae teg dan y drefn oedd ohoni, yn gymysg â gobeithion am ei newid. O hirbell, a heb fedru mynegi hynny'n glir bob amser, fe'i teimlai Cymru ei hun yn gyfrannog yn y deffroad. A'r gwledydd bychain – a grym moesol bychander – oedd yr ysbrydoliaeth. Ar 20 Rhagfyr 1955 cyhoeddwyd Caerdydd yn brifddinas gan Gwilym Lloyd George, y Gweinidog Materion Cymreig. Esgorodd y penderfyniad ar obaith, yn enwedig ymhlith cenedlaetholwyr, y gwelid mesur o ymreolaeth yn fuan. Ar 6 Ionawr cynhaliodd Plaid Cymru gynhadledd i drigain o wŷr y wasg Brydeinig a thramor mewn gwesty yn Piccadilly i gyhoeddi ei bwriad, flwyddyn ar ôl etholiad cyffredinol lle'r ymladdasai 11 o seddi a cholli ei hernes ym mhob un ond pedair, i ddod â 24 o ymgeiswyr i'r maes yn y nesaf. Cyd-ddigwyddodd hyn â misoedd olaf ymgyrch frwd, drawsbleidiol y Ddeiseb Senedd i Gymru, a gychwynnwyd ym 1950. Erbyn diwedd y mis daliai Gwynfor Evans nad oedd 'swydd gymdeithasol bwysicach i bobl Cymru' na sicrhau llwyddiant y Ddeiseb cyn 'dydd barn' 3 Mawrth. 'Y mae amgylchiadau yn ffafriol i Fesur [*sic*] o ryddid i Gymru – bu dewis Caer-dydd [*sic*] yn brifddinas yn help – ac y mae'r farn gyhoeddus yn aeddfedu'.[11] Nid rhyfedd i un llythyrwr, Dafydd John, yn yr un cyhoeddiad wythnos wedi hynny, fedyddio Cymru yn 'wlad yr ymgyrchoedd':

> gwlad wedi deffro yw Cymru heddiw, ac fel dyn yn deffro o hir gwsg nid yw'n gwybod yn iawn lle y mae. Y peth gorau i Gymru ei wneud heddiw yw aros am ychydig nes bydd wedi dihuno yn iawn.[12]

Yr oedd digon yn digwydd, yn sicr, i ddeffro'r cysgadur mwyaf swrth. Cynhwysai tudalen blaen *Y Faner* ar 18 Ionawr, er enghraifft, storïau am hanes y Ddeiseb, lansio ymgyrch Gymreig i wrthwynebu gorfodaeth filwrol, y newydd y byddai'r archymgyrchwr hwnnw, Donald Soper, yn annerch cyfarfod cyhoeddus Rali'r Tair Cenedl yn Sgwâr Trafalgar ar 31 Mawrth o blaid llacio rhwymau'r Deyrnas Unedig, a sibrydion cyntaf y stori a lanwai'r wasg Gymreig am weddill y flwyddyn – cynllun Corfforaeth Lerpwl i foddi Cwm Tryweryn. Y dydd Sadwrn canlynol, curodd tîm rygbi Cymru yr hen elyn yn Twickenham o wyth pwynt i dri. Soniodd *The Times* ar 31 Ionawr am 'unusual liveliness' yn Nhŷ'r Cyffredin y diwrnod cynt wrth i Aelod Seneddol Ceidwadol Gogledd Caerdydd,

11. *Baner ac Amserau Cymru*, 25 Ionawr 1956, 4.
12. Ibid., 1 Chwefror 1956, 2.

David Llewellyn, gyhuddo'r BBC yng Nghymru o ffafrio cenedlaetholdeb – gweithred a arweiniodd at ei lysenwi'n 'McCarthy Cymru'[13] gan Tudur Jones a 'Llewellyn Ein Llyw Ffolaf' gan David Thomas.[14] Cyn diwedd Chwefror bu galw am gorfforaeth ddarlledu a bwrdd dŵr a hyd yn oed dŷ opera penodol i Gymru – a newydd am 10,000 wedi ymaelodi ag Undeb Amaethwyr Cymru, a sefydlwyd y mis Rhagfyr blaenorol. Ar 22 Chwefror, croesawodd golygydd *Y Faner* bleidlais Tŷ'r Cyffredin o blaid dileu'r gosb eithaf. 'Llawenhawn, ac fe gyd-lawen-hâ pob Cristion â ni.' Yr oedd fel petai Lloegr ei hun yn araf ddeffro i'r synnwyr cyfiawnder a oedd yn dreftadaeth i bob gwir Gymro:

> Pan gofiwn ni mor gyndyn y bu ein harweinwyr i weled y goleuni ar bwnc dienyddio troseddwyr, sylweddolwn mor geidwadol yw'r genedl Seisnig yn y bôn, ac mor ddall y glŷn hi wrth arferion cymdeithasol a gollodd eu grym erbyn hyn. Dyna, mae'n debyg, paham na fyn hi estyn rhyddid – genedigaeth fraint pob cenedl – i genhedloedd sydd dan ei phawen nes iddynt ymladd yn ffyrnig amdano.[15]

Wythnos yn ddiweddarach, ymhelaethwyd ar y ddadl yng ngholofn lythyrau'r un papur gan R. Llewellyn Parry. Ni fyddai pwnc dienyddio'n berthnasol i Gymru petai'n wlad rydd, oherwydd cenedl naturiol fyddai hi, heb angen y gosb eithaf arni:

> Pe buasem yn byw dan amgylchiadau naturiol, a phob gwlad yn meddu annibyniaeth i drwytho ei phobl yn niwylliant y genedl, nid ymunai gŵr a merch mewn priodas annaturiol i genhedlu plant afradlon . . . Beth yw democratiaeth a rhyddid oni weithredir ewyllys y genedl yn ei chyfundrefnau politicaidd[?] Os yw budreddi diwydiannol Lloegr yn magu cymdeithas anghyfrifol, brysied y dydd pryd y gwelwn genedl o Gymry moesgar ac athrylithgar gyda'r hawl i ddatblygu'r gwirionedd amryliw yn ei ffordd arbennig ei hun.[16]

Yn gymysg â'r cyffro, gellir synhwyro drwy fisoedd agoriadol 1956 ymdeimlad bod Cymru, wrth newid, yn ailddarganfod y cyflwr naturiol a

---

13. Ibid., 8 Chwefror 1956, 5.
14. *Y Genhinen*, VI (1956), 4.
15. *Baner ac Amserau Cymru*, 22 Chwefror 1956, 4.
16. Ibid., 29 Chwefror 1956, 2.

warafunasid iddi cyn hynny. Ym mis Ebrill, agorodd yr ysgolion uwchradd Cymraeg cyntaf – Glan Clwyd a Maes Garmon – eu drysau. Ym mis Ebrill hefyd y cyhoeddwyd canlyniadau'r bleidlais dros gau tafarnau Cymru dros y Sul, dan yr unig ddeddfwriaeth benodol Gymreig a fodolai. Fis yn ddiweddarach ymwelodd yr 'ecumaniac' hunangyffesedig, Martin Niemöller, â Chymru, gan annerch cyfarfodydd yn Siloh, Aberystwyth a Chapel Mawr, Rhosllannerchrugog ar iacháu'r rhwyg yng nghorff Crist:

> Y mae'r byd mewn angen am Efengyl y Cymod. Cymod â Duw a chymod â chyd-ddyn a chymod ag ef ei hun. Heblaw dod o hyd i Dduw trugarog y mae gennym i ddod o hyd i frawd a chymydog trugarog. Ac oni fedrwn ni Gristnogion fod yn frodyr i'n gilydd, sut mae'n bosibl inni ddod i gymod[?][17]

Yr haf hwnnw, dadorchuddiwyd cofeb Llywelyn yng Nghilmeri gan Dyfnallt, o flaen torf o fil, a chyhoeddwyd ysgrif J. Oliver Stephens yn tanseilio'r ddelwedd draddodiadol o'r Celtiaid fel hil ryfelgar:

> A hwythau'n etifeddion traddodiad amaethyddol maith ni feddiannwyd hwy gan yr awydd i godi gwareiddiad trefol na chw[a]ith ymgyfoethogi ar gefn eu hysbail ryfel. Efallai bod ganddynt ryw rag-ofn o'r dynged sy bob amser yn aros gwareiddiad anghymesur diwydiant a masnach.[18]

Ym mis Tachwedd, mynnodd Dyfnallt fod hyd yn oed ddarganfyddiadau ffiseg a geneteg yn ategu'r gred bod cenedlaetholdeb yn beth cyson ag arfaeth Duw ac yn fater cydwybod a chymdogaeth:

> Yn wyneb y wybodaeth am y newid ar bwnc undod y cread – fod byd mater yn undod diwahân, a bod dynolryw yn un corff, boed y lliw a'r llun a'r gradd [sic] y peth y bônt, cryfach y dylai'r ymwybod moesol â chyfrifoldeb anochel yr unigolyn fod. Rhaid ei ddal yn *gyfrifol* nid yn unig am amddiffyn ei urddas fel dyn ac urddas ei genedl fel cenedl, eithr ei gyfrifoldeb personol am bob gair cas, absennu â'i dafod, gwneuthur drwg i'w gymydog, gwyro barn a chynnal breichiau y dienwaededig.[19]

17. *Y Goleuad*, 20 Mehefin 1956, 5.
18. J. Oliver Stephens, 'Y Celtiaid a Rhyfela', *Y Genhinen*, VI (1956), 140–1.
19. *Y Tyst*, 29 Tachwedd 1956, 1.

Nid rhyfedd i Gwynfor Evans gyhoeddi, ar dudalen blaen *Y Ddraig Goch*
ar gyfer Rhagfyr 1956, dan y teitl 'Mae Cymru'n Deffro', fod 'ôl dylanwad
Plaid Cymru' ar bopeth a ddigwyddodd trwy'r flwyddyn, naill ai'n
uniongyrchol neu am fod dyheadau'r ymgyrchoedd yn gyson â pholisi'r
Blaid: 'Ffrwythau yr ymwybyddiaeth genedlaethol ydynt oll'. Propaganda,
wrth gwrs: ni raid ond bodio trwy arolygon Rhagfyr *Y Ddraig Goch* ym
mhob blwyddyn er ei sefydlu i ddarllen mai cyfnod o lwyddiant cyson,
arwyddion twf a gobeithion gloyw fu'r deuddeng mis a aethai heibio. Eto i
gyd, erbyn canol y 1950au mae modd synhwyro tôn od o hyderus mewn
cenedlaetholdeb Cymreig. Ffynhonnell ei hyder yw'r paradocs bod Cymru
yn arddel ei hunaniaeth trwy gydnabod ei diffyg grym. Yr egwyddor hon
sy'n gwneud synnwyr o'r mân fuddugoliaethau a'r digwyddiadau byd-eang
fel ei gilydd.

Cynsail athrawiaethol Plaid Cymru er ei chychwyn ddeng mlynedd ar
hugain ynghynt oedd herio hanesyddiaeth uniongred y Gymru Edward-
aidd a ddaliai fod y Ddeddf Uno wedi gwneud Cymru'n gydradd â Lloegr
a bod popeth a oedd wedi deillio ohoni – gan gynnwys ei chyfran yn yr
Ymerodraeth Brydeinig ehangach – yn fendith. Wrth ddal hanesyddiaeth
groes – mai twyll oedd rhyddid tybiedig Cymru dan y Goron – wynebai
cenedlaetholdeb Cymreig, felly, ddau wrthwynebydd. Y drefn seneddol
Brydeinig oedd gelyn mwyaf anghymodlon yr athrawiaeth honno, debyg;
eithr ei gelyn peryclaf oedd gwladgarwch Cymreig a ddaliai y gellid bod
yn Gymro cyflawn dan y drefn fel yr oedd. Nid gelyniaeth tuag at Gym-
reictod, na hyd yn oed ddifaterwch yn ei gylch, yw perygl y gwladgarwch
hwn ond ei gyfaddawd a'i gysêt.

Ceir dychan ar y meddylfryd hwn yn un o gynyrchiadau cyntaf Waldo,
'Gweddi Cymro', a luniodd, dan ddylanwad Idwal Jones, gellir bwrw, tra
oedd y ddau'n gyd-fyfyrwyr yn Aberystwyth. Offryma'r bardd ei weddi
yng nghymeriad gwladgarwr parchus, 'ufudd was' i Brydain, sydd wedi
llwyddo 'trwy ryfedd ras Cyfalaf' i godi uwchlaw 'anwar dras' ei hynafiaid:

O Ysbryd mawr y Dwthwn Hwn,
Reolwr bywyd cread crwn,
Arglwydd dy etholedig rai,
A fflangell pob meidrolach llai,
Plygaf yn isel ger dy fron
A diolch lond y galon hon
Gan gofio nawdd d'adenydd llydain
Dros wychter Ymerodraeth Prydain.

Yr hyn a fyn glod llwyraf y Cymro Prydeinig hwn yw grym y wladwriaeth
yn wyneb pob gwrthwynebiad – yn Iwerddon, Affrica, ac India:

> Diolchaf it am garchar handi
> At hen gyfrinydd ffôl fel Gandhi –
> Barbariad, croenddu, digywilydd
> Yn dweyd na ddylem ladd ein gilydd.[20]

Sonia Thomas Parry am y '[d]dwy ochr dra gwahanol, gwrthgyferbyniol
bron' ym mhersonoliaeth Waldo, y doniol a'r difrif,[21] a dyma enghraifft
bwrpasol. Yr un yn y bôn yw cenadwri os nad moddion mynegiant y
rhigwm ffwrdd-â-hi hwn ag eiddo *Dail Pren* ddeng mlynedd ar hugain yn
ddiweddarach, ond mewn llais newydd, dan amgylchiadau newydd. Wrth
i'r Ymerodraeth wegian, a hynny dan bwysau'r galw am ryddid ac ymreol-
aeth o du ei deiliaid ei hun, dechreuai'r llinynnau ymddatod. Hyn, er
enghraifft, gan Dyfnallt, golygydd *Y Tyst*, ar drothwy Eisteddfod Aberdâr,
pan oedd Nasser yn yr Aifft newydd gyhoeddi y byddai'n cau Camlas Suez
i drafnidiaeth fasnachol:

> A fydd heddwch pan ofynnir yng Ngorsedd yr Eisteddfod ac ar
> ddyddiau'r Coroni a'r Cadeirio[?] Ni chlywir y floed o 'Heddwch'
> o Babell yr Eisteddfod yn yr Aifft a'r gwledydd Arabaidd, ond y
> waedd a'r weddi o enau pob person yn ei bwyll yw 'Bydded
> Heddwch' . . . Nid oes neb yn cymeradwyo gwaith Nasser yn torri
> cytundeb, ac nid oes neb yn ei bwyll yn amau fod ganddo
> awdurdod i weithredu fel y gwnaeth yn ei wlad ei hun ac ar ei dir
> ei hun. Unwaith y sicrhaodd yr Aifft eu [*sic*] sofraniaeth, yna yr
> oedd yr hawl a'r awdurdod i gyhoeddi'i pherchnogaeth o bob
> modfedd o'i thir a'i môr yn dilyn, beth bynnag am y dull i'w
> sicrhau. Yr un yw hawl foesol Cymru i berchnogi'i dŵr a'i glo a'i
> llechi, ac felly y buasai Cymru pe cydnabyddid sofraniaeth Cymru.
> Arwydd o anwybodaeth a gwendid ymennydd fyddai i Brydain
> amau hawl Nasser i gamlas Suez. Darn o'r Aifft yw'r Suez, a dyna
> ddiwedd ar y ddadl.[22]

Drych oedd digwyddiadau 1956 i genedlaetholdeb Cymreig edrych arno'i
hun o safbwynt gwahanol. Nid perthynas uniongyrchol Cymru â Phrydain

---

20. 'Gweddi Cymro', *Y Ddraig Goch*, I, 6 (Tachwedd 1926), 6.
21. Thomas Parry, 'Barddoniaeth Waldo Williams', *CMWW*, 270.
22. *Y Tyst*, 9 Awst 1956, 4.

oedd y ffocws mwyach, nac ag Ewrop, na hyd yn oed â'r gwledydd Celt-
aidd eraill, ond â'r rhannau hynny o'r byd yr oedd ganddi gyfran, gyfan-
soddiadol o leiaf, yn eu tynged. Ar fyr, er mor ddieithr fuasai'r disgrifiad i'r
rhai a'i coleddai, magai Cymru feddylfryd ôl-drefedigaethol.

Pont yw
1956 rhwng agenda genedlaethol a bryderai am statws yr iaith a throeon
San Steffan, ac agenda ryngwladol ehangach a fynnai fod ymgyrchoedd
hawliau dynol de'r Unol Daleithiau a Soweto – a gorymdeithiau Alder-
maston ymhen amser – yn rhan o'r un patrwm. Yn achos Cymru, yr elfen
allweddol a newydd oedd ymryddhau oddi wrth ei hatebolrwydd fel rhan
o Brydain trwy ymwrthod â'r grym sy'n deillio o'r atebolrwydd hwnnw.
Ymuniaethodd cenedlaetholdeb Cymreig â diymadferthedd Malta a
Chypros a'r Aifft, ac wrth wneud, cofleidiodd ei anallu ei hun fel prawf o
gyfiawnder ei achos, a'i wisgo fel bathodyn anrhydedd.

Lliwiai'r meddylfryd hwnnw agwedd cenedlaetholdeb Cymreig tuag at
ei ffawd ei hun o hynny allan. Byddai argae Tryweryn yn torri ymhen
blwyddyn; yr oedd y diwydiant glo – er gwaethaf agor pwll newydd Cyn-
heidre y flwyddyn honno – yn araf edwino, ac ym 1956 y gwelwyd y
drafodaeth gyntaf ar ffigurau Cyfrifiad 1951, a ddangosai fod yr iaith
yn dal i golli tir, bod tri chwarter miliwn o Gymry'n alltudion, a bod
'crafangau'r octwpws diwydiannol' yn dynn eu gafael ar gefn gwlad.[23] Y
dehongliad greddfol oedd gweld y rhain fel arwyddion bod Cymru'n
ddarostyngedig. Eto i gyd, fe'i teimlai cenedlaetholdeb ei hun yr un pryd
ynghlwm wrth anocheledd hanesyddol diwrthdro, ac yn bwysicach na
hynny, efallai, llefarai gan hyderu ei fod yn cynganeddu am y tro cyntaf â
llais y mwyafrif o'r Cymry hynny a drafferthai fynegi barn ynghylch cyflwr
y wlad a Phrydain a'r byd mawr oddi allan.

Y Gymru ostyngedig hon yw'r weledigaeth gyntaf yn nofel Islwyn Ffowc
Elis, *Wythnos yng Nghymru Fydd*, y gweithiai arni ym 1956 ac a gyhoedd-
wyd y flwyddyn ddilynol i godi arian i Blaid Cymru. Ceir deddfau i reoli
cyflymder trafnidiaeth Cymru 2033, lefel sŵn y llifiau yn ei hierdydd coed,
maint ei threfi a'i busnesau. Gwaherddir hyd yn oed hysbysfyrddau awyr
agored ac arwyddion traffig rhy bowld. Yng ngeiriau'r teithiwr amser Ifan
Powell:

Yr oeddwn mewn gwlad gyfoethog, ac mewn oes a oedd yn cyflawni'r
anhygoel ac eto'n cadw'i phen. Yr oedd hen ruthr a brwysgedd yr
ugeinfed ganrif wedi mynd. Yr oedd y Cymry hyn yn medru cydio

---

23. S. O. Thomas, 'Argyfwng Cefn Gwlad Cymru', *Y Genhinen*, VI (1956), 147.

cynnydd wrth bwyll a gorchest wrth wyleidd-dra. Oedd. Yr oedd hon yn oes i aros ynddi.[24]

Un o ladmeryddion amlycaf y meddylfryd newydd hwn oedd Waldo ei hun. A chymryd dyddiadau'r darnau a geir yng nghasgliad Damian Walford Davies, *Waldo Williams: Rhyddiaith* (2001) yn bren mesur amrwd, 1956 oedd penllanw ei ymwneud â'r wasg hefyd. Ymddangosodd tair ysgrif dan ei enw y flwyddyn honno, a chystal eu trafod – yn frysiog ddigon am y tro – yn nhrefn eu cyhoeddi.

Traddododd Waldo 'Brenhiniaeth a Brawdoliaeth' o flaen y Gymdeithas Heddwch yng Nghynhadledd Undeb Bedyddwyr Cymru yn Abergwaun ar 9 Mai. Ar ôl diffinio Brenhiniaeth fel 'yr elfen orfodol, yr uchafiaeth ymarferol ar ei deiliaid sydd yn gyffredin i bob gwladwriaeth ac yn hanfodol i'n syniad amdani', â rhagddo i drafod y gwahaniaeth rhwng y ddwy drefn yn eu dehongliad o'r cysyniad o Berthyn (efe biau'r briflythyren):

> Fel aelod y mae dyn yn perthyn i'w gymdeithas, ond pan ddelo'r argyfwng sydd yn dadlennu'r gwirionedd, fel eiddo y mae dyn yn perthyn i'r wladwriaeth. A chan fod y gwladwriaethau'n rhannu'r byd rhyngddynt, nid oes gan ddyn ddewis ond bod yn eiddo ac yn wrthrych i frenhiniaeth.[25]

Y ddadl dros arddel unrhyw frenhiniaeth yw 'pechadurusrwydd' ei deiliaid: bod angen awdurdod i gadw dyn mewn trefn. Eithr mae'r 'safbwynt clasurol' hwn, medd Waldo, dan amheuaeth bellach. Nid dadleniad o drefn Duw ydyw brenhiniaeth yn gymaint ag amlygiad o uchelgais annuwiol dyn i ormesu eraill am fod y moddion ganddo i wneud hynny: 'y demtasiwn olaf a chyfrwysaf a osododd Satan gerbron yr Iesu'. Ceir enghreifftiau trwy gydol hanes, o ddyddiau Cesar hyd at anfadwaith yr Unol Daleithiau yn Rhyfel Corea. Rhyddid Cymru yn unig a'i harbeda rhag yr un dynged:

> Dylem weithio i gael Cymru'n rhydd. Gwlad fach, heb demtasiwn gallu, heb obaith arglwyddiaethu, a'i budd ynghlwm wrth gyfeill-garwch y gwledydd, a'i chymdeithas yn ddiffwdan-werinol fel na all cymdeithas fod ond mewn gwlad fach; trwy gymorth rhai fel

24. Islwyn Ffowc Elis, *Wythnos yng Nghymru Fydd*, argraffiad newydd (Llandysul, 1993), 167.

25. *WWRh*, 304; cyhoeddwyd gyntaf yn *Seren Gomer*, XLVIII, 2 (Haf 1956), 53–9.

hyn y cyflawna brawdoliaeth ei gwaith ar y maes ehangach a dringo dros furiau ei gwrthwynebydd. Nac esgeuluswn gymaint cyfle.[26]

Yr un ymresymu sy'n cynnal y llythyr agored 'Pam y Gwrthodais Dalu Treth yr Incwm'.[27] Ynddo cyferbynna Waldo hawl gyfansoddiadol y wladwriaeth i fynnu cyfran o dreth incwm at ddibenion rhyfel ag 'anarchiaeth hanfodol' gweriniaeth a hawl sofran y gydwybod i wrthsefyll talu'r un geiniog. Yng ngeiriau 'Brenhiniaeth a Brawdoliaeth':

> Ein hawl a'n dyletswydd yw sefyll wrth ben brenhiniaeth a'i barnu yng ngolau brawdoliaeth, cydnabod yr elfennau o gyfiawnder a gymerodd y wladwriaeth ati, didoli'r da a'r drwg sydd ynddi a nodi'r man lle y peidiwn bellach â dygymod â'r drwg sydd ynddi ar gyfer eraill er mwyn derbyn y da sydd ynddi ar ein cyfer ni. Yr ydym mewn argyfwng yn yr ymgiprys. Oni thraidd brawdoliaeth trwy'r muriau a gododd brenhiniaeth am ei chyfryngau, dinistr sydd o'n blaen.[28]

Darllediad radio ar 15 Gorffennaf yw'r trydydd testun, 'Paham yr Wyf yn Grynwr'. Wedi egluro apêl athrawiaeth ac ymarfer Cymdeithas y Cyfeillion, â Waldo rhagddo i geisio esbonio'r ddiwinyddiaeth sy'n ei gymell:

> Pan edrychwn ar Dduw fel Tad ein hysbrydoedd, gwelwn, ar un llaw, ei fethiannau yn y byd hwn. Ond ar y llaw arall, teimlwn ryw annibyniaeth ar y byd yn ein hysbrydoedd ni, a chredwn mai oddi wrth Dduw y daw, a'i fod Ef felly yn hollalluog yn nhragwyddoldeb.[29]

Gwneud cam â chydlyniad deallusol y tri darn yw eu crynhoi a'u dyfynnu'n dameidiog fel hyn; ond dywedwyd digon i awgrymu bod credoau Waldo ynghlwm wrth gyfres o gyferbyniadau cydymddibynnol. Ymranna ei fyd moesol yn fydol ac ysbrydol, allanol a mewnol, mawr a bychan, torfol ac unigol, tymhorol a thragwyddol, lle ni ddichon y naill heb y llall. Nid yw cred yn bod mewn gwagle. Rhan annatod o'i ymwybyddiaeth foesol, o'r annibyniaeth barn y mae'n rhoi cymaint pris arni, yw cydnabod yr amgylchiadau cymdeithasol a gwleidyddol sy'n rhoi ystyr iddynt. Y wlad-

---

26. *WWRh*, 310.
27. *Baner ac Amserau Cymru*, 20 Mehefin 1956, 8; *WWRh*, 311–19.
28. *WWRh*, 310.
29. *Seren Cymru*, 25 Mehefin 1971, 8; *WWRh*, 322.

wriaeth yw gwrthbwynt angenrheidiol, dealledig neu agored, yr awen rydd.
A gwell rhyddid na grym.

Digwyddiad diwylliannol mwyaf cyrhaeddbell y flwyddyn oedd marw
Robert Williams Parry ar 4 Ionawr. Brithwyd tudalennau pob cyhoeddiad
Cymraeg trwy weddill y flwyddyn â theyrngedau gan gyfeillion a chyd-
nabod i'r esiampl eithaf hon o'r hyn a ystyrid yn fardd pur. Nid galar am y
dyn oedd nod amgen yr ysgrifau coffa, na hyd yn oed hiraeth am gyfnod
darfodedig ei anterth, er bod digon o'r ddeubeth ynddynt. Y nodyn
llywodraethol oedd syfrdandod fod Cymru wedi glynu gyhyd wrth y
ddelwedd. '[T]eimlais', ysgrifennodd Mignedd yn ei golofn 'Ledled
Cymru', 'fod darn helaeth o'r Gymru lenyddol y gwyddwn amdani wedi
syrthio megis torlan o dan fy nhraed . . . yr oedd yn gydwybod lenyddol i
bawb ohonom sy'n ymhél â phrydyddu'.[30] Gyda marw Williams Parry,
sylweddolwyd bod hynny o gyfoesedd a berthynai i'w ganu wedi trengi
ymhell o'i flaen. Bardd arall, Gwenallt, a leisiodd yr hyn y petrusai eraill ei
gydnabod:

> I genhedlaeth yr Ail Ryfel Byd nid oes ym marddoniaeth R.
> Williams-Parry [sic] ddim ond miwsig ymadroddion a phlethu
> geiriau. Ganed y genhedlaeth hon yng nghyfnod y dirwasgiad
> rhwng y ddau Ryfel; aethant trwy'r Ail Ryfel a buont fyw o hynny
> hyd heddiw tan gysgod y bomiau atomig. Pa gysur sydd i'r rhain
> yn Awdl 'Yr Haf', ac onid ynfyd yw 'llonydd gorffenedig' y Lôn
> Goed tan gysgod yr Armagedon nesaf?[31]

Yn nechrau 1956, ymglywodd yr ysbryd telynegol yntau â'i farwoldeb. Er
gwaethaf y sôn amdano fel enaid prin, cynrychiolai Williams Parry ddull o
feddwl am swyddogaeth gyffredinol y bardd a ddaeth dan amheuaeth yn
sgil ei golli. Gellir creu darlun cyfansawdd o'r hyn y tybid y dylai bardd
fod trwy graffu ar yr ysgrifau coffa. Mae'r bardd pur wedi'i gynysgaeddu â
gweledigaeth bersonol, mae'n gonsuriwr geiriau, yn creu ar sail cynnwrf,
yn ddiniwed – ac yn llefaru o safbwynt dryswch goleuedig am droeon
bywyd, 'yn fydol ac ysbrydol yr un pryd'. Mae'n cyfaddef ei ffaeleddau ei
hun, yn dygymod â'r paradocsau yn ei natur heb eu datrys. Moddion yw'r
byd hwn i ysgogi adwaith ynddo, a'r adwaith rhagor y byd a'i cymhella yw
canolbwynt y canu. Yn englynion coffa Williams Parry i'r milwyr a dreng-
odd yn y Rhyfel Mawr, er enghraifft, trinnir y rhyfel fel petai'n bŵer dall,
megis taranfollt, heb achos dynol na gwleidyddol nac economaidd. Symudir

30. Y Cymro, 11 Ionawr 1956, 4.
31. Gwenallt, 'R. Williams-Parry [sic]', Y Genhinen, VI (1956), 78.

yn gyson o'r diriaethol at yr haniaethol, o'r penodol at y cyffredinol, o'r achlysurol at yr oesol.

Gwarant mawredd y canu yw mawredd y pynciau yr ymdrinnir â hwy – breuder einioes, goruchafiaeth a gwerth profiad, marwolaeth nad yw'n marw – uwchlaw pob ystyriaeth dros dro. Swydd y bardd yw darlunio, nid egluro. Priodol yw cyfeiriad Gwenallt at Armagedon. Hwn, fe gofir, yw'r bygythiad 'sydd yn gwneud y byd/A'r bywyd hwn yn gwestiwn oll i gyd' yng ngherdd Williams Parry, 'Taw, Socrates' (1940).[32] Mae'r llinellau'n ddrych o'r amhendantrwydd hollgofleidiol a welai'r ysbryd telynegol fel rhinwedd ac fel nod. Gallai'r un geiriau fod wedi ffrydio o ysgrifbin cryn hanner dwsin o gyfoeswyr Williams Parry: Crwys, I. D. Hooson, Wil Ifan, Cynan, Dewi Emrys neu hyd yn oed W. J. Gruffydd a T. Gwynn Jones.

Os gwarant mawredd canu'r ysbryd telynegol yw mawredd ei destunau, gwarant ei ddiffuantrwydd – ei 'onestrwydd meddwl', chwedl Iorwerth Peate – yw ei barodrwydd i ildio'r cymhwysiad i'r darllenydd. Hyd yn oed os na chân am serch a natur, deil yr ysbryd telynegol i gofleidio'r estheteg waelodol nad yw canu am brofiad yn ystyrlon oni all ddeffro teimladau cyfatebol yn y darllenydd. Terfyna 'Hitleriaeth' (1941), er enghraifft, â thri chwestiwn sydd gam wrth gam yn symud y darllenydd oddi wrth destun cydnabyddedig y gerdd at ei brofiad a'i ddehongliad ei hun:

Beth ddwedai'r Addfwyn am rai'n ein mysg
Sy'n beiddio hitlereiddio dysg?

Beth ddwedai'r Athro am wŷr rôi hwrdd
O'u swyddi i rai na ddônt i'r cwrdd?

Beth ddwedai Iesu am beth a wneir
Gan etheg blaidd, estheteg ieir?[33]

Er gwaethaf ei destun ymddangosiadol, canu yw hwn heb ymrwymiad gwleidyddol na chrefyddol, na phendantrwydd nac awydd i argyhoeddi neb o ddim rhagor anghyfiawnder cynhenid anghyfiawnder. Yr Iesu yw Iesu'r darllenydd, y blaidd ei flaidd a'r ieir ei ieir ef. A ddarlleno, dewised.

Saif canu *Dail Pren* am y pegwn. Mae'n benodol-bendant, mae'n cynnig atebion, ac mae'n cadw'r darllenydd ar y tir lle myn y bardd iddo fod. Os

32. Alan Llwyd (gol.), *Cerddi R. Williams Parry: Y Casgliad Cyflawn* (Dinbych, 1998), 136.
33. Ibid., 127.

ceir amwysedd yn y casgliad o gwbl, mae i'w weld yn y gamp acrobatig o fod yn anarchaidd, yn addfwyn ac yn ddogmatig yr un pryd. Mewn gair, mae'n bropaganda, yr union beth a fernid yn esgymun ac anfoneddigaidd gan yr ysbryd telynegol. Anodd darllen 'Cân Bom', yn wir, heb synhwyro her gynnil ond digamsyniol ynddi i'r holl estheteg RWP-aidd. Ceir enw ar Armagedon yng ngeirfa Waldo: y bom atomig, a fyn ysgubo dyn 'i dân/ Ecstasi angau'. Daw'r gerdd honno i ben â'r llinellau:

Ef yw'r pryf yn y pren,
Gwahanglwyf y canghennau.

(*DP*, 86)

Adlais sydd yma, wrth gwrs, o linellau clo 'Propaganda'r Prydydd' Williams Parry (1938) – cerdd am briod le'r bardd yng nghanol 'Natur werdd', ymhell o 'bulpudau'r oes'. Swyddogaeth bardd, yn ôl Williams Parry, yw dangos 'y pryf yn y pren, y crac yn y cread',[34] beth bynnag a lle bynnag y bo'r rheini. Ar y llaw arall, cyfeiria Waldo fys at y pryf, ei ddal, ei drywanu a'i arddangos fel peth dan wydr.

Yr un ysfa i labelu a dosbarthu yw craidd y cerddi hynny o waith Waldo a gyfansoddwyd o ddechrau'r 1940au ymlaen. Yn 'Pa Beth yw Dyn?' (*DP*, 67), defnyddir dull epigramatig i ategu'r pendantrwydd trwy gynnig diffiniad ar ei ben o ystyr 'byw', 'adnabod', 'credu', 'maddau' ac yn y blaen, gan fapio bydysawd moesol a chydberthynas ei elfennau. Yr un yw effaith ailadrodd y 'Mae' diffiniol ar ddechrau pob pennill yn 'Brawdoliaeth' (*DP*, 79). Yn 'Cymru'n Un', mae sicrwydd yr ymateb, 'Ynof mae Cymru'n un', yn rhagflaenu ansicrwydd seiliau'r haeriad, 'Y modd nis gwn' (*DP*, 93), fel petai'r sicrwydd ohono'i hun yn ddigon.

Mae Waldo yn cryfhau ei afael ymhellach trwy'r defnydd a wna o ddelweddau. Gellir adnabod tair dyfais gydgysylltiedig, raddedig, ar lefel geiriau, llinellau a cherddi cyfan. Dibynna'r gyntaf ar fathu geirfa neu ar gyfosod geiriau yn y fath fodd ag i'w gwneud yn eiddo neilltuol i weledigaeth y bardd: 'cydeneidiau', 'deifwynt', 'esgynfa maddeuant' ('Adnabod'; *DP*, 62–3); 'rholiwr y môr', 'cydnaid calonnau', 'dirhau' ('Mewn Dau Gae'; *DP*, 26–7), '[m]awrdro' ('Eneidfawr'; *DP*, 89). Yr ail ddyfais yw cyferbynnu llinellau 'breniniaethol' a 'brawdgarol' neu rannu delweddau negyddol a chadarnhaol o boptu'r gwant mewn llinellau hunangynhaliol cynganeddol neu led-gynganeddol. Er enghraifft:

---

34. Ibid., 131.

Â'r Lefiad heibio i'r fan,
Plyg y Samaritan.

('Brawdoliaeth'; *DP*, 79)

Daw dydd y bydd mawr y rhai bychain,
Daw dydd ni bydd mwy y rhai mawr . . .

('Plentyn y Ddaear'; *DP*, 68)

Gorchfygwyd, yn awr, dy gerbydau pres
Gan ddyhead breichiau a bronnau.

('Eu Cyfrinach'; *DP*, 57)

Ac yng nghraidd y gau angerdd y gwir.

('Gyfaill, Mi'th Gofiaf'; *DP*, 44)

Tyr yr Haul trwy'r cymylau . . .

('Adnabod'; *DP*, 63)

Nyni, a wêl ei hurddas trwy niwl ei hadfyd . . .

('Yr Heniaith'; *DP*, 95)

Cynnyrch uniongyrchol 1956 yw'r drydedd ddyfais. Trwy gasglu'r del-
weddau hyn yn gyfrol gwneir iddynt ymdrefnu ac ymddwyn fel gwerin
gwyddbwyll neu'r byddinoedd yng nghyfrol olaf cyfres Narnia C. S.
Lewis, *The Last Battle*, a gyhoeddwyd yr un flwyddyn: 'great dragons and
giant lizards and featherless birds with wings like bats' wings . . . Talking
Beasts, Dwarfs, Satyrs, Fauns, Giants, Calormenes, men from Archenland,
Monopods and strange unearthly things from the remote islands or the
unknown Western lands'.[35] Ymladd brwydr debyg y mae delweddau
Waldo. Ar y naill law ceir lluoedd y Fall: y dadelfennwr, bwytäwr y blyn-
yddoedd, y bwystfil, y Cesar, y sarff, Elw, Mamon; ac ar y llall, minteioedd
y Cyfiawn: yr hen gyfannwr, y dihangwr o'r byddinoedd, y wythïen nad
â'n wyw, rhwydwaith dirgel Duw, y rhai cryf uwch codwm, perl yr
anfeidrol awr, y Tangnefeddwyr. Effaith gyntaf arfer y ddyfais hon yw
gwneud pob cerdd yn gyfranc mewn epig; syniwn amdanynt fel penodau
mewn stori fwy ei maint. Yr ail effaith gysylltiedig yw gorfodi'r darllenydd
i ddarllen y cerddi yn nhermau ei gilydd fel cynnyrch cytras. Canlyniad
hyn yw i feirniadaeth arnynt droi'n aralleiriadau, yn ymarferiadau mewn

---

35. C. S. Lewis, *The Last Battle*, argraffiad newydd (London, 1980), 144.

arwyddeg, yn gêm cysylltu dotiau yn y gobaith y bydd darlun cyfansawdd yn ymrithio i'r golwg.

Ac fe wireddir y gobaith, am mai'r hyn a welir bob amser yw darlun ac iddo eglurder diamwys du ar gefndir gwyn. Nid yw gafael Waldo ar ei ddeunydd cyn sicred yn unman ag yn niweddglo ei gerddi. Apêl *Dail Pren* – gallu'r gyfrol i ddenu selogion ac ymlynwyr rhagor darllenwyr yn syml – yw'r cysur a gynigia y daw popeth i drefn. Daw'r Brenin Alltud trwy'r brwyn, y wennol yn ôl i'w nyth, yr herwr, yr heliwr a'r hawliwr i'r bwlch rhwng dau gae, fel cymdeithion Aslan pan fo daeraf y galw amdanynt. Yn ansicrwydd 1956, wrth i Gymru ddysgu byw gyda'r bygythiad atomig a'r wefr o sylweddoli y gallai sefyll yn gyfiawn-gyfysgwydd â phlant pob gorthrwm trwy ildio'i grym benthyg, nid oedd angen maniffesto mwy cymwys arni.

Barddoniaeth Waldo Williams, 1940–2

Robert Rhys

Amcan yr erthygl hon yw ceisio cloriannu arwyddocâd y cerddi y gwyddys i Waldo Williams eu hysgrifennu yn ystod y blynyddoedd 1940–2. Dilyniant a gynigir yma i bennod olaf fy astudiaeth o yrfa gynnar y bardd a gyhoeddwyd ym 1992.[1] Dyna sy'n pennu fy man cychwyn – a digwyddiad bywgraffyddol o bwys, sef ymadawiad Waldo Williams â Sir Benfro ei gynefin, sy'n pennu'r man terfyn. Er nad yw'r bardd yn cynnal momentwm creadigol 1939 yn ystod y blynyddoedd dan sylw, wrth ymgyfyngu i'r blynyddoedd hyn, serch hynny, cawn gyfle i oedi uwchben rhai o'i gerddi mwyaf eiconaidd a phroblematig.

Lluniwyd 'Gair i Werin Cred' ddydd Nadolig 1939 a'i chyhoeddi yn rhifyn cyntaf 1940 o *Baner ac Amserau Cymru*.[2] Y gerdd nesaf i ymddangos ar ôl y soned chwyrn honno oedd 'Brawdoliaeth', a gyhoeddwyd yn yr un papur ar 29 Mai. (Fe'i cyhoeddwyd hefyd, dan y teitl 'Brawdgarwch', yn *Tystiolaeth y Plant* yn y gyfres Pamffledi Heddychwyr Cymru.) Mae'r teitl yn ein cyfeirio at un o brif themâu canu'r bardd, ac at un o egwyddorion canolog y bydolwg y meithrinwyd ei feddwl o'i fewn. Yn ôl ei dystiolaeth ei hun, sylweddoli realiti brawdoliaeth oedd sylwedd y profiad a gafodd yn fachgen ifanc yn y bwlch rhwng y ddau gae. Er nad oes amau nerth goddrychol parhaol y profiad i'r llanc (ni fyddai'r myfyrdod aeddfed arno yn bwrw ffrwyth mewn cerdd am ddeugain mlynedd eto), ac er y wedd gyfriniol a roddwyd arno, prin y gellid ystyried ei gynnwys deallol yn wreiddiol na dieithr. Dangoswyd o'r blaen fel y mae emynau cymdeithasol y bardd yn amlwg yn cydymffurfio â chonfensiynau emynyddol diweddar ei enwad.[3] Mae hyn yn wir i raddau am 'Brawdol-

---

1. Robert Rhys, *Chwilio am Nodau'r Gân: Astudiaeth o Yrfa Lenyddol Waldo Williams hyd at 1939* (Llandysul, 1992). Rwy'n dewis peidio ag ymdrin yn fanwl ag 'O Bridd', cerdd nas cyhoeddwyd cyn ymddangos yn *Dail Pren*, er ei llunio i fynegi teimladau'r bardd ar ddechrau'r Ail Ryfel Byd.

2. Gweler ibid., 158.

3. Gweler ibid., 61–5.

iaeth'. Nid yw'n syndod fod golygyddion y llyfr emynau cydenwadol
Caneuon Ffydd wedi dewis ei chynnwys yn adran 'Y Deyrnas'[4] – a hynny
nid o reidrwydd oherwydd ei haddasrwydd fel emyn cynulleidfaol na'i
gwerth fel cerdd, ond oherwydd poblogrwydd rhwydd ei thestun a'r
mawrygu a fu er 1971 ar Waldo, neu'n hytrach ar y 'Waldo' a grewyd gan
ei edmygwyr anfeirniadol.

Prin bod rhannau o'r gynulleidfa Gymraeg wedi
rhoi clust o gwbl i'r rhybudd a leisiwyd gan Saunders Lewis ym 1971 nad
'rhuthmau creadigol Waldo a glywir yn ei hymnau buddugoliaethus'.[5]

Un o'r pethau trawiadol am y cerddi a drafodir yn yr erthygl hon yw
pendantrwydd yr argyhoeddiad y mae'r bardd am ei gyfleu, a'r dyfeisiau
rhethregol amlwg a ddefnyddir ganddo i wneud hynny. Nid yw'n amcanu
at fod yn ganu cynnil; dyna sy'n esbonio ei apêl arhosol i rai o gyffelyb
argyhoeddiad, ond dyna sy'n golygu hefyd fod angen darllenydd effro i
ystyried beth yw gwir arwyddocâd y pendantrwydd dwys di-ildio a glywir
yn llais y bardd. Yn y gerdd 'Brawdoliaeth', y nodweddion arddullegol
allweddol yw'r gyfres o ddatganiadau cadarnhaol, y diweddebau acennog
i'r llinellau, yr ailadrodd siantaidd ar y rhagenwau priflythrennog 'Myfi,
Tydi, Efe', gyda'u cyfeiriad tybiedig at athroniaeth Martin Buber,[6] a'r
modd yr osgoir goferu rhwng llinellau er mwyn i seibiau'r mydr gadarn-
hau terfynoldeb y datganiadau. Yn olaf ceir y cwpled clo gyda'i gwestiwn
rhethregol enwog: 'Pa werth na thry yn wawd/Pan laddo dyn ei frawd?'
(*DP*, 79). Bwriedir i resymeg y gofyniad lorio pob gwrthddadl yn y fan, a
hynny mewn modd na allai llythyrau Waldo i'r wasg yn ystod y blynydd-
oedd hyn ei wneud, fe ymddengys.[7] Ond mae'r bardd-broffwyd yn ôl y
patrwm rhamantaidd yn gallu ymagweddu fel un a chanddo awdurdod
dinacâd – ffordd rwydd o gyfiawnhau dadleuon simplistig ac ansicr eu
dilysrwydd.

Cerdd a luniwyd ddydd Nadolig 1940 yw 'Carol'. Nis cynhwyswyd yn
Dail Pren, ond fel gyda'r soned 'Yn Nyddiau'r Cesar' o'r gyfrol honno,
pwysleisir arwyddocâd geni Crist ar yr adeg pan oedd Cesar a'r ymerod-
raeth Rufeinig yn cynnal cyfrifiad, yn gosod iau drom y wladwriaeth ar
ryddid y bersonoliaeth unigol:

> Pan drethai Cesar yr holl fyd
> Gan yrru pobl ei hawl ynghyd,

4. *Caneuon Ffydd* (Llandysul, 2001), rhif 280, 86.
5. Saunders Lewis, '*Dail Pren*', *CMWW*, 268.
6. Gweler Pennar Davies, 'Meddylfryd Waldo Williams', *CDW*, 189.
7. Gweler, er enghraifft, y tri llythyr a gyhoeddodd ar bwnc 'Democracy and War' yn y *Western Telegraph and Cymric Times* ym 1941; *WWRh*, 285–90.

Pryd hynny ganed baban Mair
A'i roi i orwedd yn y gwair.[8]

Efallai fod rhywfaint o bwyslais Berdyaev ar deyrnasoedd Duw a Cesar
wedi'i impio ar yr emynyddiaeth gymdeithasol frodorol.[9] Cyffredin, sut
bynnag, yw'r traethu ym mhum pennill 'Carol', ac wrth ddarllen llinellau
fel 'caned angylion yn gytûn/Nes geni ynom Fab y Dyn', cawn ein hat-
goffa o'r ymadrodd 'niwl a chic', rhan o ddyfarniad caled ond nid annheg
Gwenallt ar ddarnau o'r awdl 'Tŷ Ddewi' yn Eisteddfod Genedlaethol
Abergwaun ym 1936.[10] Rhyfedd meddwl yn wir fod bardd o gyneddfau ac
adnoddau Waldo Williams yn medru sgrifennu cerddi mor gwbl
anarbennig ar yr adeg hon yn ei yrfa; rhyfedd o ystyried y camau a fu yn ei
ddatblygiad yn ystod y blynyddoedd blaenorol – 1938–9 yn enwedig;
rhyfedd yng nghyd-destun y canu cynhyrfus, cyhyrog a nodweddai
farddoniaeth Gymraeg fodernaidd y dydd; a rhyfeddach fyth o ystyried yr
wybren aruchel y byddai awen Waldo ei hun yn esgyn iddi o fewn ychydig
flynyddoedd.

Cerdd yn ymateb i'r cyrchoedd awyr ar dref Abertawe yn mis Chwefror
1941 yw 'Y Tangnefeddwyr'.[11] Gellid dadlau iddi ddisodli 'Cofio' fel cerdd
fwyaf poblogaidd Waldo ar ddechrau'r unfed ganrif ar hugain, diolch yn
rhannol i'r canu a fu ar y geiriau mewn gŵyl gerdd dant ac eisteddfod.

Cyn manylu ar y gerdd gadewch inni oedi am ychydig uwchben yr
ymateb ehangach i'r *blitz* ar Abertawe. Am dair noson yn olynol, 19–21
Chwefror, disgynnodd y bomiau ar 'a South Wales town', fel y cyfeiriwyd
at Abertawe am resymau diogelwch a chyfrinachedd yn y wasg am rai dydd-
iau. Roedd y gwaharddiad swyddogol ar enwi'r dref yn gwbl aneffeithiol
wrth gwrs, gan fod modd gweld yr awyr yn goch uwchben y dref o
Ddyfnaint ac o Benfro. Roedd canlyniadau'r cyrchoedd yn erchyll. Lladd-
wyd 122 o ddynion, 68 o wragedd a 37 o blant dan 16 oed. Chwalwyd
canol y dref bron yn llwyr a gwnaed tua 7000 yn ddigartref. Roedd colli'r
plant yn ergyd chwerw. Nid dyma'r tro cyntaf i'r dref gael ei bomio (roedd
55 wedi'u lladd yn y cyrch a wnaed ar 17 Ionawr) ac roedd galw wedi bod
am symud y plant i rannau diogel o Gymru, fel ag a wnaed yn achos plant
dinasoedd Lloegr.

Ymhlith yr ymatebion yn y wasg cafwyd ysgrif gan yr Aelod Seneddol
James Griffiths yn pwysleisio safle allweddol Abertawe fel prif dref y fro,

8. Fe'i cyhoeddwyd yn *Baner ac Amserau Cymru*, 8 Ionawr 1941, 6.
9. Cyhoeddasid *Slavery and Freedom*, cyfieithiad Saesneg o rai o erthyglau Nikolai Berdyaev,
ym 1943.
10. Gweler Rhys, *Chwilio am Nodau'r Gân*, 120.
11. Fe'i cyhoeddwyd gyntaf yn *Baner ac Amserau Cymru*, 5 Mawrth 1941, 4.

ac yn addo y byddai yna godi Abertawe newydd a gwell ar ôl trechu'r fandaliaid.[12] Ysgrifennu mewn cywair digon ysgafn a wnaeth y bardd Crwys, yn sôn amdano'i hun ar ddyletswydd gwylio rhwng 10 y nos a 2 y bore, ac yn llwyddo i aros ar ddi-hun trwy ddarllen nodiadau golygyddol *Y Llenor* a *Baner ac Amserau Cymru*.[13] Ond cafwyd y cofnodion pwysicaf yn ddi-os yn adroddiadau llygad-dyst Aneirin ap Talfan (Aneirin Talfan Davies) a oedd yn fferyllydd yn y dref. Cofnododd yr hyn a welsai mewn ysgrif rymus a graffig, 'Tair Noson o Uffern', yn *Y Faner* ar 5 Mawrth.[14] Sut oedd ymateb yn wleidyddol i'r trychineb? Trwy sefydlu cronfa apêl yn un peth. Pan alwodd Alun Talfan Davies ar *Y Faner* i sefydlu cronfa i helpu trueiniaid Abertawe, roedd hynny eisoes ar waith, a'r cyfranwyr cyntaf oedd R. O. F. Wynne (£100) a Phlaid Genedlaethol Cymru.[15] Ar lefel wleidyddol roedd hyn yn ymgais i ddadwneud y drwg a wnaed gan gerdd ddadleuol Saunders Lewis, 'Garthewin (Awdl Foliant i Robert Wynne Ysw.)', a gyhoeddasid yn *Y Faner* ym mis Ionawr.[16] Barn un llythyrwr a ddyfynnwyd yn y golofn 'Ledled Cymru' oedd: 'ni fedraf yn fy myw hoffi rhyw sŵn cynffonllyd o'r fath. Ai difater gan Saunders Lewis am y miloedd drwy Gymru a Lloegr sy'n dioddef cyni ac eisiau bwyd trwy'r misoedd trychinebus hyn? . . . Nid peth blasus yw gorfod darllen am gyfoeth rhyw un gŵr arbennig ac am ei wleddoedd a'i ddiod gadarn; yn enwedig ar adeg mor eithriadol yn hanes gwerinoedd mewn newyn a syched drwy'r byd'.[17] Ffordd arall y gallai'r Blaid Genedlaethol, dan arweiniad rhai fel J. E. Daniel a Wynne Samuel, ddangos ei chonsýrn dilys dros yr anffodusion oedd ymgyrchu'n gryf dros symud plant o drefi a dinasoedd fel Abertawe, a rhoi llais i'r dicter cynyddol a oedd yn cyniwair yng Nghymru ynghylch arafwch y llywodraeth.

Beth am ymateb y beirdd Cymraeg? Mae'r cerddi a luniodd J. Eirian Davies ac E. Llwyd Williams – un o gyfeillion agosaf Waldo – yn rhoi mwy o rym i honiadau'r beirniaid diwylliannol hynny a ddadleuodd na allodd yr awen Gymraeg ymateb yn aeddfed ac yn gyflawn i'r profiad o ryfel. Encilio i ddiddosrwydd rhwydd ond annigonol y confensiynau brodorol a wnaeth y ddau, gydag Eirian Davies yn gwneud y gyflafan yn sail trosiad i gyfoethogi disgrifiad naturiol o'r gwdihŵ yn ymosod beunos

---

12. Gweler *The Western Mail*, 26 Chwefror 1941, 3.
13. Gweler 'Gwylio Rhag Dyfod Tân', ibid., 24 Mawrth 1941, 5.
14. Fe'i cyhoeddwyd wedyn ynghyd ag ysgrifau eraill am y *blitz* yn Aneirin Talfan Davies, *Dyddiau'r Ceiliog Rhedyn* (Llundain, 1943). Bu'r pamffledyn hwn yn ffynhonnell bwysig ar gyfer hanes trylwyr J. R. Alban, *The Three Nights' Blitz* (Swansea, 1994).
15. Gweler *Baner ac Amserau Cymru*, 12 Mawrth 1941, 8.
16. Ibid., 22 Ionawr 1941, 4.
17. Ibid., 5 Chwefror 1941, 4.

ar ei hysglyfaeth.[18] Yn 'Y Dylluan' mae Llwyd Williams yn cofio'r anghysur a barai gwdihŵ iddo pan oedd yn blentyn, ond heno, meddai,

> Daeth aderyn mil creulonach
> I ymdroi yng ngolau'r lloer.
> Crŷn y tŷ dan hirswn arswyd
> Diawl dyrchafael; ar fy llw,
> Os caf fyw ni welir finnau
> Eto'n gas wrth gwdihŵ.[19]

Trydydd aelod y frawdoliaeth farddol gynnes y perthynai Waldo a Llwyd iddi oedd W. R. Evans. Cafodd ef ryfel gwahanol iawn i Waldo, gan sefydlu parti poblogaidd Bois y Frenni cyn ymuno â'r awyrlu. Yn ei hunangofiant mae gan W.R. gofnod dadlennol am ddyddiau'r *blitz*:

> Fe'n gwahoddwyd i ddarlledu o stiwdio'r B.B.C., Abertawe, ym mis Mawrth [*sic*] 1941. 'Roedd hyn yn digwydd bod ar y dydd canol o'r *blitz* tair noson ar y dre honno. Wedi teithio o Sir Benfro mewn bws 'roeddem i gyd yn barod am fwyd. Ond Duw a'n helpo! Dim dŵr na nwy yn y dre, a'r cwbwl a gawsom yn y diwedd oedd un darn o frechdan jam a glasaid o laeth yn Woolworth's; pawb yn y dre yn fud a digalon, a rhyw wacter o anghrediniaeth yn wynebau'r bobl. Aethpwyd ati i ddarlledu, ac wedi gwneud hynny, dianc o Abertawe ar garlam wyllt. Erbyn i ni gyrraedd Llanddarog 'roedd yr awyr yn goch unwaith eto uwchben Abertawe . . . 'Roedd pob injan dân o Sir Benfro a Gorllewin Caerfyrddin yn gwibio heibio inni ar ruthr i gyrraedd y ddinas, nes creu awyrgylch o arswyd. Gan fod cartrefi Bois y Frenni mor wasgaredig, fe gymerodd dipyn o amser i'w rhoi ar ben y drws. Erbyn hyn yr oedd hi yn go hwyr, yn enwedig o gael llymaid a tships yn Hendy Gwyn ar Daf.[20]

O'i gymharu ag ymateb mewnblyg y beirdd, mae naturioldeb di-hid y darn hwn, a'i argraffiadau o gyfeillach glòs y parti, yn drawiadol. Mae'n gofnod allblyg, hwyliog yn wyneb anawsterau, ac yn onest yn ei ddarlun o flaenoriaethau hunanol pobl mewn argyfwng. (Mawr fu'r edrych ymlaen at ginio yn Abertawe!)

---

18. 'Cyrch Awyr', *Heddiw*, 6, 8 (Mawrth–Ebrill 1941), 232.
19. E. Llwyd Williams, *Tir Hela*, (Llandybïe, 1957), 19; rhoddir 1941 fel dyddiad i'r gerdd.
20. W. R. Evans, *Fi yw Hwn* (Abertawe, 1980), 116.

Mor ingol wahanol yw ymateb bardd 'Y Tangnefeddwyr' (*DP*, 41–2). Mae'r ymdeimlad o unigrwydd encilgar, ac o ymddieithriad hyd yn oed, yn gryf. Nid oes ar y llwyfan ond y bardd myfyriol yn ymateb i'r awyr goch ryfelgar trwy ddwyn i gof ei rieni marw a'u hargyhoeddiadau a'u gwerthoedd. Nid yw'r pellter daearyddol rhyngddo ac Abertawe yn ddigon, fe synhwyrwn; rhaid gwrthdystio yn erbyn y byd drwg presennol trwy droi cefn arno trwy gyfrwng atgof a theyrnged i'r ddau sydd 'tu hwnt i glyw'. Dyna a geir yn syml ddigon ym mhenillion 2 i 4. Mae rhywfaint o amwysedd yn y cwpledi clo sy'n cymhwyso un o'r Gwynfydau o'r Bregeth ar y Mynydd yn Mathew 5 at gyflwr y rhieni. Y mae'r bardd yn sicr yn priodoli iddynt y gras hwnnw a barai eu bod yn wynfydedig yng ngolwg Duw, ond ceir yma hefyd arlliw o'r defnydd beunyddiol o'r ymadrodd 'gwyn eu byd', wrth iddo ddiolch nad yw'r rhieni wedi byw i weld ail ryfel byd. Ceir amrywiad ar y cwpled clo yn y ddau bennill olaf. Ym mhennill 4, mae llinell 5 – 'Gwyn eu byd, daw dydd a'u clyw' – yn awgrymu bod y bardd wedi sugno digon o faeth o'r cofio i wisgo'i fantell broffwydol drachefn, i hyderu y sefydlir egwyddorion teyrnas Dduw ar y ddaear gan ddynion, ryw oes a ddaw. Mae'r pennill olaf, i mi, yn un rhyfedd ac anodd ei iawn amgyffred. Syml iawn ar yr wyneb, wrth reswm. Cedwir at y symudiad cwpledol a gafwyd trwy'r gerdd ar ei hyd i ofyn cwestiwn, i'w ateb, ac i gyhoeddi'r fendith am y tro olaf. Ond pam holi am gyflwr – 'ystad' – ei rieni, a fu farw ym 1932 a 1934? Ac wrth ateb bod Gwirionedd gyda'i dad a Maddeuant gyda'i fam, beth a ddywedir? Ymgysuro ynghylch cyflwr tragwyddol ei rieni, ynteu ai dweud hefyd fod y priodoleddau hyn wedi diflannu o'r byd, ond eu bod yno, yn eu ffurf drosgynnol, briflythrennog, gyda'i rieni yn yr 'anwel fyd', y byd tragwyddol y mae'r bardd yn chwannog i fesur y tymhorol yn ei gysgod? A oes yma drywydd tebyg i bwyslais T. Gwynn Jones, un o hoff feirdd Waldo, yn agoriad 'Y Nef a Fu': 'Gwae fynd y golau a'r gwirionedd fry,/A dyfod yma wyll a chelwydd du'?[21] Nid peth dieithr yng nghanu Waldo, wrth gwrs, yw cyfuno dadansoddiad tywyll o'r heddiw a darogan hyderus am well yfory, ac ailgydir yn y broffwydoliaeth yn y cwpled clo.[22]

Pam cysylltu'r gwerthoedd heddychol mor benodol â'i rieni? Wedi'r cyfan, nid oedd y safbwynt yn un di-gefn yn y Gymru Gymraeg yn gyffredinol, fel y tystiai'r gyfres Pamffledi Heddychwyr Cymru. Ond ar yr aelwyd, yn ystod y Rhyfel Mawr yn enwedig, yr arddangoswyd y gwerthoedd hyn yn y modd a wnaeth argraff ar y bardd. (Fe gofiwn am ei gyfeir-

21. T. Gwynn Jones, *Manion* (Wrecsam, 1932), 17.
22. Trafodais un o'r enghreifftiau mwyaf trawiadol, 'Daw'r Wennol yn Ôl i'w Nyth', yn *Chwilio am Nodau'r Gân*, 148–50.

iadau at yr aelwyd yn ei ysgrif ar farddoniaeth T. E. Nicholas.[23]) Ac efallai nad oedd gwybod am frawdoliaeth heddychol ehangach yn cynnig cysur yn y cynefin. Roedd mynd mawr ar y nosweithiau 'Welcome Home' i aelodau o'r lluoedd arfog yng Nghlunderwen, ac mae un cyfeiriad yn y papur lleol yn ein hatgoffa na chaed unfrydedd ar aelwyd teulu Waldo yn Elm Cottage. Croesawyd brawd Waldo, Private Roger Williams, adref 'on leave from North Wales' ddiwedd Ionawr 1941.[24] Gellid awgrymu hefyd fod y bardd yn cynnig atgof dethol a delfrydol o'r aelwyd, gan fynnu canolbwyntio'n unplyg ddwys ar yr elfennau hynny – yr agwedd heddychol wrthfilitaraidd yn arbennig – nad oedd unrhyw gymlethdodau yn cyniwair yn ei gof yn eu cylch. Pwysig yw nodi na fyddai ei atgofion am y cartref, ac am ei berthynas â'i rieni, yn ddigymysg. Yn wir, ar adegau bu hi'n aelwyd annhangnefeddus eithriadol, i raddau a effeithiodd ar iechyd meddwl Waldo Williams am flynyddoedd. Ceir y dystiolaeth dros ddweud hyn mewn llythyr, dyddiedig 17 Tachwedd 1939, a anfonodd Waldo at E. Llwyd Williams. Ynddo mae'n agor ei galon i'w gyfaill ynghylch rhai o droeon yr yrfa; mae'n ddogfen ysgytiol ac allweddol a all ysgogi darlleniadau newydd o waith y bardd yn ystod y ganrif hon. Er ei chynnwys ymhlith y papurau a drosglwyddwyd i Lyfrgell Genedlaethol Cymru gan Mrs Eiluned Llwyd Williams, dim ond yn Awst 2004 y rhyddhawyd y llythyr arbennig hwn i olwg y cyhoedd.[25]

Gwyddom i iechyd J. Edwal Williams dorri pan oedd yn athro yn Ysgol Prendergast yn Hwlffordd, ac mai oherwydd hynny y symudodd i ysgol lai yn y wlad, ym Mynachlog-ddu. Gwyddom hefyd i Waldo ddioddef cyfnodau o anhwylder nerfol, yn y 1930au yn arbennig. Bu'n rhaid i D. J. Williams a W. R. Evans fynd ynglŷn ag anfon ei awdl 'Tŷ Ddewi' i Eisteddfod Abergwaun.[26] Mae ei record cyflogaeth yn dangos bylchau rhwng Chwefror 1933 ac Ebrill 1935, a rhwng Mai 1936 a Medi 1940.[27] Mae'r llythyr at Llwyd yn gwneud dau beth yn eglur: roedd ymddygiad y tad yn ystod ei salwch yn Hwlffordd yn peri arswyd ac ofn i Waldo pan oedd yn blentyn rhwng y pedair a'r chwech oed; a gellir olrhain anhwylder diweddarach y bardd yn ôl i'w ymateb i brofiadau dirdynnol y dyddiau hynny. Un o'r effeithiau tymor hir arno oedd na fedrai ymddiried yn Nuw, am fod plentyn, meddai yn y llythyr at Llwyd, yn symud i'r ymddiriedaeth honno trwy ymddiried yn gyntaf yn ei dad; yr oedd y drefn honno wedi'i

23. Gweler 'Barddoniaeth T. E. Nicholas', *WWRh*, 225–6.
24. Gweler y *Narberth, Whitland and Clynderwen Weekly News*, 30 Ionawr 1941, 8; 20 Mawrth 1941; 27 Mawrth 1941, 8; 3 Ebrill 1941, 8.
25. Llsgr. LlGC 20882C.
26. Gweler Rhys, *Chwilio am Nodau'r Gân*, 112, ac Evans, *Fi yw Hwn*, 78.
27. Gwybodaeth gan Awdurdod Addysg Dyfed (fel yr oedd ar y pryd).

chwalu yn ei achos ef – sylw arwyddocaol yng ngoleuni 'Y Tangnefedd-wyr'. Er mwyn i Llwyd amgyffred dyfnder y profiadau hyn, dywed Waldo wrtho iddo fethu darllen agoriad *Taith y Pererin* – lle mae Cristion yn gadael ei deulu – heb i hynny gael effaith nerfol a chorfforol amlwg arno, a hynny pan oedd yn 20 ac yn 30 oed.

O ganlyniad i'r profiad hwn ac i brofiadau 'anlwcus' eraill nad yw'n manylu arnynt, dirywiodd iechyd Waldo i gyflwr a ddehonglwyd gan yr arbenigwr a welsai fel *anxiety neurosis* drwg iawn, a bu am gyfnod o bymtheng mlynedd yn ofni mai colli ei bwyll a wnâi yn y pen draw. Ond rhaid nodi fod yr ofn hwnnw wedi mynd erbyn 1939.

Nid wyf yn crybwyll y llythyr er mwyn tanseilio hygrededd 'Y Tangnefeddwyr', nac yn awgrymu am eiliad ei bod hi'n gerdd ragrithiol. Ond mae angen gochel rhag ymateb yn rhy gydymffurfiol foliannus ac arwynebol i gerdd ymddangosiadol syml gan ddyn nad oedd heb ei gym-hlethdodau dwfn.

Ar 19 Mawrth 1941, cyhoeddodd Waldo gyfres o bum englyn milwr dan y pennawd 'Englynion y Rhyfel' yn *Baner ac Amserau Cymru*. Er bod un ohonynt, 'Y Radio', yn ceisio dychanu propaganda rhyfel y dydd, prin bod y bardd yn llwyddo i greu llawer o egni barddonol o'i ymdrechion ef i wrthsefyll y llif. Mae'r ail o'r ddau englyn i'r 'Werin' yn enghreifftio cyfyngiadau'r arddull gywasgedig:

O faeddu, dyma fyddwn:
Meistri caeth ym mws Tre Cŵn,
Eiddo'r peiriant ddarparwn.

Yr englyn mwyaf boddhaol yw 'Y Drefn', lle ceir defnydd pwrpasol o gynganeddion cytsain i gyfleu gwrthgyferbyniadau:

Drud bwyd a rh[a]d bywydau;
Cuddio'r gwir, cyhoeddi'r gau;
Tolio'r blawd, talu â'r blodau.[28]

O fewn wythnos yr oedd y bardd yn cyhoeddi'r gerdd adnabyddus 'Fel Hyn y Bu', yn adrodd ei helynt yn cael ei amau o fod yn ysbïwr, yn y *Western Telegraph and Cymric Times*.[29] Bu'n achos ymryson farddol ar dudalennau'r papur hwnnw, ac adroddwyd hanes y digwyddiad yn gyf-

28. *Baner ac Amserau Cymru*, 19 Mawrth 1941, 4.
29. *Western Telegraph and Cymric Times*, 27 Mawrth 1941, 4.

lawn ac yn ddifyr yn ddiweddar gan Eirwyn George.[30] Fe'i hystyrir yn aml yn un o gerddi ysgafn, ffwrdd-â-hi Waldo. Nis cynhwyswyd yn y detholiad o'i gerddi a olygwyd gan J. E. Caerwyn Williams ar gyfer Gwasg Gregynog.

Wrth adolygu'r gyfrol honno, anghytunais â'r penderfyniad i hepgor y gerdd, gan ddadlau bod iddi islais chwerw wrth i'r bardd gael ei fradychu gan yr union werin y rhoesai gymaint o ffydd yn ei hannibyniaeth barn, a bod modd ei chyfrif ymhlith ei gerddi tristaf.[31] Effaith y profiad o gael ei amau o fod yn ysbïwr, y mae'n rhaid, oedd dyfnhau'r teimlad o ymddieithriad oddi wrth ei bobl. Porthwyd ei weledigaeth o frawdoliaeth ac o berthyn i fro yn rhannol, wedi'r cwbl, gan ei brofiad yn grwt 'yn mynd o gwmpas y ffermydd ym Mynachlog-ddu, a Llandysilio ar ôl hynny'. 'Roedd yn rhwydd iawn', meddai, 'i chi deimlo'n un â'r gymdeithas yma'.[32] Roedd holi'r ffarmwr 'am enw ei dŷ, yn jocôs' yn estyniad o'r ymddygiad hwnnw. Hawdd credu y byddai'r bardd wedi dehongli'r ymateb swrth, 'gwaedd ar ei frawd: "Mae dyn od ar y ffordd!"' (DP, 104), fel arwydd o'r modd yr oedd y dwymyn ryfel yn gwenwyno'r fro, yn datod rhwymau teulu dyn. A thybed nad oedd yr ymadrodd 'dyn od' yn cyffwrdd â man tyner yn ymwybyddiaeth un y bu salwch meddwl yn rhan o'i fywyd gyhyd?

Canolodd llawer o'r trafod a fu ar 'Cyrraedd yn Ôl' (DP, 70–1), a gyhoeddwyd ym mis Ebrill, ar gynnwys diwinyddol tybiedig y gerdd, ac fe'i defnyddiwyd i ddadlau bod Waldo Williams, er gwaethaf tystiolaeth gyferbyniol mewn mannau eraill, yn credu yn y Cwymp a'r Pechod Gwreiddiol.[33] Er bod cyfeiriadaeth ysgrythurol at Genesis 3:23–4 yn ganolog i'r gerdd, nid yw hynny'n rhoi inni drwydded i impio dehongliad uniongred arni. Nid hwn, wedi'r cwbl, fyddai'r bardd cyntaf i wneud defnydd damhegol neu drosiadol o stori gardd Eden, ac mae angen cofio diweddglo Paradise Lost Milton gyda'r cyfeiriad yno at gleddyf Mihangel. Mae'r caniad olaf yn gorffen gydag Adda ac Efa yn gadael Paradwys:

They looking back, all the eastern side beheld
Of Paradise, so late their happy seat,

30. Gweler Eirwyn George, 'Yr "Identiti Card" – Waldo y Sbiwr!', Clebran, 328 (Rhifyn Canmlwyddiant Geni Waldo Williams, Awst 2004), 24–5, a Bobi Jones, 'Atgofion', CMWW, 50–4.

31. Robert Rhys, 'Diwyg Cain i Erwinder Hardd', Barn, 360/361 (Ionawr–Chwefror 1993), 82–3.

32. 'Sgwrs â T. Llew Jones', WWRh, 99.

33. 'Cyrraedd yn Ôl', Baner ac Amserau Cymru, 16 Ebrill 1941, 4; Dyfnallt Morgan, 'Waldo Williams: Thema yn ei Waith', CMWW, 235–55; Bobi Jones, 'Adolygiadau Hwyr' (7), Barddas, 277 (Mai/Mehefin 2004), 26–8, a Jones, 'Waldo'r Cwymp a'r Farn', 59–63, isod.

Waved over by that flaming brand, the gate
With dreadful faces thronged and fiery arms:
Some natural tears they dropped, but wiped them soon;
The world was all before them, where to choose
Their place of rest, and providence their guide:
They hand in hand with wandering steps and slow,
Through Eden took their solitary way.[34]

Rwy'n credu mai'r cwestiwn priodol ynghylch yr ymdriniaeth â'r testun yn y gerdd hon yw nid 'Ai dyma brawf diymwad bod Waldo yn uniongred ynghylch y Cwymp a materion cysylltiedig?', ond yn hytrach, yn fwy gochelgar, 'A yw'r gerdd yn anghyson â golwg y bardd ar y ddynoliaeth yn ei gerddi eraill, a'i gerddi blaenorol yn arbennig?'. Ni ellir gwadu nad golwg optimistaidd, ddyneiddiol, gynyddgar yw'r olwg honno, yn sicr yn y cyfnod hyd at hyn, ac nid af i ailgylchu deunydd yn awr i brofi hynny. Mae'n olwg sy'n cynnwys hiraeth am gynfyd edenaidd, cynwladwriaethol a ffydd yng ngallu'r werin i feithrin y doniau gorau – dim ond i ddynion adnabod y da yn ei gilydd a chael llonydd i wneud hynny gan wladwriaethau gormesol ac ymyrgar. Nid yw'r ffydd ddyneiddiol honno wedi diflannu yn 'Cyrraedd yn Ôl'. Oes, mae yma gydnabod rhwystrau a methiant a digalondid hyd yn oed, ond gwneud hynny o fewn cyd-destun ymdrech y frawdoliaeth sy'n arddu'r tir a wneir. Pwy yw'r 'brodyr' a gyferchir ar ddechrau'r pedwerydd pennill? Ai pob dyn ynteu brodyr o gyffelyb fryd ac argyhoeddiadau yn unig? Mae'r pennill olaf yn cydnabod mai 'Cleddyf Mihangel', sy'n gwarchod y purdeb paradwysaidd, yn unig a all wahanu 'pleth ein gwir a'n gwael' a'n cymhwyso i wireddu deisyfiad y teitl. Rhoi 'Gobaith i'n mentr' a wna'r offeryn didoli hwn, a'n galluogi yn y pen draw i lwyddo yn ein mentr. Fel ambell ddarllenydd arall, rwy'n amau, rwy'n aralleirio'n ddethol er mwyn ceisio celu ychydig o chwithdod ac annealltwriaeth (er fy mod yn cydnabod y gallai deall cyfeiriadaeth sydd yn gudd i mi ar hyn o bryd oleuo'r gerdd). Ni cheir ynddi na'r eglurder goramrwd a geir yn rhai o emynau cymdeithasol y bardd, nac ychwaith y cyfoeth delweddol agored sy'n gwneud rhai o'i gerddi astrus yn drwchus o gyfoethog ac awgrymog. I mi hefyd mae'r mesur cywasgedig a'r mynegiant ebychiadol, gorgynnil yn awgrymu dwyster a phwysedd na lwyddir i'w hiawn ryddhau mewn geiriau.

Tua'r adeg hon yr oedd D. Gwenallt Jones yn llunio cerddi *Cnoi Cil*, y gyfrol denau a gyhoeddwyd ym 1942. Llais sy'n gynnyrch rhagdybiaethau pur wahanol am ddyn yn ei berthynas â'i Dduw ac yn sgil hynny â'i gyd-

34. XII, 641–9; John Milton, *Paradise Lost*, gol. Alastair Fowler (London, 1971), 641–2.

ddyn a glywir yng nghanu Gwenallt, ac mae'r llais hwnnw weithiau'n swrth ac yn sardonig. Dyna'r epigram 'Dyngarwch', er enghraifft, a'i gic wawdlyd i naïfrwydd y rhai a gofleidiai, yn ei dyb ef, haniaethau di-sail:

Y mae caru dyn yn beth pell a pheth hawdd,
Haws na charu'r cymydog sydd dros y clawdd.[35]

Mae'r soned 'Dyn' wedyn yn cynnwys asesiad llym o gyflwr dyn yr ugeinfed ganrif. Gelyn balch i Dduw ydyw, a phechadur dan farn.[36] Nid yw hyn yn peri siom na digalondid i Gwenallt. (Yn wir, gall roi argraff anffodus o fwynhau anghysur truenus y dyn modern.) Nid yw'n cael ei ddadrithio gan ddyn am nad oedd ganddo rith yn y lle cyntaf. Ond i'r sawl sydd, fel Waldo Williams, â golwg uwch ar gyflwr cysefin dyn, ar adeg o ryfel mae siom a dadrith a digalondid yn anochel. Dyna'r teimladau a gynhyrchodd y soned 'Yr Hwrdd' a gyhoeddwyd ddiwedd 1941. Rhyfeddodd Pennar Davies at anwastadrwydd awen y bardd, at y modd yr oedd yn 'rhychwantu'r cyffredinedd isaf a'r anghyffredinedd uchaf', ac yn y dosbarth isaf y gosodai'r soned hon, gan ofyn, 'Onid y ffraetheb ystrydebol yw'r ystrydeb dlotaf oll?'.[37] Cyfeirio y mae at y darlun o ddau hwrdd yn ymdaro – darlun sy'n rhoi cyfle i'r bardd ddweud bod arweinwyr y gwledydd mewn rhyfel yn ddigon doeth i beidio â mynd i'r gad eu hunain:

Arweinydd defaid dwl, pe baet yn ddyn
Ni byddai raid it fynd i'r frwydr – dy hun.

(*DP*, 96)

Wrth drafod prifiant arddullegol y bardd yn *Chwilio am Nodau'r Gân* (1992), dadleuais mai cam o bwys oedd iddo sylweddoli gwerth defnyddio gwrthrychau diriaethol o'i dirlun brodorol a'u llwytho ag arwyddocâd delweddol. Dyma pam y mae 'Y Tŵr a'r Graig' yn gerdd mor bwysig yn ei ddatblygiad, ac fe hyrwyddwyd y symudiad hwn ymhellach gan rai o gerddi 1939 – 'Daw'r Wennol yn Ôl i'w Nyth' yn enwedig. Un wythïen yn arddull y bardd yw hon, rhaid cyfaddef, ac ni chafwyd tystiolaeth o gwbl yng ngherddi 1940 a 1941 fod y bardd yn sylweddoli ei gwerth. Ond ceir enghraifft arall o'r bwrw angor yn y diriaethol yn ei gerdd nesaf gyhoeddedig, sef 'Ar Weun Cas' Mael'.

35. Christine James (gol.), *Cerddi Gwenallt: Y Casgliad Cyflawn* (Llandysul, 2001), 124.
36. Ibid., 135.
37. Pennar Davies, 'A'r Brwyn yn Hollti', *CMWW*, 186.

Gellid galw hon yn un o gerddi 'eiconaidd' y bardd ar sail ei chysylltiad agos ag ymddangosiad Waldo o flaen tribiwnlys i wrthwynebwyr cydwybodol yng Nghaerfyrddin ar 12 Chwefror 1942 – dechrau gyrfa o anufudd-dod sifil a barodd am ugain mlynedd ac a gyfrannodd yn helaeth at y ddelwedd arwrol ohono a goleddir yn gyffredin. Dyma'r gerdd hefyd a symbylodd y symudiad i ychwanegu at y corff o eiconograffeg weledol Waldoaidd trwy osod cofeb ar fur Ysgol Cas-mael yn nodi cyfnod Waldo yn brifathro yno. Ailafaelasai Waldo yn ei yrfa fel athro yn gynnar ym 1940, gan dreulio cyfnod yn Ysgol Rudbaxton cyn symud i Gas-mael. Awgryma llythyr at D. J. Williams ym Mawrth 1941 na fu'n fodlon ei fyd yno, ac yn wir fod y Cyfarwyddwr Addysg wedi gorfod dwyn perswâd arno i beidio â rhoi'r gorau iddi.[38] Mae cofnod yn nyddiadur D. J. Williams ddiwedd yr un mis yn sôn am Waldo'n galw heibio ac yn dweud ei gŵyn am adeilad yr ysgol eglwys ar ffurf englyn a gynhwysai'r paladr:

> Ysgol 'nôl syniad Esgob – rhyw dwll gwlyb
> Rhidyll glaw myn Jacob.[39]

Ond mân gwynion wrth gyfaill oedd y rhain, debyg iawn, a phwysau o ddwyster anhraethol fwy a symbylodd y gerdd 'Ar Weun Cas' Mael'. Fe'i cyhoeddwyd ddechrau Ebrill 1942 pan oedd Waldo eisoes wedi dechrau ar ei swydd newydd yn Ysgol Botwnnog, Llŷn.[40] Mae amodau anffodus ei ymadawiad ag Ysgol Cas-mael yn hysbys. Rhoddwyd y camargraff iddo gan ei Gyfarwyddwr Addysg, D. T. Jones, y byddai'n siŵr o gael ei ddiswyddo yn sgil ei benderfyniad i geisio cael ei gofrestru yn wrthwynebydd cydwybodol. Gan mai hyn fu tynged ambell athro yn y sir cyn hyn, nid yw'n syndod i Waldo dderbyn mai dyma a ddeuai i'w ran yntau.[41] Roedd wedi derbyn swydd arall cyn y tribiwnlys, er bod cyfeiriad mewn nodyn byr a anfonodd at D. J. Williams ychydig ddyddiau cyn ei ymddangosiad

---

38. Llythyr at D.J. a Siân Williams, dyddiedig 17 Mawrth 1941; Casgliad D. J. Williams, Abergwaun, Llyfrgell Genedlaethol Cymru.

39. 'Dyddiadur Dyn Anonest', Casgliad D. J. Williams, Abergwaun, Llyfrgell Genedlaethol Cymru.

40. *Baner ac Amserau Cymru*, 2 Ebrill 1942, 4. Yn ôl yr wybodaeth a gefais gan Awdurdod Addysg Dyfed (fel yr oedd ar y pryd), ar 1 Mawrth y dechreuodd Waldo Williams ar ei waith ym Motwnnog. Ymddengys fod hyn yn ddyddiad mwy tebygol nag Ionawr 1942, y dyddiad a roddir yn *WWRh*, 267.

41. Gellid nodi, er enghraifft, Robert Norman Naylor o Hwlffordd, aelod gyda'r Crynwyr ac athro cyflenwi. Ceir hanes ei dribiwnlys dan y pennawd 'Conscientious Objector Lost His Post – Penalised by Pembrokeshire Education Committee' yn y *Western Telegraph and Cymric Times*, 22 Mai 1941, 3. Yn ôl cadeirydd y tribiwnlys: 'here we have a man who takes public money for teaching children and yet says he will not do anything to defend those children when they are in danger from enemy acts'.

yn dweud ei fod yn dal mewn trafodaethau o ryw fath gyda'r Cyfar-
wyddwr Addysg. A oedd yna obaith o hyd y câi aros yng Nghas-mael?[42]
Awgrymu ateb nacaol a wna tystiolaeth y cywydd a anfonodd at D.J. yn
ateb llythyr 'yn gofyn iddo a oedd e'n gwneud cyfiawnder â'r Hen Sir
drwy dorri ei wreiddiau a mynd i Fottwnog'.[43] 'Nid mewn pŵd' y mae e'n
symud, meddai'r bardd, ond o raid, i ennill bywoliaeth: 'Mynd i'r north
am ymborth wyf/Rhodio am fara'r ydwyf'. Er bod i'r cywydd ei ddogn o
asbri a hwyl ('Twt, twt, rhaid dwedyd ta-ta/I'r Casmaelwyr cu, smala'),
mae yma ddicter hefyd – datganiad mai cael ei erlid o'i fro y mae'r bardd,
a bod gwaharddiad ar ôl y tribiwnlys yn anochel:

> Fy hyrddio gan waharddiad,
> Dyry sling ar draws y wlad.
> O'm tyfle hwy a'm taflant –
> Talu byr yw towlu bant.
> Daw'r ban wedi'r tribwnal;
> Newid gwaith neu newid gwâl.[44]

Gall 'Ar Weun Cas' Mael' fod yn gerdd ffarwél neu'n gerdd alltudiaeth.
Mae'r llinell agoriadol yn caniatáu'r ddau ddarlleniad. 'Mi rodiaf eto Weun
Cas' Mael' (*DP*, 24): disgrifiad o brofiad cyfredol, neu fynegiant o fwriad
penderfynol i ddychwelyd i'r 'tyfle' y'i taflwyd ohono? Argraff o brofiad
presennol, gweithredol a rydd y gerdd ar ei hyd yn sicr. Mae'r weun yn
darparu encilfa o'r gymdeithas ddynol a llwyfan i'r bardd ryngweithio â'r
gwrthrychau naturiol y mae am eu llwytho ag arwyddocâd dyrchafol,
arwrol ac adferol. Fel y noda Waldo yn y 'Sylwadau' ar ddiwedd *Dail Pren*
(*DP*, 119), mae'n defnyddio mesur rhydd a seiliwyd ar fesur poblogaidd
gan Robert Burns; mae i'r traethu fwy o ryddid a llif nag a gafwyd yn y
cerddi blaenorol. Ceir diweddebau acennog i'r llinellau (a thrwy hynny'r
argraff o ddwyster cyson); ond defnyddir brawddegau hwy a gwneir
defnydd helaeth o oferu. Priodolir arwyddocâd arwrol i'r perthi eithin yn
y pennill cyntaf ac i'r ehedydd yn yr ail ar gyfrif eu goruchafiaeth siriol ar
anawsterau tymhorol – nodwedd a grynhoir ac a ddethlir yn yr ebychiad
sy'n agor y trydydd pennill:

42. Llythyr, heb ddyddiad, yn cyfeirio at 'fy nhribiwnlys dydd Iau yng Nghaerfyrddin';
    Casgliad D. J. Williams, Abergwaun, Llyfrgell Genedlaethol Cymru.
43. Ceir y sylw hwn yn llaw D.J. yng Nghasgliad D. J. Williams, Abergwaun, Llyfrgell
    Genedlaethol Cymru.
44. Casgliad D. J. Williams, Abergwaun, Llyfrgell Genedlaethol Cymru.

O! flodau ar yr arwaf perth,
O! gân ar yr esgynfa serth . . .

(*DP*, 24)

Mae gan ehedydd 'Weun Cas' Mael' ei gwmwl tystion arbennig ei hun yn canu'n gôr yn y cefndir: hedyddion Thomas Gray a Wordsworth a Shelley a John Clare a Tennyson, i enwi pump.[45] Ond delweddau iswasanaethgar yw'r eithin a'r aderyn yn y rhan hon o'r gerdd. Daw'r 'afiaith drud' o'r 'erwau llwm a gêl eu gwerth/Rhag trem y byd' (*DP*, 24) – hynny yw, o'r weun ei hun. Er mai'r ebychair 'O!' sy'n agor y pedwerydd pennill, fel y trydydd, mae safle lleisiol y bardd wedi symud o'r ebychiadol i'r cyfan-erchol. Mae cyfanerchiad, *apostrophe*, yn ddyfais gyffredin yng ngwaith Waldo Williams, ond prin fu'r trafod ar ei ddefnydd o'r troad safbwyntiol hwn. O ran hynny, dadleuodd Jonathan Culler fod beirniaid llenyddol yn gyffredinol wedi osgoi trafod y ddyfais, er mor ganolog ydyw yng ngwaith y beirdd Rhamantaidd Saesneg.[46]

Ond nid y weun hon yn unig a gyfanerchir, ond daear ehangach Cymru, a hynny mewn llinell angerddol o gytseiniol: 'O! Gymru'r gweundir gwrm a'r garn'. Mae gwneud i'r bychanfyd gynrychioli neu gynnwys y genedl gyfan yn symudiad cyfarwydd gan Waldo. Yn dechnegol, math ar *synecdoche* neu gydgymeriad ydyw, y rhan yn cynrychioli'r cyfan. Byddai'r bardd yn ei ddefnyddio ddwywaith yng ngherddi 1946, wrth gyfarch y Preseli fel 'Fy Nghymru', ac wrth ddatgan 'Yn y tŷ mae Gwlad', yn y gerdd 'Yn y Tŷ'.[47] Tirlun ysgythrog ac anhydrin ydyw, ond tirlun y priodolir iddo'r nerth i feithrin 'annibyniaeth barn' etifeddol a saif yn awr yn erbyn gorfodaeth filwrol fel y safodd, ganrifoedd a fu, yn erbyn gormes ar anghydffurfiaeth grefyddol neu annhegwch y tollbyrth. (Un o eironïau'r safbwynt i'r darllenydd cyfoes yw bod 'annibyniaeth barn' yn golygu cydymffurfio â safbwynt y bardd. Trafodais gerddi rhyfel Waldo gyda chyn-filwyr a gredai fod eu penderfyniad i wrthsefyll Hitleriaeth yn un personol ddilys, ac a wrthodai'n gadarn yr honiad iddynt gael eu cyflyru gan eu dibyniaeth ar y wladwriaeth.) A yw cyfannerch wedyn yn troi'n weddi, neu'n ymbil ar y *genius loci*? 'Dwg ninnau atat: gwna ni'n ddarn/ O'th fyw a'th foes' (*DP*, 24). Yr ymbil hwn fydd symudiad canolog y ddau

45. Ceir dyled neu deyrnged fwy amlwg i gerdd Clare, 'The Skylark' ('Although I am in prison . . .'), yn 'Caniad Ehedydd' (1946; *DP*, 94), sy'n defnyddio mesur tebyg i eiddo'r gerdd Saesneg, ac sy'n trosi un o ymadroddion Clare – 'herald of sunshine' – yn 'herodr goleuni'; gweler Eric Robinson a David Powell, *The Later Poems of John Clare, 1837–1864*, 2 gyfrol (Oxford, 1984), I, 315–16.
46. Gweler Jonathan Culler, 'Apostrophe', *The Pursuit of Signs* (London, 1981), 135–54.
47. Ar yr olaf, gweler Robert Rhys, 'Calon Cwm Dulais: D. Mardy Jones a Waldo Williams', yn Hywel Teifi Edwards (gol.), *Nedd a Dulais* (Llandysul, 1994), 239–54.

bennill olaf. Cyn hynny, dethlir ymhellach rinweddau meithrinol, hyfforddiadol y tirlun yn ei 'erwinder hardd' mewn llinellau y ceir cyfatebiaethau amlwg iddynt yng ngherddi eraill y bardd – 'Preseli' (1946) yn enwedig. Priodolir iddo nerth bywhaol a dylanwad gwareiddiol ar gymdeithas ddynol; yn wir, y mae'n hwyluswr brawdoliaeth – 'Gwnait eu cymdeithas yn gytûn'. Gyda'r nerth tirluniol yn gefn iddynt, 'Blodeuai, heb gaethiwed un,/Eu haraf drefn' (*DP*, 24).

Mae'r sangiad, 'heb gaethiwed un', yn taro'n fwriadol yn erbyn yr orfodaeth filwrol yr oedd y bardd yn protestio yn ei herbyn, a hefyd yn ein paratoi ar gyfer y gwrthrych cyferbyniol i'r weun a gyflwynir yn y pennill nesaf, sef y storfa neu gladd arfau yn Nhrecŵn ychydig filltiroedd i'r gogledd o'r weun. Mae ymddangosiad sefydliadau milwrol ar ddaear Sir Benfro yn ystod y blynyddoedd hyn fel pe bai'n disgyblu ac yn cyfarwyddo dychymyg y bardd, yn ei gymell i godi ei ragfuriau delweddol ei hun yn eu herbyn. Defnyddiasai'r fframwaith cyferbyniol yn 'Y Tŵr a'r Graig' (1938), ac roedd 'Daw'r Wennol yn Ôl i'w Nyth' (1939) yn ymateb i anrhaith gymdeithasol yn sgil datblygiadau milwrol yn ne'r sir.

Ond er y myfyrio ar gydymdreiddiad tir a phobl, mantais y tirlun neu'r cynefin naturiol fel gwrthrych yw ei fod yn annibynnol ar y werin ac yn rhydd o'i gwendidau. Nid yw'r gweundir gwrm a'r garn, na'r ehedydd a'r perthi eithin, yn rhan o'r 'gaethglud ddur'; maent ar wahân i'r gwŷr sy'n gwasanaethu'r 'gallu gau'. Synhwyrwn eto dyndra safle'r bardd-broffwyd, ei bellter oddi wrth y rhai y mae'n llefaru ar eu rhan ac yn waelodol yn gorfod ymddiried yn eu priodoleddau cadarnhaol. Pan ganwyd 'Plentyn y Ddaear' ym 1939 roedd y ffydd yn annibyniaeth meddwl sylfaenol 'y rhai bychain' yn gadarn – 'Er drysu aml dro yn eu dryswch/Ni[d] ildiodd ei galon erioed' (*DP*, 68) – ond bellach synhwyrwn ymddieithriad y bardd. Ai ildio'n daeog a slafaidd-ddifeddwl a wnâi pawb a weithiai yn Nhrecŵn? Hwyrach y byddai dadansoddiad mwy caredig yn cydnabod gwydnwch diwylliannol y werin yn dygymod â datblygiadau o'r fath. Fel y cyfosodwyd adroddiad W. R. Evans ynghylch yr ymweliad ag Abertawe'r *blitz* a'r gerdd 'Y Tangnefeddwyr', gellid crybwyll yn awr yng nghyd-destun 'Ar Weun Cas' Mael' gofnod Eirwyn Jones (Eirwyn Pontshân) am ei gyfnod ef yn Nhrecŵn: 'y National Service Officer o'dd yn hala bobol i Dre Cŵn er mwyn gwneud rhyw waith mawr adeg y rhyfel. Ro'n nhw'n dod o amrywiaeth o ardaloedd, yn Gymry Cymraeg, a'r straeon a'r chwedle i gyd ar 'u cof nhw'. Mae Pontshân yn rhoi'r argraff bod 'mwyn gymdeithas' (rwy'n dyfynnu ymadrodd o gerdd Waldo, 'Caniad Ehedydd') ymhlith gwerin ffraeth Gymraeg y gwaith, ac mae'n adrodd cyfres o'r chwedlau a'r straeon celwydd golau a glywodd gan wahanol gymeriadau.[48] Ond diau mai cael ei

48. Eirwyn Jones, *Hyfryd Iawn* (Talybont, 1966), 24–9.

dristáu gan chwithdod eu hwyl wrth wasanaethu'r peiriant rhyfel fyddai hanes Waldo (a hefyd, bid siŵr, gan y chwithdod o weld sefydliadau milwrol fel Trecŵn yn datblygu'n gyflogwyr ac yn gynheiliaid economaidd o bwys yn Sir Benfro a gwaelod Sir Aberteifi).

Cyfeiriad at dwneli Trecŵn sydd yn llinell olaf pennill 6, 'O'n hogofâu' – yr ogofâu y mae eu cyntefigrwydd yn waradwydd i ddynoliaeth a ddylai ymgyrraedd at 'fro'r awelon pur', sef cynefin ehedydd Cas-mael. A'r ehedydd yw'r patrwm a gynigir wrth i'r ymbil gyrraedd ei uchafbwynt yn y pennill olaf.

Mae perygl i argraff berswadiol rhythmau'r gerdd, ynghyd â'r rhagfarn o blaid yr awdur a gynhyrchir gan wybodaeth am ei gefndir, swyno'r darllenydd i lesmair goddefol fel nad yw'n ystyried o ddifrif yr hyn a ddywedir yn y pennill hwn. Y mae '[C]ymru'r gweundir gwrm a'r garn' yn rhoi 'nwyf' a 'nod' i'r ehedydd; gofynnir iddi wneud yr un peth i ni, a'n dysgu i feithrin doniau mewn modd sy'n dwyn clod i'r cyfrwng sy'n rhoi ysbrydoliaeth. Yn benodol, mae'r bardd yn ymbil am nerth i fod yn fardd er ei mwyn, i hyrwyddo'i gwerthoedd. Yr hyn sy'n peri anesmwythyd yw'r modd y priodolir nerth ysbrydol i ddarn o dir ac i'r gymdeithas y mae'r cydgymeriad yn ei chysylltu â'r tir hwnnw. Yr amddiffyniad arferol fyddai nodi ein bod ni – y bardd a'r darllenydd – yn gwybod ein bod yn gweithio o fewn terfynau confensiynau llenyddol cydnabyddedig. Yn awr y sylweddola'r darllenydd lawn arwyddocâd yr arwisgo mewn iaith farddonol a fu ar ehedydd yr ail bennill: 'Dyry'r ehedydd *ganiad* hir,/*Gloywgathl* heb glo,/Hyder a hoen yr *awen* wir/A gobaith bro'.[49] Bod yn ehedydd felly yw uchelgais y bardd – bod yn obaith bro, fel ehedydd Wordsworth: 'Type of the wise who soar, but never roam;/True to the kindred points of Heaven and Home!' – llinellau sy'n cymell y darllenydd i ystyried y modd y mae canu'r bardd o Gymro hefyd yn cyfosod y trosgynnol a'r cynefin.[50]

Cyfeiriwyd at 'Ar Weun Cas' Mael' fel 'cerdd o obaith a ffydd'.[51] Mae'r nodau hynny'n bresennol, yn sicr; dyna'r rhai a ddarlledir yn swyddogol, fel petai. Ond fel gyda cherddi eraill a luniodd Waldo rhwng 1940 a 1942, byddwn am ddadlau fod yma hefyd fynegiant o deimladau gwahanol iawn – ing, ymddieithriad a rhwystredigaeth.

49. Fy mhwyslais i. Yn ei gerdd 'The Skylark', cyfeiria John Clare at yr aderyn fel 'the bard of the spring'.
50. Wordsworth, 'To a Skylark'; Thomas Hutchinson ac Ernest de Selincourt (goln.), *Wordsworth: Poetical Works* (Oxford, 1990), 166. Gofyn i'r ehedydd ei hun ei ddysgu a wna Shelley yn 'To a Skylark', yn ffyddiog y byddai'r hyfforddiant yn ei wneud yn fardd: 'Teach me half the gladness/That thy brain must know,/Such harmonious madness/From my lips would flow,/The world should listen then – as I am listening now'; Percy Bysshe Shelley, *The Major Works*, goln. Zachary Leader a Michael O'Neill (Oxford, 2003), 466.
51. Damian Walford Davies, ' "Ar Weun Cas' Mael" ac Ysgrif D. J. Williams ar Drecŵn', *Llên Cymru*, 24 (2001), 172.

Trafod Sonedau 'Gŵyl Ddewi'

John Rowlands

Ar raff dros war a than geseiliau'r sant
Tynnai'r aradr bren, a rhwygai'r tir.
Troednoeth y cerddai'r clapiau wedyn, a chant
Y gŵys o dan ei wadn yn wynfyd hir.
Ych hywaith Duw, ei nerth; a'i santaidd nwyd –
Hwsmon tymhorau cenedl ar ei lain.
Llafuriai garegog âr dan y graig lwyd,
Diwylliai'r llethrau a diwreiddio'r drain.
Heuodd yr had a ddaeth ar ôl ei farw
Yn fara'r Crist i filoedd bordydd braint.
Addurn ysgrythur Crist oedd ei dalar arw
Ac afrwydd sicrwydd cychwyniadau'r saint.
Na heuem heddiw ar ôl ein herydr rhugl
Rawn ei ddeheulaw ef a'i huawdl sigl.

Rhannodd y dymp a'r drôm bentir y sant
Ac uffern fodlon fry yn canu ei chrwth,
A'i dawnswyr dof odani yn wado bant
Wrth resi dannedd dur y dinistr glwth.
Tragwyddol bebyll Mamon – yma y maent
Yn derbyn fy mhobl o'u penbleth i mewn i'w plan,
A'u drysu fel llysywod y plethwaith paent
Â rhwydd orffwylltra llawer yn yr un man.
Nerth Dewi, pe deuai yn dymestl dros y grug
Ni safai pebyll Mamon ar y maes;
Chwyrlïai eu holl ragluniaeth ffun a ffug,
A chyfiawnderau'r gwaed yn rhubanau llaes,
A hir ddigywilydd-dra a bryntni'r bunt
Yn dawnsio dawns dail crin ar yr uchel wynt.

(*DP*, 92)[1]

---

1. Newidiwyd yr 'A' a geir yn *DP* yn ll. 8 yr ail soned i 'Â', a'r ffurf 'Chwyrliai' yn ll. 11 yr un soned i 'Chwyrlïai' (gan fabwysiadu'r ffurfiau a geir yn *Baner ac Amserau Cymru*, 17 Mawrth 1943, 4, lle'r ymddangosodd y gerdd am y tro cyntaf).

Mewn sgwrs yng Ngholeg y Drindod, Caerfyrddin ar 23 Hydref 1965, cofiaf i Waldo ddweud mai 'Tŷ Ddewi' (*DP*, 9–22) oedd ei hoff gerdd, ac mai ei hoff linell oedd 'A'r Hwsmon a'r iau esmwyth' o'r awdl honno. Wrth gwrs, buasai'n dysgu yn Solfach a Thyddewi ddechrau'r 1930au, ac yr oedd wedi'i drwytho yn hen hanes y fro, a chan fod dyfnder i'w ymwybyddiaeth hanesyddol yr oedd holl haenau hanes a chynhanes Sir Benfro fel petaent wedi'u moldio'n rhan o'i feddwl a'i ddarfelydd.

Yn yr awdl 'Tŷ Ddewi', a ddaeth yn ail i Simon B. Jones am y Gadair yn Eisteddfod Genedlaethol Abergwaun ym 1936, ond a ddiwygiwyd ar gyfer ei chyhoeddi yn *Dail Pren* ym 1956, ceir tri chaniad sy'n cwmpasu agweddau ar ysbrydoledd Tyddewi o oes Dewi hyd y cyfnod modern. Yn y caniad cyntaf mae Dewi'n cyfarfod â hen bysgotwr sy'n gwrthod y ffydd Gristnogol am nad yw'n fodlon colli'r hen ddefodau Celtaidd paganaidd, ond mae Dewi'n ei sicrhau y bydd gorau'r hen grefydd yn dal i dywynnu yn y newydd – ac nid rhyfedd i Gwenallt feirniadu'r awdl, oherwydd ni allai ddygymod â meddylfryd eangfrydig Waldo. Yn yr ail ganiad cawn bortread o'r pererindota stwrllyd i Dyddewi yn yr Oesoedd Canol, sydd fel petai'n tarfu ar dawelwch cynhenid cell Dewi. Fel y dywed yr 'hen fasiwn':

'Mae ofer sang yn nhangnef
Iesu Grist a'i gysegr Ef,
A lle mae yr hyll ymhél
Dewi a rodiai'n dawel.'

(*DP*, 16)

Deuir â ni i'r byd cyfoes yn y trydydd caniad, lle y mae Waldo'n tynnu ar brofiad dwys, lled-gyfriniol ei natur, a gafodd ar gopa Carn Llidi yn y 1930au cynnar. Mewn sgwrs â T. Llew Jones a ddarlledwyd ar y BBC ym 1965 ac y ceir trawsgrifiad ohoni yng nghyfrol Damian Walford Davies, *Waldo Williams: Rhyddiaith*, dywedodd Waldo:

Ro'n i wedi cael profiad go ryfedd allan ar Garn Llidi rhyw brynhawn o haf; fi'n cofio'n iawn, rhyw fis Medi o'dd hi. Ambell waith chi'n teimlo'ch hunan yn un â'r wlad o'ch cwmpas, ma' rhyw gymundeb rhyfedd yn dod rhyntoch – a hwnnw, ydwy'n meddwl, o'dd un o'm cymhellion i sgrifennu 'Tŷ Ddewi'.[2]

Ceir disgrifiadau cyfareddol o'r golygfeydd o Garn Llidi, ond yn wrthbwynt i'r harddwch y mae'r creithiau a wnaed gan amser:

A distaw ddyfod y cadarn arni,
A saib y treisiwr is y bwtresi.
Chwap, yn y rhestr ffenestri edrychodd
A'r hwb a loriodd y dewr bileri.

(*DP*, 20)

Ond er gwaethaf rhaib 'y datodwr', mae gobaith pryderus Waldo yn gweld
'awen Dewi' yn goroesi trwy'r cwbl.
Er gwaetha'r tyndra sydd dan yr wyneb yn 'Tŷ Ddewi', nid yw'n ddigon
dirdynnol i lorio dyn. Ceir ymdeimlad taerach â'r tynnu torch rhwng
rhaib filwrol dyn ac oesoldeb byd natur yn 'Y Tŵr a'r Graig' (*DP*, 31–9),
ond bu'n rhaid aros tan flynyddoedd yr Ail Ryfel Byd i ddicter cyfiawn
Waldo frigo o ddifrif. Yr oedd gweld pentir Dewi Sant yn cael ei lurgunio
a'i droi'n bentir llofruddiaeth yn dân ar ei groen ac yn ing yn ei enaid. Yng
Nghastellmartin, Breudeth a chyffiniau Solfach yr oedd gan ÿ Swyddfa
Ryfel diroedd helaeth. Lluniwyd 'Daw'r Wennol yn Ôl i'w Nyth' (1939;
DP, 28–9) fel ymateb i sefydlu maes tanio'r fyddin yng Nghastellmartin;
er gwaethaf ofnau'r bardd gellir gosod 'Gobaith fo'n meistr: rhoed Amser
inni'n was' ('Cymru'n Un'; *DP*, 93) fel arwyddair ar gyfer y gerdd hon. Yn
nannedd perygl, gobaith a leisir eto yn 'Ar Weun Cas' Mael' (1942; *DP*,
24–5). Bu Waldo'n byw yng Nghas-mael, nid nepell o Drecŵn lle'r oedd
canolfan arfau. Dangosodd Damian Walford Davies mai llinellau o eiddo
D. J. Williams a esgorodd ar ddelwedd yr ogofâu – 'Cod ni i fro'r awelon
pur/O'n hogofâu' – yn 'Ar Weun Cas' Mael':

> Efallai eto, y bydd pobl rhyw oes yn ymweld â'r ogofeydd yn
> Nhrecŵn, ac yn edrych arnynt fel waren olaf yr anghenfil anferthaf
> a fu erioed yn tramwy'r ddaear . . .[3]

Yn 'Diwedd Bro' (1939; *DP*, 65) sonnir eto am gymdeithasau'n cael eu
dinistrio wrth i'r wladwriaeth reibio tiroedd ac wrth i wasanaeth milwrol
gorfodol rwygo gwŷr ifainc o'u cynefin, ond y tro hwn mae'r bardd, fel y
dywedodd Robert Rhys, yn ceisio

> ffrwyno a disgyblu ei angerdd trwy ddefnyddio fframwaith cyfeir-
> iadol-chwedlonol sy'n seiliedig ar hanes Manawydan fab Llŷr.[4]

---

3. Ibid., 344. Gweler hefyd Damian Walford Davies, ' "Ar Weun Cas' Mael" Waldo Williams
ac Ysgrif D. J. Williams ar Drecŵn', *Llên Cymru*, 24 (2001), 171–3.
4. Robert Rhys, *Chwilio am Nodau'r Gân: Astudiaeth o Yrfa Lenyddol Waldo Williams hyd at
1939* (Llandysul, 1992), 155.

Ond rhoddodd Waldo rwydd hynt i'w ddicter yn y gerdd 'Arfau' (1939), lle y mae'n gweld cysylltiad rhwng yr ysfa i gynhyrchu arfau a'r trachwant am arian. Ar ddiwedd y gerdd gwêl y cynhyrchwyr arfau'n cael eu hysgubo ymaith fel y cyfnewidwyr arian a drowyd o'r deml gan yr Iesu:

> Bydd fflangell o fân reffynnau eto'n ddigon i'ch gwasgar
> Ac i wneuthur eto'n deml a wnaethoch yn ogof lladron.[5]

Da y dywedodd Robert Rhys fod y gerdd hon 'yn rhagredegydd i "Gŵyl Ddewi" (1943)'.[6] Y mae dwy soned 'Gŵyl Ddewi' gryn dipyn yn rymusach nag awdl 'Tŷ Ddewi', a soniodd Pennar Davies am eu 'firtwosrwydd' gan awgrymu bod acenion Gwenallt i'w clywed ynddynt.[7] Mewn man arall dywedodd yr un beirniad mai gan Gwenallt, efallai, 'y dysgodd Waldo bregethu ar gân; ond nid yr un pwyslais diwinyddol sydd gan y ddau bregethwr'.[8] Diddorol sylwi i Waldo gyfieithu'r soned 'Gandhi' gan Gwenallt i'r Saesneg a'i chyhoeddi yn y *Western Telegraph and Cymric Times* ar 18 Mawrth 1943[9]; ymddangosasai 'Gŵyl Ddewi' yn *Baner ac Amserau Cymru* y diwrnod cynt. Y mae chwechawd soned Gwenallt yn dangos sut y gallai 'Clown y syrcas ymerodrol', sef Gandhi y '[c]lyff gwawd', lorio grymusterau Mamon â grym ei dawelwch heddychlon:

> Siglid yr ymerodraeth gan ei ympryd gwan
> A'i chracio â'r distawrwydd ar ei fin,
> Chwythir ei hadfeilion haerllug yn y man
> Ag anadl mawr ei enaid tros y ffin;
> Symudir y syrcas gyda'r wawr â'i phac,   ·
> A'r llanastr lle bu'r sioe, y tail lle bu'r trac.[10]

Tebyg, ond llawer mwy daeargrynfaol, yw 'Nerth Dewi' yn ail soned 'Gŵyl Ddewi' – nerth sy'n difa 'pebyll Mamon ar y maes'.

Mae'n syndod cyn lleied o sylw a gafodd 'Gŵyl Ddewi' gan feirniaid, er bod ambell un fel Dyfnallt Morgan wedi sylwi ar y tebygrwydd rhyngddi

---

5. *Baner ac Amserau Cymru*, 28 Mehefin 1939, 8; dyfynnir yn Rhys, *Chwilio am Nodau'r Gân*, 156.

6. Rhys, *Chwilio am Nodau'r Gân*, 156.

7. Pennar Davies, 'A'r Brwyn yn Hollti', *CMWW*, 187.

8. Pennar Davies, 'Meddylfryd Waldo Williams', *CDW*, 186.

9. *WWRh*, 295. Gweler hefyd Damian Walford Davies, '"Gandhi" and "Beauty's Slaves": Two English Sonnets by Waldo Williams', *Welsh Writing in English: A Yearbook of Critical Essays*, 7 (2001–2), 174–80, a 'Dwy Soned Saesneg gan Waldo Williams', *Barddas*, 270 (Rhagfyr 2002, Ionawr 2003), 38–42.

10. Gwenallt, 'Gandhi', *Cnoi Cil* (Aberystwyth, 1942), 23.

a'r pâr arall hwnnw o sonedau gan Waldo, 'Elw ac Awen' (1944); yr 'un thema'n union' sydd iddynt, fel y dywedodd ef.[11] Buasid yn disgwyl i gerdd sy'n cymryd gŵyl ein nawddsant yn deitl fod yn gerdd ac iddi thema wladgarol, ond nid felly o gwbl. Gwir y dywedodd Ned Thomas mai 'Dim ond ym 1946–47 y cynhyrfwyd Waldo . . . i droi yn genedlaetholwr gweithredol'.[12] Wrth gwrs, erbyn 1959 yr oedd yn ymgeisydd dros Blaid Cymru yn Sir Benfro, ac yr oedd arwyddocâd symbolaidd Tyddewi yn greiddiol i'w ymgyrch erbyn hynny:

> I opened my campaign at St Davids, and it is there I will close it on the eve of the poll. I do this to symbolise the fact that Plaid Cymru is something more than a political party . . .[13]

Nid oes amheuaeth nad oedd gwladgarwch yn rhan o'i gynhysgaeth ymhell cyn hynny, ac mae B. G. Owens yn tystio bod tad Waldo yn dysgu am hanes Dewi yn yr ysgol adeg Gŵyl Ddewi.[14]

Y frwydr rhwng militariaeth sy'n ffrwyth trachwant ariannol, a gwarineb heddychlon Dewi yw thema 'Gŵyl Ddewi' – neu'r tynnu torch rhwng elw ac awen a fynegwyd yn y pâr grymusach o sonedau, 'Elw ac Awen'. Y mae 'Gŵyl Ddewi' yn gerdd unig sy'n perthyn i flwyddyn marw Linda, gwraig Waldo. Caiff llunieidd-dra'r soned reolaidd draddodiadol ei lurgunio'n bwrpasol yn y sonedau hyn lle y mae argyhoeddiad y bardd yn torri dros dresi'r mesur. Teimlaf ryw gryfder cyhyrog yn gorymdeithio trwy'r ddau bennill, sy'n annisgwyl o feddwl mai efengyl tangnefedd a fynegir ynddynt; ond fel y gwyddom, ciliodd rhamantiaeth fwynaidd Waldo wrth i'w heddychiaeth droi'n fwy milwriaethus, ac nid cysyniadau dof mo frawdoliaeth neu gyfeillach iddo mwyach.

Dewi asetig sy'n ennill ei fara trwy chwys ei wyneb a ddarlunnir yn y soned gyntaf. Yr ydym mewn byd cyndechnolegol gyda'i dirlun dreiniog, creigiog, garw. Delweddir Dewi fel ych deheuig – darlun sy'n dwyn ar gof bennill o'r awdl 'Tŷ Ddewi':

> Ac ar y llain ger y lli
> Y rhoed iau ar war Dewi,
> Rhychor y Duw Goruchel
> A thir serth ni thyr ei sêl.

---

11. Gweler Dyfnallt Morgan, 'Waldo Williams: Thema yn ei Waith', *CMWW*, 242.
12. Ned Thomas, *Waldo* (Caernarfon, 1985), 64.
13. *WWRh*, 325.
14. Gweler B. G. Owens, 'Waldo Williams a'r Preseli', *CMWW*, 82.

> Y ddaear lawn hon sy'n ddarlun heno,
> Twysennau grawn yn y teisi'n gryno,
> Pob cynhaeaf mi gaf gofio Geilwad
> Hen rym ei dyniad a'r iau amdano.
>
> (*DP*, 22)

Yr ych sy'n cerdded y rhych yw'r 'rhychor', un o eiriau cytseiniol-galed y Cywyddwyr. Y mae llinellau agoriadol 'Gŵyl Ddewi' yn gorfforol iawn eu heffaith, ac yn cyfleu ymdrech ac egni mawr yn wyneb gwytnwch y tir. Yn 'Tŷ Ddewi', Duw yw'r 'Hwsmon a'r iau esmwyth', ac fe'n hatgoffir yno fod iau yn cael ei gosod ar warrau dau anifail sy'n cydweithio. Tueddir i feddwl am iau fel bwrn neu faich, a'r ych fel anifail a orfodir i lafurio, ond cofier bod iau hefyd yn ennyn cyd-dynnu, a cheir rhagflas o thema 'Mewn Dau Gae' yn 'Tŷ Ddewi' pan sonnir am hwsmonaeth y Crist:

> Digon i gymydogaeth a digon
> I ieuo'r hilion trwy'r ddaear helaeth.
>
> (*DP*, 21)

Anaml y meddylir am iau fel rhywbeth esmwyth, ond esmwytháu neu iacháu'r cenhedloedd a wna yma trwy eu cael i gyrchu at yr un nod. Ac y mae i ymdrech gorfforol boenus Dewi yn 'Gŵyl Ddewi' effaith lesol hefyd:

> a chant
> Y gŵys o dan ei wadn yn wynfyd'hir.
>
> (*DP*, 92)

Gwyddom fel y mae paradocsau garw-feddal, chwerw-felys yn gyfrodedd trwy waith y Waldo aeddfed, ac felly y maent yma hefyd. Mae gwynfyd yn costio'n ddrud, a thangnefedd yn ffrwyth ymdrech. Am wn i nad yw eithin pigog ond fflamfelyn Sir Benfro, yn ogystal â chaniad yr ehedydd uwch y tir oerllyd, yn enghreifftio hynny cystal â dim:

> O! flodau ar yr arwaf perth,
> O! gân ar yr esgynfa serth –
> Yr un melystra, trwy'r un nerth,
>   Yr afiaith drud
> O'r erwau llwm a gêl eu gwerth
>   Rhag trem y byd.
>
> (*DP*, 24)

Felly y mae ymyl ('cant') y gŵys yn deffro i orhoen parhaus dan sang gwadn noeth Dewi. Y sant yw'r hwsmon y tro hwn, nid y Crist, a natur wyllt yw ei faes llafur. Rhaid iddo gydymddwyn â thro'r tymhorau ar ei lain dir ddigon cyndyn yn Nyfed, a cheir awgrym wrth fynd heibio yn llinell 6 ei fod yn hwsmona cenedl o'r gornel fach honno – yr unig gyffyrddiad cenedlgarol yn y gerdd. Dod â goleuni a wna ('Diwylliai'r llethrau'), ac wrth gwrs mae'r delweddau amaethyddol o ddofi gwylltineb byd natur, er gwaethaf eu garwedd diriaethol, yn cyfeirio at effaith ddiwylliannol, wareiddiol ac ysbrydol Dewi Sant. Mae'r defnydd crai – y clai di-ffurf, fel petai – yn cael ei weddnewid yn sylwedd pur.

Cyfeirir at nifer o weithgareddau diriaethol, y naill yn dilyn y llall yn ôl trefn gwarineb. Cerdded ei rych a wna Dewi'r ych i ddechrau, ond try'r ych yn hwsmon, ac erbyn chwechawd y soned gyntaf y mae'n heuwr sy'n hau had.

Mae'r broses sylfaenol o hau a medi yn awgrymu creu cynhaliaeth trwy fwyd, ac y mae'r bara maethlon sy'n dilyn gweithgarwch cenhadol Dewi Sant yn achlesu'r torfeydd sy'n cael y fraint o gyfranogi o'r wledd ar y byrddau Cristnogol. Diau mai un o'r elfennau ar fwrdd y cymun a awgrymir yn y fan hon. Felly er mai garw oedd talar Dewi, fe'i trodd yn dalar i Grist, a'i gweddnewid felly'n 'Addurn ysgrythur Crist'. Yn y llinell nesaf ceir un o baradocsau nodweddiadol Waldo wrth iddo sôn am 'afrwydd sicrwydd cychwyniadau'r saint'. Yma mae'r sicrwydd yn ffrwyth aberth ac ymdrech, a'r llwyddiant yn fuddugoliaeth ar rymusterau gelyniaethus. Er mor herciog oedd dechreuadau'r grefydd Gristnogol yng Nghymru, bu eu ffydd gadarn yn gynhaliaeth i'r saint. Mae hyn oll fel petai'n rhybudd i ni rhag llaesu dwylo wyneb yn wyneb â'r sefyllfa enbydus a ddarlunnir yn yr ail soned. Ceir yn y cwpled clo siars ar inni ddilyn esiampl ein nawddsant, a ninnau'n medru manteisio ar gyfleusterau cymaint mwy datblygedig na'i aradr bren gyntefig ef. Trueni na fyddem ninnau'n hau'r efengyl â huodledd hyderus Dewi. Bron na allwn weld rhythm ei gorff wrth iddo wasgar yr had â'i law dde bendant.

Erbyn yr ail soned y mae'r tirlun wedi'i weddnewid yn syfrdanol. Yn lle'r cwysi sythion, y ddawns hau a'r gwareiddio ymdrechgar, mae grymoedd dinistr yn hollti pentir sanctaidd a santaidd Sir Benfro. Diau mai storfa arfau a olygir gan 'dymp', ond mae'n air daufiniog yma, am mai consurio tomen sbwriel a wna yn gyntaf oll, ac i Waldo tomen byd lysnafeddog fuasai storfa o'r fath. '[C]aethglud ddur' oedd 'Yng nghladd Tre Cŵn' (*DP*, 25) ac arwydd o fynd yn ôl i gyntefigrwydd yr ogof oedd storio arfau. Yn 'Pa Beth Yw Dyn?' mae'r bardd yn gofyn beth yw arfogi teyrnas, ac yn ateb:

Rhoi'r cyllyll
Yn llaw'r baban.

(*DP*, 67)

Ond nid llanast tywyll yr ogof yn unig sydd yn llinell gyntaf ail soned 'Gŵyl Ddewi', oherwydd mae'r elfen ddinistriol yn llawer amlycach a mwy hyglyw bellach. Rywsut mae sŵn y gair 'drôm' am erodrom neu faes awyr milwrol yn fygythiol ynddo'i hun. Mae ynddo rwndi sy'n bygylu. A chyfyd y grwndi hwnnw'n gresendo o sgrech yn yr ail linell wrth inni gael ein hatgoffa o gân aflafar yr awyrennau uffernol yn yr wybren. Fel y mae'n digwydd, y mae 'canu crwth' yn gallu golygu 'canu grwndi' hefyd, ac efallai fod hunanfodlonrwydd i'w glywed yn y sŵn hwnnw; ond cymharer sut y bu i R. Williams Parry yn 'Cymru 1937' alw ar i'r gwynt – wrth iddo ddyneiddio drachefn 'y cnawd a wnaethpwyd yn ddur' – ganu ei 'annhangnefeddus grwth'.[15]

Gwych yw'r darlun o'r ddawns angau yn y drydedd linell – delwedd sy'n atgoffa rhywun o bortread Picasso o'r cyrff anffurfiedig, gwallgof yr olwg yn *Guernica*. Er mai dof yw dawnswyr Waldo – yn yr ystyr eu bod yn ufudd i guriadau'r gerddoriaeth oddi uchod – nid dawns osgeiddig a ddarlunnir. Gall rhywun ddychmygu osgo orffwyll i'r dawnsio, gyda'r dawnswyr yn bwrw iddi ag awch, gan guro a tharo; efallai'n wir fod awgrym o'r Saesneg *thrash* yma. Gellir cymryd yn ganiataol mai'r milwyr yw'r dawnswyr, ond ni fyddai'n amhosib cynnwys yn eu mysg gynffonwyr o Gymry sy'n ddigon hapus i gyd-fynd yn slafaidd â'r drefn filitaraidd – ac y mae yn ein mysg bob amser garfan luosog o bobl sy'n barod iawn i gario'r slogan 'Bread before Beauty'. Y mae'r bedwaredd linell, 'Wrth resi dannedd dur y dinistr glwth', yn consurio'n drawiadol iawn res o awyrennau sgleiniog: darlun o filitariaeth yn noethi ei dannedd yn ei hysfa am waed. Cyfleir y trachwant am ddinistr yn gwbl ddiflewyn-ar-dafod. Ymhen tair blynedd roedd Waldo'n ysgrifennu 'Cân Bom' ac yn rhoi yng ngenau'r dinistriwr hwnnw y disgrifiad brawychus canlynol o'r gwahaniaeth rhyngddo a'i feistr, Angau:

Ef yw'r pryf yn y pren,
Gwahanglwyf y canghennau.
Mi a'u hysgubaf i dân
Ecstasi angau.

(*DP*, 86)

---

15. R. Williams Parry, 'Cymru 1937', *Cerddi'r Gaeaf* (Dinbych, 1952), 63.

Mae ail bedwarawd yr ail soned yn cyplysu militariaeth ag ariangarwch neu gyfalafiaeth remp, fel y gwnaed eisoes yn y gerdd 'Arfau' ac y gwneir eto yn y sonedau 'Elw ac Awen'. Fel y nododd Robert Rhys:

> yr oedd sosialwyr yn hoff iawn o danlinellu'r cysylltiad clòs rhwng yr awydd i ryfela a thrachwant cyfalafol perchenogion a chyfran-ddalwyr y cwmnïau arfau.[16]

Y mae fel petai gan gyfalafiaeth ryw rym magnetig i dynnu pobl ddiniwed i mewn i'w chynllun (neu ei chynllwyn), a dyna pam y cyfeirir yn gydymdeimladol yma at 'fy mhobl' fel rhai sydd wedi'u dal mewn cyfyng-gyngor. Cânt eu llithio gan gyfrwystra'r grymusterau newydd i wasan-aethu'r gau, a hynny rywsut yn groes i'w natur. Llyncir hwy gan y peiriant lladd trwy dwyll; huda Mamon hwy i'w '[D]ragwyddol bebyll'. Diau mai pebyll y gwersylloedd milwrol sy'n neidio i'r meddwl wrth inni ddarllen y geiriau, ond wrth gwrs mae yma hefyd gyfeiriadaeth Feiblaidd. Yn Luc 16:9 sonnir am Famon fel hyn:

> Gwnewch i chwi gyfeillion o'r mamon anghyfiawn: fel, pan fo eisiau arnoch, y'ch derbyniont i'r tragwyddol bebyll.

Ond nid trwy deg yr aethai 'fy mhobl' i wasanaethu'r byd hwn. Fe'u dryswyd yn fwriadol. Mae delwedd y llysywod yn cyfleu hynny'n dda, gan gyfeirio'n gyntaf at y patrymau llysywennaidd lliwgar ar y pebyll neu'r gwisgoedd milwrol – y cuddliw neu'r *camouflage* o liwiau cymysg (yn frown, melyn, *khaki* a gwyrdd) a ddefnyddir gan sefydliadau milwrol i beri i'w hadeiladau, eu dillad a'u hoffer ymdoddi i'r amgylchfyd naturiol. Cael eu 'drysu' a wnaeth y bobl hyn, a dyna'r union air a ddefnyddiwyd yn 'Plentyn y Ddaear' (1939) hefyd, ond gan bwysleisio na lwyddodd y nerthoedd anfad i dwyllo'r 'bychan aneirif' trwy'r cwbl:

> Er drysu aml dro yn eu dryswch
> Ni[d] ildiodd ei galon erioed . . .
>
> *(DP*, 68)

Yn wythfed linell ail soned 'Gŵyl Ddewi', cyfleir agwedd arall ar y drwg yn y caws, sef y duedd i ddilyn y dorf, a'r modd y gall agweddau torfol ddylanwadu'n ddinistriol ar bobl. Gall yr ysfa i ddilyn y llif esgor ar wall ar y cof, neu wallgofrwydd:

16. Rhys, *Chwilio am Nodau'r Gân*, 156.

A'u drysu fel llysywod y plethwaith paent
Â rhwydd orffwylltra llawer yn yr un man.
(*DP*, 92)

Dyma gyrraedd trobwynt y soned, y *volta*. O hyn i'r diwedd trewir nodyn apocalyptaidd pendant, sydd i'w glywed fwy nag unwaith yng ngwaith Waldo (agwedd a drafodwyd gan Tony Bianchi yn ei ysgrif 'Waldo ac Apocalyps'[17]). Sonia Ned Thomas am yr 'awyrgylch brys a braw'[18] sydd i rai o gerddi Waldo, a noda yn y cyswllt hwn sawl enghraifft o adleisiau Beiblaidd yn y farddoniaeth, yn enwedig o Lyfr y Datguddiad. Mae'r sylw hwn o'i eiddo'n berthnasol iawn:

Traddodiad y gorthrymedig fu'r traddodiad apocalyptaidd erioed, grym y rhai nad oedd iddynt rym arall . . .[19]

Rhyw fath o obaith y tu hwnt i obaith yw hwn, ond yn achos Waldo, wrth gwrs, mae iddo sylfaen Gristnogol. Ffydd ddirfodol sydd yma. Nid oes dim gwlanennaidd ynglŷn â hi ym marddoniaeth Waldo, oherwydd fe'i mynegwyd mewn delweddau diriaethol iawn, megis y 'brwyn yn hollti' yn 'Mewn Dau Gae' (*DP*, 27).

Dewi lafurus, gydwybodol, gadarn a heini a welwyd yn y soned gyntaf. Cyflawni ei ddyletswydd wareiddiol a diwylliannol a wnâi yn ei oes ei hun. Ar ei ailddyfodiad bydd yn ymddwyn fel yr Iesu pan drodd y cyfnewidwyr arian allan o'r deml. Caiff y sant ei bortreadu fel gwynt nerthol yn ysgubo dros rug gweundir Sir Benfro, ac fe ddychmygir y gwersylloedd milwrol ('pebyll Mamon') yn cael eu sgrialu oddi ar y tir. Tymestl o air yw'r 'chwyrlïai' tairsillafog gyda'i gytseiniaid caled yn atgoffa rhywun o'r gair 'chwrligwgan'. Y darlun a geir yw'r pebyll yn cael eu darnio'n gareiau gan y ddrycin, nes eu bod yn rhidens di-lun a di-ddim. Tybiaf mai rheffyn neu linyn yw 'ffun', a diau mai hon yw'r elfen gyntaf yn y gair 'ffunen' a ddefnyddir am hances boced mewn rhai ardaloedd. Gall fod yn cyfeirio at y cortynnau sy'n dal y pebyll ond a fyddai'n dod yn rhydd yn y corwynt a greai Dewi. Eironig yw'r defnydd o'r gair '[rh]agluniaeth' yma, oherwydd disodlwyd 'rhagluniaeth fawr y nef' dros dro gan ragluniaeth ffug y meistri daearol sy'n gosod grym fel nod iddynt eu hunain. Wrth gwrs, mae pleidwyr rhyfel ymhob oes yn ymladd yn enw cyfiawnder, ond byddai'r syniad

17. Tony Bianchi, 'Waldo ac Apocalyps', *CMWW*, 296–309.
18. Thomas, *Waldo*, 18.
19. Ibid., 19. Gweler hefyd Paul W. Birt, *Cerddi Alltudiaeth: Thema yn Llenyddiaethau Québec, Catalunya a Chymru* (Caerdydd, 1997), yn arbennig 100–27.

o ryfel cyfiawn yn gwbl wrthun i Waldo. Felly mae'r ymdrechion i gyfiawn-hau tywallt gwaed ('[c]yfiawnderau'r gwaed' – defnydd eironig o ieithwedd emynyddol) yn cael eu malu'n 'rhubanau llaes'.

Clychau buddugoliaeth sydd i'w clywed yn y cwpled olaf. Mewn cyferbyniad â dawns huawdl yr heuwr ar ddiwedd y soned gyntaf, yr hyn a geir yma yw arian papur yn troelli yn yr awyr mewn rhyw ddawns hydrefol orffwyll. Mae'r bunt ymddangosiadol hollalluog wedi'i dibrisio'n ddim erbyn y llinell glo, fel ei bod yn grin a phwdr. Hon oedd y bunt ddigywilydd a haerllug, y bunt front (yn ystyr tafodieithoedd y De, sy'n awgrymu, efallai, y syniad o fudrelwa), a hi sydd bellach wedi'i chwythu i ebargofiant gan dymestl Dewi.

Ceir rhagflas yn y sonedau hyn o'r syniadaeth a fynegwyd yn ddiwedd-arach gan Waldo yn yr anerchiad 'Brenhiniaeth a Brawdoliaeth' (1956).[20] Yno, edrychir ar frenhiniaeth – gair symbolaidd a arferir gan Waldo i olygu'r wladwriaeth fodern, hyd yn oed ar ffurf y weriniaeth ddemocrat-aidd – fel strwythur ac iddo bwrpas cuddiedig a gormesol. Hau had a roddai faeth i'w frodyr a wnâi Dewi yn y soned gyntaf; enghraifft o frawdoliaeth sydd yma, heb arlliw o dra-awdurdod gwladwriaeth ar gyfyl y darlun. Yn yr ail soned mae'r olygfa wedi newid yn llwyr. Bellach Mamon sy'n teyrnasu, a ffrwyth y fateroliaeth honno yw'r filitariaeth estron sydd wedi ymsefydlu ar hen diroedd âr Dewi. Er bod rhai o gydwladwyr Waldo yn cowtowio i'r drefn, nid o'u hewyllys rydd eu hunain y gwnânt hynny. Cael eu twyllo a'u drysu a gawsant gan rym sydd y tu hwnt iddynt hwy eu hunain. Medd Waldo yn 'Brenhiniaeth a Brawdoliaeth':

> Nid oes dim yn y wladwriaeth, meddir, nas rhoddwyd yno gan y natur ddynol, ac y mae'n rhaid mai cyfanswm aruthrol ein gwendidau ni yw ei chreulonder hithau – pentwr dichoniadau'n llygredigaeth mewn gweithrediad. Pan gymharer y creulonderau hyn ag ymddygiad y dyn cyffredin at ei elyn, ac â'r hyn a wnâi i'w elyn gwaethaf pe caffai ei ffordd, ni saif symlder arithmategol y ddamcaniaeth hon ennyd. Y mae'n rhaid bod perthynas rhyfel a gwladwriaeth yn fwy cryno ac agos na hyn.[21]

Dyna pam y mae Waldo'n sôn mor fwynaidd-garedig am 'fy mhobl'. Nid drych i frawdoliaeth gynhenid Sir Benfro – a ddarluniwyd mor wych yn 'Preseli' (*DP*, 30) – yw'r sefyllfa yn ail soned 'Gŵyl Ddewi'.

---

20. Anerchiad a draddodwyd ym Mai 1956 gerbron y Gymdeithas Heddwch yn Abergwaun, ac a gyhoeddwyd gyntaf yn *Seren Gomer*, XLVIII, 2 (Haf 1956), 53–9.
21. *WWRh*, 308.

Ac er imi ddweud nad oes tinc cenedlaetholgar i'w glywed yn 'Gŵyl Ddewi', o feddylfryd cytras â'r hyn a ysgogodd y portread o'r sant a'i dir yn y ddwy soned y cododd yr ymwybyddiaeth honno yn ddiweddarach. Yn 'Brenhiniaeth a Brawdoliaeth', gwelir natur brenhiniaeth yn gliriach yng ngoleuni'r ffaith fod Cymru'n genedl fechan sydd yng nghrafangau gwladwriaeth estron. Dyma fel y disgrifir Cymru yno:

> Gwlad fach, heb demtasiwn gallu, heb obaith arglwyddiaethu, a'i budd ynghlwm wrth gyfeillgarwch y gwledydd, a'i chymdeithas yn ddiffwdan-werinol fel na all cymdeithas fod ond mewn gwlad fach; trwy gymorth rhai fel hyn y cyflawna brawdoliaeth ei gwaith ar y maes ehangach a dringo dros furiau ei gwrthwynebydd.[22]

Ai breuddwyd gwrach wrth ei hewyllys yw gweledigaeth apocalyptaidd Waldo? Ai cynnig cysur a wna i'r 'bychan aneirif' y gall Dafydd orchfygu Goliath wedi'r cwbl? Fel un a gredai fod barddoniaeth yn gallu cynnig cymorth ymarferol, go brin y byddai'n fodlon pe bai beirniaid yn rhoi llinyn mesur 'esthetig' yn unig ar ei gerddi. Er nad yw'n arferol i feirniaid ofyn pa mor berthnasol yw darn o lenyddiaeth i oes ddiweddarach, mae'n anodd peidio â gwneud hynny yn achos Waldo. Drigain mlynedd ar ôl cyhoeddi 'Gŵyl Ddewi', rhaid cyfaddef fod 'pebyll Mamon' ymhell o fod yn rhacs jibidêrs. Gallai Waldo o hyd ddweud: 'Mae dy flodau coch yn frech,/Mae dy flodau melyn yn grawn' (*DP*, 84). Efallai mai dweud a wnâi nad yw trigain mlynedd yn gyfnod digon maith i weddnewid sefyllfa sydd i'w holrhain filenia'n ôl. Dichon y dywedai mai 'gweld o bell y dydd yn dod' a wnâi, a bod ei siars yn para'n berthnasol heddiw, ac y bydd yn para'n berthnasol yfory. Efallai . . . dichon . . . Y gwir yw na wyddom ddim ond bod cerddi Waldo'n dal i gynhyrfu rhai ohonom hyd y dwthwn hwn, a'u bod yn debyg o barhau i wneud hynny i lawer o'n disgynyddion.

---

22. Ibid., 310.

Waldo'r Cwymp a'r Farn[1]

R. M. Jones

I

Dyma ddadl ddiwinyddol o dras hanner cyntaf y bedwaredd ganrif ar bymtheg wedi codi ymhlith rhengoedd beirniadol lliwgar barddoniaeth Gymraeg ddiweddar. Mae ysbryd Owen Thomas wrth law yn wâr, ac yn ôl y cofnodion y mae ef wedi'u cyflwyno inni, mae yna bum cwestiwn pwysfawr gerbron:

1. A oedd Waldo'n credu yn y Cwymp a'r Pechod Gwreiddiol?
2. A oedd ei ddehongliad o'r Cwymp yn glasurol uniongred?
3. Beth oedd natur y daioni sydd mewn dyn?
4. A yw Waldo'n sôn am ganlyniadau'r Cwymp yn 'O Bridd', ac a oes yna Farn yma?
5. A yw llinell olaf y gerdd yn amwys?

Torchwn ein llewys Piwritanaidd, ac awn ati i wynebu'r rhyfel cartref.

Ni chredaf y gellid gwadu nad oedd Waldo'n cydnabod daioni cychwynnol, creedig, cysefin, ysbrydol dyn. 'Nid oes yng ngwreiddyn Bod [sef Duw'r Creawdwr neu'r Greadigaeth gynhwynol ei hun, am wn i] un wywedigaeth.' Wedyn, sut bynnag, yn 'Cyrraedd yn Ôl' (*DP*, 70–1), darlunnir y Cwymp yn ddi-os. Dyma yn wir y darlun llawnaf o'r Cwymp mewn unrhyw gerdd Gymraeg nodedig gan unrhyw fardd mawr o'r ugeinfed ganrif. Cyfiawn oedd y gynnar lef:

> 'Ymaith yr ei di,
> Lle gwnelych mwy dy dref
> Trwy chwys bwytei di.'

---

1. Cyhoeddwyd yr ysgrif hon yn wreiddiol mewn pedair rhan: 'Adolygiadau Hwyr' (7), *Barddas*, 277 (Mai/Mehefin 2004), 26–8; 'Adolygiadau Hwyr' (8), *Barddas*, 278 (Gorffennaf/Awst 2004), 16–18; 'Adolygiadau Hwyr' (9), *Barddas*, 279 (Medi/Hydref/Tachwedd 2004), 10–13; ac 'Adolygiadau Hwyr' (10), *Barddas*, 280 (Rhagfyr 2004/Ionawr 2005), 12–14.

Taflwyd dyn o'r ardd, ac yn iawn felly:

> Gweled ein gwir a'n gwael . . .

Hynny yw, drwy bechod, ac yna drwy ddawn y Gydwybod, daeth dyn i ymwybod â'r cyferbyniad rhwng y da a'r drwg mewn gradd o lawnder.

> Cychwyn y brwydro,
> Myned o'n Heden hael . . .

Y golled erchyll.

> Chwysu, a chrwydro.

Chwys yr wyneb, sef y trymder a'r Farn mewn llafur a bodolaeth sy'n rhan, nes ein marw, o'r arwahanrwydd oddi wrth Dduw, sef y gosb ddaearol.
Bellach, llychwinwyd bywyd dyn. Nid oedd y drwg hwn yn greedig eisoes, wrth gwrs, ond fe'i cafwyd mewn digwyddiad canolog o arwyddocaol rhwng dyn a Duw. Bellach, rhaid i ddyn gario'r arwahanrwydd, a'i had gydag ef. Drylliwyd pwrpas y greadigaeth oll.

> Ym mhob rhyw ardd a wnawn . . .

Dyn bellach sy'n ceisio gwneud gweithredoedd ei hun drwy'i ewyllys ei hun.

> Mae cwymp yn cysgu:
> Dyfod rhagorach dawn,
> Methu â'n dysgu.

Nid drwy ddysgu, felly, eithr drwy ras – sef dawn – o hyd y ceir trechu. Mae'r rhagenw person cyntaf lluosog, hefyd, yn bwysig: nid 'nhw' ond 'ni' yn gyson. Mae'r bardd yn ei gynnwys ei hun. Dyna un arwydd o argyhoeddiad o bechod. Nid y gwladwriaethau na'r awdurdodau yn unig yw'r pechaduriaid.

> Cryfach ein gwir a'n gwael . . .

Bellach, gwyddys yn gryfach am y gwahaniaeth eglur hwn sydd ei angen erbyn hyn, a'i holl ymhlygion. Yn wreiddiol, yr unig wahaniaeth yr oedd angen ei wybod ym maes moeseg oedd yr un rhwng ufudd ac anufudd, sef cydymffurfio ag ewyllys Duw neu beidio. 'Gwneler dy ewyllys . . .' Bellach y mae ansawdd bodolaeth oll wedi ei hymhlygu'n gliriach.

A'r cwymp yn hyllach.
Diwedd pob Eden hael –
Crwydro ymhellach.

Digwyddodd yr hen air bach 'cwymp' ddwywaith yn y pennill hwnnw. Bellach, y mae ei gysgod ar draws popeth. O edrych arni fel yna, y mae'r hyn a ddywedir yn uniongred glasurol. Yn sicr, anodd osgoi'r Cwymp sydd yma; ac yn sicr, ceir pechod yn tarddu yn y fan yma sy'n aros bob amser ar y ddaear hon. Ni all y gwrthgwympwyr gael eu ffordd, felly, drwy warafun i Waldo feddu ar yr argyhoeddiad hwnnw.

Diddorol sylwi yn 'Cyrraedd yn Ôl' fel y mae Waldo, yn unol â'm pwyslais innau fan arall ar Waldo'r gŵr rhyfelgar,[2] yn apelio at Fihangel, sef yr angel yn y Beibl sy'n rhyfela:

Safed ym mwlch y berth
Filwr Mihangel.
Eirias uwch dwrn ei nerth
Cleddyf yr angel.

Darlunnir y frwydr ysbrydol gerbron yn awr. Oherwydd y Cwymp, cafwyd cosb; ac roedd y gosb honno'n gyfiawn, roedd y Farn yn ddaionus. Ni allai Waldo fod wedi taeru'n fwy uniongyrchol ei gred mewn Cwymp a'r Farn arno. Mae'n aralleiriad bron.

Nid cwbl anghyffredin yn y traddodiad Cristnogol yw canfod rhyfel a heddwch yn yr un person. Oni chawn weledigaeth Eseia yn datgan (Y Cyfieithiad Newydd, 9:6): 'Cynghorwr rhyfeddol, Cawr o ryfelwr, Tad bythol, Tywysog heddychlon'?

Clywn am y Cwymp drachefn mewn mannau eraill ganddo. Yn y gerdd 'Cân Bom', fel y'i cyhoeddwyd yn y fersiwn gwreiddiol yn *Baner ac Amserau Cymru*, 3 Ebrill 1946, dechreuir gyda'r ddwy linell:

Chwalwr i'r Chwalwr wyf.
Mae'r Codwm yn fy nghodwm.[3]

---

2. Gweler 'Adolygiadau Hwyr' (6), *Barddas*, 276 (Chwefror/Mawrth/Ebrill 2004), 16–19.
3. *Baner ac Amserau Cymru*, 3 Ebrill 1946, 1.

Y bom sy'n codymu yn y fan hon, ond mae yna rywbeth lletach ynddo: y Codwm cyffredinol. Eto, y bom sy'n llefaru, nid y bardd, y fi. Cyn belled ag y mae'r gerdd yn mynd, pobl eraill sydd yn y cwymp hwn. Diwygiwyd y testun gan Waldo erbyn cyrraedd *Dail Pren* fel yr oedd yr *C* fawr yn cael bod yn *c* fach; mae yna Feirniad ym mhob Bardd.

Soniodd hefyd yn ei gywydd 'Llwyd':

Iach y cydi uwch codwm.[4]

Hynny yw, daw iachawdwriaeth i godi'r crediniwr uwchlaw'r Cwymp. Does dim amheuaeth yn y dystiolaeth hyd yn hyn ganddo nad cadarnhaol yw'r ateb i'r cwestiwn cyntaf a gofnododd ysbryd Owen Thomas. Credai yn burion mewn Cwymp. Ond beth am yr ail gwestiwn? Nid gŵr uniongred mo Waldo. Fe'i gwreiddiwyd yn deuluol ac yn gyfnodol yn rhyddfrydiaeth ddiwinyddol y bedwaredd ganrif ar bymtheg. Cais ef ganfod manteision tybiedig y Cwymp:

> Daeth i'n hymwybod wawl
> Rheswm deallus.
> Cododd cydwybod hawl
> Uwch yr ewyllys.
>
> (*DP*, 70)

Hynny yw, ymddengys fod Waldo'n dal na chrewyd dyn yn wreiddiol yn greadur rhesymol a deallus mewn perthynas lawn a bywiol â Duw – er ei fod yn ôl y datguddiad dwyfol anniwygiedig yn medru siarad iaith cyn y Cwymp a 'gwahuno'[5] wrth drafod y greadigaeth. Gallai ddadansoddi a chymharu, felly. Gallai ddarostwng y ddaear i'w synnwyr ei hun. Dyma natur dyn. Ymddengys fod ganddo gyd-wybod mewn cyd-deimlad â Duw, ynghyd ag ewyllys rydd a allai wahaniaethu rhwng ufudd-dod ac anufudd-dod cyfanswm ei foesoldeb ar y pryd. Ond rywfodd, yn ôl Waldo a'r traddodiad rhyddfrydol ymhlith rhywrai, adeg y Cwymp cafodd dyn – ynghyd â marwolaeth – fudd. Roedd hyn yn unol ag optimistiaeth cynnydd a rhyddfrydiaeth ddiwinyddol a gwleidyddol oes Fictoria, ac yn ateb ail gwestiwn ysbryd Owen Thomas.

Hynny yw, nid arddelai Waldo ei gred yn y Pechod Gwreiddiol yn yr ystyr glasurol. Credai i'r Cwymp esgor ar reswm a chydwybod. Cwymp rhamantaidd oedd.

4. J. E. Caerwyn Williams (gol.), *Cerddi Waldo Williams* (Y Drenewydd, 1992), 93.
5. Ar 'gwahuniaeth', gweler R. M. Jones, *Meddwl y Gynghanedd* (Cyhoeddiadau Barddas, 2005), 84–98.

Mae'r gair a'r cysyniad 'Cydwybod' yn y cyd-destun Cristnogol yn bwysig yn hanesyddol. Mae'n ganolog bwysig i Waldo. Mae gan Forgan Llwyd gyfrol gyfan amdani. Sonia ef amdani, fel Calfin yntau, yn nhermau *sensus divinitatis* (synnwyr o Dduw), sef yr ymwybod o Dduw a blannwyd mewn dyn sy'n peri ei fod, wyneb yn wyneb â'r greadigaeth allanol a'r profiad mewnol, yn gallu bod yn arwyddocaol wybodus ynghylch bodolaeth Duw a'i berthynas fywydol briodol ag ef. Cyd-wybod yw hyn. Nid Cristnogaeth yw, bid siŵr; dim ond gwybodaeth neu synnwyr yw. Gwedd yw ar y plethwaith Cristnogol hwnnw sydd yn ei lawnder syml yn gwneud 'credo'.

Ond cais Waldo gysylltu'r Cwymp â mwy na dyfodiad llygredd a marwolaeth i'r byd ac iddo ef. Fe'i cysyllta â dyfodiad rhai rhinweddau. Mae hynyna'n haeddu trafodaeth bellach, er nad yma. Nid wyf am gael fy llygatynnu rhag sôn am yr ymwybod hwnnw yng ngherddi Waldo o lygredd treiddiol cyson dynoliaeth ac o gwymp oddi wrth gymdeithas lawn â Duw. Presenoldeb hynyna sydd o ddiddordeb i mi yn yr achos hwn. A hynny i mi (ac nid anuniongrededd cydnabyddedig Waldo) yw'r peth syn.

Er i Waldo sôn am fanteision tybiedig, ac er i'r rhain esgor ar yr hyn a elwir yn 'Gerddi Band of Hope',[6] ni wada'r anfanteision – balchder, rhyfel, casineb, hunanoldeb, marwolaeth, ac yn y blaen. Ni chofiaf Waldo'n defnyddio'r gair 'pechod' amdanynt yn ei farddoniaeth. Os syniaf yn gywir, gair gwaharddedig oedd hwnnw yn y cyfnod rhamantaidd (fel y daeth 'eirlysiau' yn waharddedig i fodernwyr). Gwell o lawer oedd 'llwgr', 'gwenwyn', 'sarffaidd', ac yn y blaen. Sut bynnag, yn y ffydd ddiwygiedig, a Chatholig hefyd (dybiwn i), cyfrifir tri mater yn arwyddocaol wrth ystyried presenoldeb daioni mewn dyn, sef yn gyntaf hollbresenoldeb Duw yn y greadigaeth, yn ail y ffaith bod llun a delw Duw ar ddyn, ac yn drydydd y ffaith bod gras cyffredinol (sy'n cynnwys gras ataliol) yn gweithredu ymhlith dynion yn ddiwahân. Nid ffrwyth anufudd-dod dyn mo'r rheini, wrth gwrs. Gwrthrychol oeddent, nid goddrychol. Rhaid eu cofio er hynny wrth sôn am benbleth Waldo pan wynebai'r trydydd cwestiwn a gofnodwyd gan ysbryd Owen Thomas.

Bid a fo am hynny, hyd yn hyn yn y drafodaeth ar y wedd hon ar waith Waldo – y Cwymp – yr wyf wedi deheuig osgoi sôn am un gerdd arbennig sydd, yn anad yr un, wedi cynhyrfu'r ddadl ymhlith carwyr ei waith ers tro bellach. Sef 'O Bridd'. Teimlwn wrth ddarllen iaith y gerdd honno, ac ymgyhyru ychydig o fewn ei rhythmau, ein bod mewn cwmni rhyfedd. Mae'r bardd yn ei hagor drwy fynnu sôn am y wedd anweledig ar y pridd:

6. Gweler Jones, 'Adolygiadau Hwyr' (6), 19.

> Hir iawn, O Bridd, buost drech
> Na'm llygaid; daeth diwedd hir iawn . . .
>
> (*DP*, 84)

Sgrifennir yn syml gydol y gerdd. Ond mae gosodiadau'r gerdd yn ddieithr. Llinellau byrion sydd yma. Mae pobl seml yn hoffi llinellau byrion. Ond trwm yw'r ystyron. Cerdd ydyw sy'n haeddu myfyrdod araf a hir. Ac yn ystod y blynyddoedd diweddar cafodd lawer iawn o sylw gofalus a dwys; a diau mai yng nghyfrol Alan Llwyd, *Rhyfel a Gwrthryfel*, y ceir y drafodaeth fwyaf pwyllog.[7] Yn fwy na neb o'i flaen, mae'r beirniad hwnnw wedi ymaflyd yng nghanol y pwnc, sef 'y pridd' ei hun. Tâl i minnau geisio palu twll bach arall ynddo, gan obeithio na byddaf yn tynnu ochrau'r twll am fy mhen wrth balfalu dan yr wyneb.

II

Pe medrai helygen farddoni, fel hyn y'i gwnâi. Ond byddai'r sibrwd gan yr helygen ychydig yn llai cynnil efallai, a'r distawrwydd yn llai helpfawr, eithr y purdeb ar y dail yr un ffunud.

Rhyfedd meddwl am farddoniaeth Waldo, y bardd peryglus o boblogaidd, o bawb, yn destun dadl, er nad rhyfedd yw synied amdano fel bardd paradocsaidd. Eto, daeth ei waith yn bur ddadleugar. 'Cofio' yn erbyn 'Cwmwl Haf', y cerddi plant yn erbyn y cerddi 'tywyll'. Buwyd yn ymdroi uchod gyda dadl ysbrydol a godasai yn ei gylch. Trafodwyd yn benodol ei gred yng Nghwymp dyn. A defnyddiwyd un gerdd yn arbennig i arch-wilio'i safbwynt, sef 'Cyrraedd yn Ôl'. Cwbl ddiamwys oedd y gerdd honno ynghylch bodolaeth y Cwymp. Ond nid y gerdd honno yw'r un a gododd y ddadl hon ymhlith beirniaid, eithr 'O Bridd'. Cafwyd cryn anghytundeb ynglŷn â manylion yn hon. Awgrymwyd yn feiddgar, yn gam neu'n gymwys, mai'r rheswm am yr anghydfod oedd bod y gerdd ychydig yn amwys. Anghytunodd Waldo'i hun â'r awgrym hwnnw mewn llythyr dyddiedig 5 Mehefin 1966 at Anna Wyn Jones.[8] Ac y mae'r fath amrywiaeth barn yn codi mater a gafodd gryn sylw ym maes beirniadaeth lenyddol byth er 1946 pryd y ceisiodd E. D. Hirsch, yn ei gyfrol *Validity*

---

7. Gweler Alan Llwyd, 'Waldo Williams: "O Bridd" Gyda Golwg ar Rai Cerddi Eraill', *Rhyfel a Gwrthryfel: Brwydr Moderniaeth a Beirdd Modern* (Cyhoeddiadau Barddas, 2003), 360–95.
8. Gweler *WWRh*, 101–2, a Damian Walford Davies, ' "Cymodi â'r Pridd": Wordsworth, Coleridge, a Phasg Gwaredol Waldo Williams', 86–7, isod.

in Interpretation, ddatroi hunanlywodraeth y gwaith llenyddol – hynny yw, ei ryddid oddi wrth yr awdur.

Beth yw hawl awdur wrth ddehongli cerdd? Ai darllen cerdd a wnawn, ynteu chwilio am y gerdd y byddai'r awdur wedi hoffi ei sgrifennu? Cefais gyfle o'r blaen i drafod y mater hwnnw wrth ymdrin â dehongliad Euros Bowen o'i gerdd 'Surrealiaeth'.[9] Mynnai ôl-fodernwyr yn y ganrif ddiwethaf fod yr awdur wedi hen ddiflannu. Roedd gan y gerdd (wedi'i gorffen) ei bodolaeth, ei bywyd, ei hannibyniaeth ei hun. Hi sy'n ateb drosti'i hun. O safbwynt gwerthfawrogiad, nid yr awdur, yn awdur-dodol, sydd dan ystyriaeth mwyach, ond y greadigaeth ei hun, a all fynd yn groes iddo ef weithiau – fel y bydd rhai nofelwyr yn methu â rheoli trywydd eu cymeriadau oherwydd i'r rheini feddiannu bywyd personol iddynt eu hunain. Gellir cân hardd gan awdur hyll.

Bydd rhai darllenwyr yn tybied bod anghytundeb yn neongliadau beirniaid yn dwyn anfri naill ai ar feirniaid neu ar feirniadaeth. Cywilydd yw'r ffaith seml fod beirniaid yn gwahaniaethu ynghylch eu dyfarniad. Rhaid bod anghytundeb rhyngddynt yn adlewyrchu anwybodaeth neu dwptra – neu amhosibilrwydd beirniadaeth ddibynnol. Mae'r Eisteddfod Genedlaethol yn enwog euog o'r fath warth. Hi yw prifddinas annealltwriaeth feirniadol.

Gadewch imi osod y peth yn fwy amrwd eithafol ac yn fwy crisial oherwydd y mae'r sefyllfa'n fwy difrifol a chyrhaeddgar na hynny. Yn wir, mae'n gwbl anochel. Y ffaith wyryfol yw, nid yn unig fod dau feirniad bob amser yn wahanol yn eu dehongliad o un gerdd, ond bod un beirniad (a'r bardd ei hun) ar ddau ddiwrnod gwahanol hefyd yn *gorfod* bod rywfaint yn wahanol. Ceir o'r herwydd wahaniaeth o fath rhwng dehongliad y bardd a dehongliad y darllenydd bob amser. Ac os yw hynny'n ymddangos yn warthus, a gaf osod y ffeithiau'n fwy eglur?

Pobl ŷm ni, ysywaeth. Wrth drafod iaith, cyn hyn, yr wyf wedi crybwyll y ffaith ei bod yn hollol amhosibl i'r un person ynganu ac ailadrodd yr un frawddeg fel yr un yr wyf yn ei sgrifennu y funud hon ddwywaith yr un fath yn union – gyda'r un hyd i'r holl lafariaid a'r un pwys i'r holl gytseiniaid. Sôn yr wyf am eu mesur â'r peiriannau meinaf sy'n recordio seiniau o'r fath. Dyna frawddeg nas cafwyd erioed o'r blaen ac na cheir ei thebyg yr un ffunud byth eto. Brawddeg unigryw yw, ac y mae pob darlleniad ohoni yn unigryw wahanol. Hon ydyw'r afon, ond nid hwn yw'r dŵr.

Bu ôl-foderniaeth – ac yn arbennig un o'i hysgolion lleiaf anghall, sef 'reader-response theory' – yn trafod y ffaith gyda rhyfeddod llygaid gleision gloyw: fod yna luosedd 'relatif', medden nhw, ac anghysondeb cyson

9. R. M. Jones, *Mawl a Gelynion ei Elynion* (Cyhoeddiadau Barddas, 2002), 214–15.

mewn deongliadaeth. Gwnaent fôr a mynydd o'r ffaith. Rhan yw hyn o ddogma chwalfa. Rhan hefyd o unochredd ôl-foderniaeth. Ond ni raid bodloni ar y fath esboniad diesboniad heb ei esbonio. Drwy gyfosod Tafod a Mynegiant gallwyd cynnig ateb pam y mae'n *rhaid* iddi fod felly. Dangoswyd pam a phle y mae'n rhaid cael, ochr yn ochr â'r anghysondeb a'r anghytundeb ffrwydrol weithiau mewn Mynegiant, yr elfen wrthwyneb o 'gysondeb', 'sefydlogrwydd', a 'chydlyniad' mewn Tafod. Gwahaniaeth ynghyd ag Undod.

Dengys y cyferbyniad Tafod/Mynegiant *pam* y mae'r sefyllfa a ddisgrifir gan 'reader-response theory' yn bodoli fel y mae, a *pham* hefyd y mae'n llawnach nag a ddywed. Dengys pa elfennau sydd i fod yn gymharol gytûn mewn beirniadaeth, sef Tafod, a pha elfennau sydd i fod yn anghytûn, sef Mynegiant. Ac esbonia adeiladwaith y cwbl. A dim ond drwy Feirniadaeth Gyfansawdd o ryw fath y mae modd amlygu'r cyflawnder sydd i'r sefyllfa. Pe dilynem i'r pen osgo ôl-foderniaeth yn ei lluosedd a'i relatifrwydd eithafol, ni allai dau berson byth ymwneud yn ymarferol â'i gilydd. Sylfaenol annigonol yw gogwydd ôl-foderniaeth tuag at un ochr. Ond oherwydd Tafod, er bod ffrwythlondeb Mynegiant yn gydangenrheidiol, fe geir yn gyfochrog yr un a'r llawer, y rhan a'r cyfan, y gwahanu a'r uno. Fe geir 'gwahaniaeth' yn amlder deongliadau Mynegiant.

Cyn ymadael â'r ddadl honno, gadewch imi, er tegwch, dynnu sylw at un garfan werthfawr a doeth ymhlith theorïwyr 'reader-response theory' – yr arloeswyr eu hunain yn wir, yn enwedig yng Ngwlad Pwyl ac yn Yr Almaen – lle y derbynnid y term 'theori derbyniad' ar gyfer y safbwynt. Yno cafwyd pobl fel Roman Ingarden, ac yn arbennig Wolfgang Iser, a chanddynt gefndir mewn seicoleg *gestalt* (yr ymwybod o gyfannau) a lwyddodd i raddau helaeth i gyfuno rhan a chyfan, un a llawer. Oherwydd eu methiant i gyfuno *gestalt* a Thafod, sut bynnag, nid aethant yn ddigon pell, ac arhosodd eu dilynwyr yn rhy gyndyn gyda'r agored, gan esgeuluso'r 'caeëdig'. Bid a fo am hynny, yn yr adwaith yn erbyn ôl-foderniaeth orsyml o relatif, priodol moesymgrymu i gyfeiriad 'perthynas *gestalt* ac amlder' yn theori ymateb.

Gyda'r atgof hwnnw'n seinio yn y clustiau, mae'n bryd imi droi at yr anghytundeb diddorol yn nehongliad 'O Bridd' – at ddehongliad Waldo'i hun, Alan Llwyd, Ned Thomas ac eraill. Dichon y cawn weld nid yn unig fod yna rywbeth i'w ddweud o blaid y naill ochr neu'r llall, ond o blaid y ddwy ochr gyda'i gilydd.

Gadewch inni gytuno efallai, yn gyntaf, na fyddai Waldo'r Beirniad ddim yn dymuno credu bod yna Gwymp o gwbl. Cafodd ei fagu mewn cyfnod pryd yr oedd y Sefydliad crefyddol yn arwynebol lacio gafael ar rai o'r credoau clasurol hanesyddol, ar Athrawiaethau'r Cwymp ac Uffern, yr Iawn ar y Groes, y Geni Gwyrthiol a'r Atgyfodiad corfforol, yr Ysgrythurau anffaeledig a'r Drindod Sanctaidd. Bant â hi, a bant â'r eglwysi. Gwnaed pob math o driciau caswistig yn enw ysgolheictod. Adeiladwyd rhagdybiau gwrthoruwchnaturiol yn ddogma. Ac ymatebwyd drwy'i heglu hi. Ymhlith yr enwadau, yr oedd Crynwyr – a oedd eisoes yn oddrychol braidd ac felly'n ddyn-ganolog – wedi symud gyda'r lleill, yn wir ynghynt na'r lleill, tuag at Ddyneiddiaeth naturiolaidd. Yn fras, ond yn fwy cymhleth na'r rhelyw, yr oedd Waldo'r Beirniad yn arddel, ac yn dymuno arddel, y safbwynt hwnnw hefyd.

Nid wyf, sut bynnag, yn ystyried bod y ddadl rhyngof a'r bardd yn ymwneud â 'diwinyddiaeth', ond â bodolaeth, neu beidio, amwysedd tybiedig llinell olaf y gerdd. Gwir bod a wnelo hynny â natur y daioni sydd mewn dyn, ac â pherthynas pechod â'r greadigaeth syrthiedig (y pridd). Ond nid y cynnwys penodol sydd dan sylw, eithr y gwaith o ddehongli ystyr. Y cwestiwn sy'n codi yn llythyr Waldo at Anna Wyn Jones yw nid a yw'r bardd yn anobeithio'n llwyr am ddyn. O'r braidd bod yna'r un Cristion a wna hynny. Ond a yw'r *llinell* yn cyfleu'r llygredd mewn dyn yn benodol, ynteu ai rhoi'r bai a wna ar y 'pridd', ar y drefn, neu arnynt 'hwy', y bobl mewn awdurdod? Ymddengys i mi nad yn erbyn y corff dynol yn syml ym mryd Waldo y mae'r frwydr, ond yn erbyn yr ysbrydoedd tywyll sy'n ei reoli ac yn llywodraethu'r gwledydd:

Yng nghladd Tre Cŵn gwasnaetha gwŷr
Y gallu gau.

(*DP*, 25)

Gwnaethpwyd dyn yn wreiddiol o bridd y ddaear, taw sut yr edrychwn arno – boed ffordd y naturiolwr, neu ffordd y goruwchnaturiolwr. Yn y gerdd hon y mae natur y drwg o dan y meicrosgop. Y mae'r pridd yn agor ei enau brwnt – 'safn y ddaear' – ac yn cyfarch y llofrudd ('Cain' yn ôl dehongliad argyhoeddiadol Alan Llwyd). 'Ho Frawd': yr un sy'n berthynas i bob lleiddiad. Drachefn, sonnir am 'Ein mam'; onid y fam ddaear? Mae hi'n gweiddi, 'Ho dras'. Perthyn a wnawn i'n gilydd yn y pridd, ym mryd y gerdd. Roedd y Cwymp yn gosmig. Dyma'r 'drefn' bellach. Mae'r holl ddaear yn ochneidio.

Yn ail ran 'O Bridd' crëir math o fyth y tu hwnt i Kerguelen. Dyma'r lle y daw'r bardd apocalyptig i'r golwg. Ymyla ar yr Iwtopaidd, os dyna yw'r di-foes heb dda na drwg:

> Ac yno yn disgwyl mae Duw.
>
> (*DP*, 85)

Gobaith, meddai Pennar Davies a Jâms Nicholas am 'Dduw'.[10] Cytunaf. Yn llawnach, meddai Jâms: 'Dyma un olwg ar y Brenin Alltud. Os yw dyn, o'i fodd ei hun, wedi cefnu ar gynefin y baradwys goll [hynny yw, wedi cwympo] . . . eto y mae Duw yn *bresennol* yn y byd ac yn aros a disgwyl ei awr'.[11] Gobaith a Chyfiawnder, Cariad a Barn ynghyd: dyma'r Creawdwr. Credaf fod yr ail Eden a ragwêl Waldo yn 'ddychweliad' i'r Eden gyntaf am ei bod yn adfer y daioni, heb yr un posibilrwydd o gwympo mwyach.

Ceir dwy ran i'r gerdd: y Felltith a'r Fendith. Mae'r naill ran a'r llall yn dweud rhywbeth yn syfrdanol am Waldo ei hun, ac mae'n well imi ddyfynnu'r ddwy ran yn eu tro. Dyma'r rhan gyntaf:

> Hir iawn, O Bridd, buost drech
> Na'm llygaid; daeth diwedd hir iawn,
> Mae dy flodau coch yn frech,
> Mae dy flodau melyn yn grawn.
> Ni cherddaf. Nid oes tu hwnt,
> Cerddodd dy dwymyn i'm gwaed,
> Mi welais y genau brwnt
> Yn agor a dweud, Ho Frawd,
> Fy mrawd yn y pydew gwaed
> Yn sugno'r wich trwy'r war,
> Fy mrawd uwch heglau di-draed,
> Bol gwenwyn rhwyd y cor.
> A phwy yw hon sy'n lladd
> Eu hadar yn nwfn y gwrych,
> Yn taflu i'r baw'r pluf blwydd,
> I'w gwatwar ag amdo gwych?
> Ein mam, sy'n ein gwthio'n ein cefn,
> Ym mingamu arnom trwy'r ffenestr,
> Yn gweiddi, Ho dras, I'r drefn,
> A chrechwenu uwchben y dinistr.
>
> (*DP*, 84)

---

10. Gweler Pennar Davies, 'Meddylfryd Waldo Williams', *CDW*, 195, a *WWRh*, 102.
11. James Nicholas, 'Breuddwyd Dwyfol a Dwyfoldeb Brau', *CDW*, 218.

Mae yna rywbeth yn bod ar y ddaear hon. Cyfyd holl ragdybiau'r 'radicaliaid' yn erbyn hanfod a bodolaeth y Cwymp. Yn y traddodiad 'radicalaidd' confensiynol, rhywbeth a ddigwyddai i bobl eraill oedd y Cwymp, os o gwbl. Yn arbennig, cyfalafwyr a rhyfelwyr, y bobl mewn awdurdod, y 'nhw': dyna'r rhai a oedd yn gyfrifolwyr Cwymp. Protestiwn yn eu herbyn. Amdanom ni, sef y rhai bach, fel y dywedai Waldo, byddai rhyddfrydwyr optimistaidd gynt yn coelio'u bod yn eithaf dymunol yn y bôn. Nid eu heiddo nhw y drwg yn y byd. Edrychwch y tu mewn i ni: rŷm ni'n gwneud ein gorau, a dŷm ni ddim yn angharedig iawn. Ac os ydym braidd yn anghrediniol ac yn cenfigennu a braidd yn faterol a hunanganolog, dŷm ni ddim yn tramgwyddo'n ormodol, gobeithio, does bosib. Hynny, yw, yr ydym yn beryglus o boblogaidd.

A dyna, i'r sawl nad yw'n chwilio'n ddyfal, yr argraff a rydd Waldo'r Bardd mewn amryw byd o'i gerddi. Yn bur sicr, dyna a ddisgwyliai rhai gan Waldo'r Beirniad, y gŵr ar y chwith, y rhyddfrydwr diwinyddol.

Ond dowch inni edrych ar y dyfyniad o 'O Bridd'. Mae'n ddisgrifiad eglur o lygredd clasurol. Dyma ei brofiad o bridd ar ôl ymdeimlo â phresenoldeb rhyfel. Ond nid pridd y ddaear yn unig sydd mewn golwg. Sylwer ar bresenoldeb un gair yn arbennig, neu un math o air: 'm, cherddaf, 'm, welais, Fy, Fy, Ein, ein, ein, arnom. Nid yn anaml y'i ceir. Mae'r bardd yn ei uniaethu'i hun â phridd y ddaear y gwnaethpwyd ef ohono. Yna, symuda o'r unigol at y lluosog, a'n tynnu ninnau gydag ef i mewn i'r profiad a'r cyfrifoldeb. Dyneiddir y pridd – 'Mae dy flodau coch yn frech,/Mae dy flodau melyn yn grawn'. Wrth archwilio'r gerdd, deuwn ar draws Waldo annisgwyl (efallai) – y Waldo sy'n rhan o'r llygredd, y Waldo sy'n cydnabod 'Ho Frawd', 'Ho dras', sef y drwg sydd yn ei feinwe ei hun. Tras cenedlaethau'r Cwymp. Wedi creu dyn o bridd y ddaear (a ddifwynwyd wedyn gan ddyn) roedd Duw wedi anadlu'i ysbryd iddo; ond bellach aeth y pridd gwenwynllyd yn drech nag ef:

Cerddodd dy dwymyn i'm gwaed . . .

(*DP*, 84)

Ar ddechrau'r ysgrif hon, nodais bum cwestiwn a godwyd gan ysbryd Owen Thomas, gan ddechrau drwy holi: 'A oedd Waldo'n credu yn y Cwymp?'. Drwy'r 'pridd' yn y gerdd hon, ac yn bennaf drwy 'Cyrraedd yn Ôl', credaf fod y dystiolaeth yn glir ac yn bendant. Bellach, daeth yn bryd chwilio ail ran y gerdd, ac yn arbennig y 'cyhuddiad' o 'amwysedd'. Efallai mai anodd, braidd, fydd bod yn bendant ynghylch amwysedd. Ac efallai y daw â pheth gwrthdrawiad rhwng Waldo'r Bardd a Waldo'r Beirniad.

III

'[T]eimlwn y gallwn i sgrifennu tudalennau lawer i brofi nad yw'r gân yna yn amwys', meddai Waldo yn hyderus am 'O Bridd' yn ei lythyr at Anna Wyn Jones.[12]

Trafodwyd eisoes ran gyntaf, felltithiol y gerdd. Cyraeddasom yr ail ran yn awr, y rhan 'fendithiol'. Mae'n ddychryn o fendithiol. Mae'r rhan hon yn awr yn dechrau 'O bridd', sef gyda'r gair 'pridd' â'i lythyren gyntaf yn y ces isaf. Yn y rhan gyntaf, 'O Bridd' a gawsid. Cymerwn innau fod yna dri phosibilrwydd i'r cyfarchiad cyntaf hwnnw. Mae'r llythyren fawr yma'n digwydd am fod y bardd yn personoli'r pridd. Neu fe geir llythyren fawr yno am ei fod yn dyrchafu'r pridd ei hun, yn ei realaeth ddisymbol, i feddu ar arwyddocâd ysbrydol hollol realaidd. Y mae'r arwyddocâd hwnnw hefyd yn ddisymbol o hanesyddol. Neu'n drydydd – a hyn a bleidiaf i – y naill a'r llall. Un posibilrwydd nas pleidiaf yw mai pridd bach cyffredin ydyw.

Ond bellach, yn yr ail ran, peidiodd y llythyren fawr amwys honno â gwgu arnom mor fawreddog. Cafodd ddarostyngiad mewn statws. Beth yw union arwyddocâd 'diamwys' y llythyren fach yn y fan hon? Dichon ei bod yn peidio â phersonoli, ac yn peidio ag ysbrydoleiddio. Mae Waldo wedi canfod man y tu hwnt i Kerguelen heb bridd naturiol na phersonol yno o gwbl. O leiaf, mae'r newid arwyddocaol hwn yn codi'r cwestiwn. Mae bellach wedi ymadael â byd y pridd cynt yn gyfan gwbl: pridd y ddaear, peth sy'n gas ganddo (oherwydd rhyfel yn yr achos hwn, sy'n cael ei gynrychioli yn y gerdd hon gan lygredd fel egwyddor). Mae'r ynys y tu hwnt i Kerguelen felly yn rhydd rhag y pridd dynol a daearol hwnnw:

> O bridd, tua phegwn y de
> Y mae ynys lle nid wyt ti,
> Un llawr o iâ glas yw'r lle,
> A throed ni chyrhaedda na chri
> I'w pherffaith ddiffeithwch oer . . .
>
> (*DP*, 84)

Sut le sydd yno?

Medd Dilys, chwaer y bardd: 'hafn o dawelwch a sicrwydd'; 'gobaith', medd Jâms Nicholas; 'Gras', medd Emrys Evans.[13] 'Cefnogwyr diamwys oll i amwysedd', sibrydaf innau. Yn y llythyr lle y mae'n dyfynnu'r tri

---

12. *WWRh*, 101–2, ac isod, 86–7.
13. *WWRh*, 102, ac isod, 87.

dehonglydd gwahanol hyn, dywed Waldo nad yw'r gân yn amwys. Credaf fod ei dri chyfaill oll yn gyd-gywir ar ryw olwg. Yn ogystal, yn ddiau gennyf, yng nghyd-destun y rhyfel a oedd yn gymaint obsesiwn ar y pryd, 'heddwch' yw ystyr y lle. Ef ei hun – nid Waldo'r Bardd, ond Waldo'r Beirniad – a oedd yn anghywir. Heddwch amlystyrol yw.

Roedd y tri dehonglydd, wrth reswm, bob un yn rhan o'r amwysedd llydan. Mae'n amlwg fod yr hafan yma yn ddiffeithwch go egr. Oer yw'r gobaith hwn. Ac mae'r gras hwn yn bodoli heb neb, hynny yw, heb yr un cynrychiolydd o ddynoliaeth i dywyllu'r lle – heb na throed na chri, a heb y dyn a wnaethpwyd o bridd y ddaear. Heddwch rhyfeddol.

Os hafan o obaith graslon sydd yno, go brin ei bod yn hynod o debyg i'r ail dŷ sydd gennych acw yn Sbaen: does dim sŵn dynol yno, nac aderyn ychwaith:

> Ond suo'r dymestl gref
> A'r un aderyn ni ŵyr
> Dramwyo diffeithwch ei nef,
> Lle mae'r nos yn goleuo'r niwl
> A'r niwl yn tywyllu'r nos . . .
>
> (*DP*, 84)

Sylwer, 'diffeithwch' drachefn (wedi'i ailadrodd) o fewn ychydig o linellau. Pwyslais, mae'n siŵr. Ac eto, diffeithwch 'ei nef' hefyd, yn baradocsaidd. Enigmatig yw'r symudiad hwn, ac efallai – onid yw? – ychydig bach yn amwys, wrth inni gael nef lle mae'r nos mor enbyd.

Arhoswn gyda'r nef honno, wrth inni droi i'w moli.

> Harddach nag ydoedd fy haul
> Mabol ar ryddid fy rhos
> Er chwipio'r gwyntoedd anghenedl . . .
> Heb wneuthur na drwg na da.
>
> (*DP*, 85)

Atalnod llawn a geir yn y fan hon ar ddiwedd y frawddeg gyntaf yn ail ran y gerdd. Harddach yw'r nef hon na'r hyfrydwch a brofasai'r bardd yn ei ieuenctid rhamantaidd hyd yn oed. Amgylchfyd anghenedl (heb yr un genedl) yw'r nef hon, heb gorff (gïau), heb anadl, heb foes (na drwg na da). Dyma'r hafan o obaith graslon y soniai ei gyfeillion amdani wrth ddehongli. Sef gollyngdod llwyr.

Nid anghytunai Waldo â hwy, er gwaetha'r amwysedd. Sut felly?

Mae ei ddychymyg wedi codi goruwch rhyfel, a chanfod yn y pellter ollyngdod rhag y cwbl amlochrog hwnnw. Mae yma ryddid rhag pridd, rhag rhyfel, ac – a gawn fentro'i ddweud? – rhag llygredd dyn. Mae yma fath o Farn ar bridd. Saif yr ynys y tu hwnt i Kerguelen heb yr holl bethau yna, a heb eraill y disgwyliem i Waldo eu caru a'u harddel – cyd-ddyn, cenedl, bywyd, hanes, adar, blodau, moesoldeb. Mae'n cynnig harddwch mwy eithafol y tu hwnt i'r hyfrydwch hwnnw i gyd.

> Tu hwnt i Kerguelen mae'r ynys
> Lle ni safodd creadur byw,
> Lle heb enw na hanes,
> Ac yno yn disgwyl mae Duw.
>
> (*DP*, 85)

Duw, fe ymddengys, yw preswylydd mawr y nef dragwyddol a diamser hon. Efô sy'n cyflawni'r cwbl. Efô yw'r gollyngwr eithafol na ŵyr neb amdano – onid y sawl y mae rhyfel iddo yn felltith obsesiynol. Efô yw uchafbwynt y gerdd. Ond sut Un ydyw? A yw'r llinell olaf hon yn amwys?

Gadewch inni gofio cyd-destun meddyliol Waldo'r Beirniad, Waldo'r radical gwleidyddol a diwinyddol. Sut Dduw a ddisgwylid yn flaenaf ym meddwl y genhedlaeth honno? Duw Cariad, wrth gwrs – Agape. Eithr yn hanesyddol-glasurol ac yn Feiblaidd, yr oedd Duw Cariad hefyd yn Dduw Barn, yn ddeuoliaeth unol. Oherwydd Ei Gariad y mae'n barnu. Gyda dirywiad yr enwadau, ceisid cefnu ar Dduw Cyfiawnder a Barn. Pleidid unochredd. Lluniwyd Duw neisiach nag oedd yn yr Ysgrythur, un peryglus o boblogaidd. Ond a yw'n bosibl fod Waldo'r Bardd yn y gerdd hon, beth bynnag a feddylia yn ei oriau mwy cydymffurfiol 'radicalaidd', yn mentro canfod cyd-drawiad neu undod rhwng Cariad a Barn mewn Duw Crist-nogol? Onid yw Barn Duw yn y fan hon hefyd yn Gariad carthiol? Onid arswyd (heb fywyd) yw'r cariad hwnnw yn y fan yma? Sef y Disgwyliwr.

Bid a fo am unrhyw ateb 'terfynol' i hyn oll, fel yna y darllenaf i bethau. Carwn annog y darllenydd yn awr i sylwi ar ddehongliad Alan Llwyd yn *Rhyfel a Gwrthryfel*, dehongliad campus sy'n nodweddiadol graff, ac, yn fy marn i, sy'n gywir hefyd.[14] Nid oes rhaid cywilyddio ynghylch 'amwysedd'. I mi, dan ddisgyblaeth, amlystyraeth yw ystyr amwysedd effeithiol. Ffrwythlondeb yw'r Mynegiant sydd dan reolaeth Tafod. Peth dynol o'r fath yw Mynegiant o raid. Ond nid oes angen gwadu'r Tafod sicr sy'n ei amodi yr un pryd.

---

14. Alan Llwyd, 'Waldo Williams: "O Bridd"', 360–95.

I mi hefyd, wrth ddarllen y gerdd 'O Bridd', yr ydym ar dir cysegredig. Waldo'r Bardd sydd yma. Mae'n ysgrifennu dan ysbrydoliaeth yr Awen. Ni rydd hynny iddo wrth gwrs ddim anffaeledigrwydd. Ond y mae Waldo'r Bardd yn bwysicach na Waldo'r Beirniad. A'n gwaith cyntaf ni yw gwrando ar y Bardd.

Droeon mewn cerddi y mae'n treiddio y tu hwnt i lygredd. Ni fedr yr ôl-fodernydd ddygymod â hynny. Yn ei gerdd ddi-deitl, defnyddia Waldo yr ymadrodd 'gwreiddyn Bod' ar gyfer y Duw yr ydym newydd sôn amdano:

> Nid oes yng ngwreiddyn Bod un wywedigaeth . . .
>
> (*DP*, 64)

Dyma'r Un a edwyn ef drwy gynneddf yr ysbryd, neu, fel y'i geilw, 'Awen', neu 'awen Adnabod'.

A oedd ef yn mynd i fod yn driw i'r Awen honno a allai gydnabod y drwg y tu allan yn ogystal ag o'r tu mewn, a mentro mynd y tu hwnt i hynny, at y Farn yn Nuw; ynteu a oedd yn mynd i din-droi gydag optimistiaeth a rhamantiaeth oddrychol Schleiermacher a'i ddisgynyddion, yn beiriannol?

Nid yw hynny yn gwrth-ddweud y Creu gwreiddiol heb 'wywedigaeth', na chwaith y daioni drwy ras cyffredinol a'r 'Dychymyg Dwyfol'. Diau fod a wnelo'r tyndra â rhywbeth heblaw rhyddfrydiaeth Schleiermacher yn 'cymhwyso' Duw yn oddrychol brofiadol. Y mae a wnelo hefyd â mater y mae Waldo'n dychwelyd iddo dro a thrachefn, sef â mater awdurdod yr Awen:

> Na, awen y Crochenydd yw'r wreiddiol rin.
> Caiff Awen rannu'r bara a gweini'r gwin.
>
> (*DP*, 61)

(Sylwer ar y swydd offeiriadol.) Medd ef yn 'Y Tŵr a'r Graig':

> Awen hen a ddeuai'n ôl . . .
>
> (*DP*, 33)

ac yn 'Adnabod':

> Rhag bradwriaeth, rhag dinistr,
> Dy gymorth O! awen Adnabod.
>
> (*DP*, 62)

Sensus divinitatis wedi'i ddeffro yw 'awen Adnabod'. Gair a aeth yn wrthun mewn gwledydd eraill yw Awen, gyda'r adwaith anochel yn erbyn maldod Rhamantiaeth. Ond i Waldo, y mae i'r gair ystyr ddiriaethol bron, un dechnegol. Hon a fynnai yn awr ei fod yn wynebu hylltra Barn, tra gogwyddai ei syniadaeth ryddfrydol at sensoriaeth gadarnhaol. Rhannodd yr Awen y gerdd 'O Bridd' yn ddwy adran ymddangosiadol gyfartal. Cychwynnodd yn benderfynol yn y felltith. Doedd dim anhawster. Dyma ffrwyth y Cwymp. Yr etifeddiaeth. 'Ho *dras*.' Cafodd y bardd brofiad rhyfedd o greadigaeth a ddifwynwyd. Gweledigaeth drawiadol o boenus oedd. Roedd rhyfel fel pe bai wedi llenwi'r ddaear o'i ddeutu. Wrth iddo syllu ar y 'pridd' ei hun, fe'i gweddnewidiwyd o flaen llygad ei ddychymyg. Ymdeimlai â'i fryntni a'i greulondeb a'i wrthuni. Doedd dim amwysedd hwylus achubol: dichon mai dyna pam nad oedd yn fodlon addef unrhyw amwysedd: roedd ei unplygrwydd o ddifri.

Ac yna, arweiniodd yr Awen ef i gydnabyddiaeth o'r anghyffredin. Euogrwydd bywiol. Roedd ef ei hun yno, yn y pridd, yn Fardd os nad yn Feirniad. Mae'n cysylltu'r gwrthrychau llwgr y tu allan ag ymdeimlad o'r peth yn llifo y tu mewn i'r rhagenw person cyntaf. Cyfrannai yn y Drwg. Profai argyhoeddiad o bechod. 'Fi' yw'r pridd o'r dechrau: 'buost drech/ Na'm llygaid', 'Ni cherddaf', 'dy dwymyn i'm gwaed', 'Ho Frawd', 'Fy mrawd', 'Ein mam' (cwymp yr hil), 'Ho dras', 'ein cefn'. Dyma ddadleniad yr Awen iddo. 'Ni . . . Fi . . .' Mae cyd-ddyn yn rhan enedigol o'r un darlun. Mae yna ymdeimlad o berthynas rhwng ffieidd-dra Natur a dyn. 'Ni' a 'Fi': nid 'Nhw', mwyach – dyna pwy sy'n cyffesu, yn eithafrwydd y tlodion yn yr ysbryd. Dyma ddechrau'r llwybr Cristnogol cadarn.

Yn yr ail bennill, crëir o hyd ddelwedd ddidrugaredd o'r ynys annynol ddi-fyw y tu hwnt i Kerguelen. Dyma gynefin y 'Duw' y cyfarfyddwn ag ef yn bersonol erbyn y diwedd. Ai *Deus ex machina*, y Duw cyfleus cyfaddawdol rhyddfrydol sy'n gefndir i'r Cariad di-farn yn y felltith hon? Ai presenoldeb cysurlon yw ynghanol yr oerfel a chreulondeb? Ynteu Duw ydyw sydd ei hun yn unol â'r bygythiad oer yn amgylchfyd gollyngus yr Ynys? Yn groes i'r graen yn ei safbwynt diwinyddol, dyry'r Awen a'r isymwybod olwg inni ar ddyn syrthiedig gerbron dadleniad arswydlon.

Hynny yw, nid oedd yr hyn a sgrifennodd Waldo dan awdurdod yr Awen yn unol â'r hyn y tybiai'n swyddogol y dylai ei wneud yn ôl ei ragdybiau arferol beirniadol. Ymadawodd â'r optimistiaeth hwylus yn y fan hon. Yr oedd ei waith barddonol fel pe bai wedi gwrthryfela'n ei erbyn ef. Yn dawel bach, yr oedd y gwaith fel pe bai wedi sibrwd wrth yr awdur – beth bynnag a dybiai'r rhyddfrydwyr – dyma'r gwir, a gwell i ti ei dderbyn. Nid mater o ffasiwn yw hyn, ond mater o ffeithiau. Yr Awen a'i canodd. Awen garismatig . . .

(O'r gorau: gwn i fel y defnyddia rhywrai'r term 'apocalyptig' yn y cyd-destun hwn, ac nid wyf am gweryla â hynny. Ond i mi, y mae'r term 'carismatig' yn lletach, yn fwy yn ôl gogwydd yr amseroedd, yn lletach yn y math o weledigaethau yr ymwneid â hwy.) Drwy Awen garismatig ddyneiddiol yr oedd Waldo eisoes wedi cael golwg ar ddelwedd. Honno a fu mewn dau gae. Ni allai'r ymwybod ei rheoli. Iddo ef, yr her oedd bod yn driw i'r weledigaeth honno gan beidio â'i gwyro'n hoffus-ryddfrydol. Rhaid ymddiried ynddi, dibynnu arni, er mor oddrychol y bo. Tebyg ydyw i'r profiad o freuddwyd, ffenomen arall yn y traddodiad carismatig, a cheisiais adrodd o'r blaen am rai o'r breuddwydion a ddisgrifiai ef imi gynt – ambell un heb fod yn 'apocalyptig' yn hollol, ond breuddwydion a gymerai ef yn arweiniad difrif iddo'i hun.[15]

Ar ôl i'r weledigaeth hon ymadael ag ef, gallai ailfeddwl amdani. Fel beirniad ymwybodol gallai deimlo'n anesmwyth amdani, yn enwedig am y gair olaf yna. Ond onid oedd wedi bod yn anfodlon tost ynghylch 'Y Plant Marw' o'r blaen? Ei arferiad fyddai peidio ag ymyrryd â gweledigaeth hanfodol y gerdd. Yn 'O Bridd', sut bynnag, roedd yn wynebu yn yr hanner cyntaf ddatguddiad (argyhoeddiad) o bechod a gasâi; ac yn yr ail hanner ddatguddiad Barn a gollyngdod yr oedd yn fwy anniddig byth amdanynt. Ac yn nannedd sentimentaliaeth ddyn-ganolog sensoriol y traddodiad rhyddfrydol, credaf i'r Awen ddiogelu'r cwbl hwn iddo yn ffyddlon.

Ond gadewch imi fynd ymhellach. Gonestrwydd yr Awen yn yr achos hwn a roddai'r hawl iddo ar achlysuron eraill, mwy carismatig gadarnhaol, mwy diniwed obeithiol, rywsut i ddatgan ei boenus o anfeirniadol (mae'n ymddangos) yr olwg optimistaidd pan ddadlennid hynny. Gweledigaethol oedd hynny hefyd. Dyma ei berthynas â'r Awen: 'Ar Weun Cas' Mael', 'Yn y Tŷ', 'Eirlysiau' ac 'Adnabod'. Fe'u gwreiddiwyd oll yn y Ddau Gae, y dröedigaeth fawr honno.

Felly, er mai Duw bygythiol sydd yn 'O Bridd', Duw yw o hyd. Ac efallai y gallem fod yn fwy penodol. Megis y cafwyd gweledigaeth awdurdodol gan Awen Waldo o lygredd pridd yn 'O Bridd' drwy realiti hyll dynion, felly y cafodd ei Awen, yr un Awen, weledigaeth garismatig awdurdodol o berthynas gadarnhaol hefyd rhwng dyn a dyn. Onid mewn dau gae ar bwys ei gartref y'i cafwyd yn gyntaf? Dyma ymddygiad ei Awen – yn gyson weledigaethus garismatig. Tueddwn i gysylltu'r 'carismatig' yn bennaf ag eglwys apostolaidd efallai, â diffyg cynnwys, diffyg gwreiddiau athrawiaethol, a llacrwydd goddrychol. Ond erbyn ein dyddiau ni ceir Pabyddiaeth Garismatig a Moslemiaeth Garismatig; ni welaf pam na ellid

15. Gweler Bobi Jones, 'Atgofion', *CMWW*, 48–50.

disgwyl Dyneiddiaeth a Chrynwriaeth Garismatig hefyd. Gall hynny ymrithio'n weledigaethus yn bendant.

Ffordd arall fwy cadarnhaol, ffordd ddiwinyddol, o ddisgrifio adeiladwaith 'O Bridd' fyddai honni bod yr hanner cyntaf yn ymdroi gyda phresenoldeb treiddiol pechod (a marwolaeth), a'r ail hanner gyda gras ataliol arswydus. Nid oes a fynno Waldo, fel rhyddfrydwr diwinyddol, odid byth â gras arbennig, Cristnogol (yn yr ystyr ddethol); ond y mae a wnelo'n fynych â gras cyffredinol. Mae'r dehongliad hwnnw'n caniatáu amwysedd. Mae'r Farn felly'n dda. Barn Duw yw.

Ymddengys i mi fod rhyfel i Waldo yn gynrychiolydd cynddelwaidd i'r Drwg. Crynhôi mewn realedd allanol ac yn symbolaidd y llygredigaeth eithaf a brofodd dyn. Gosodai'r bardd, gyferbyn ag ef ei hun a'i wae am ryfel, a hynny mewn rhes o ganeuon ffrwythlon dyngarol, olwg eithafol arall: y canu gorobeithiol. Ond yn ymyl y ddeuoliaeth honno dodwyd y gerdd ryfedd hon. Dyma'r lle y ceir hyfrydwch a Barn y difywyd, a glendid awdurdodol gras ataliol. Dau begwn: y mae llawer o'i waith yn bwhwman o'r naill i'r llall. Yn fynych, ymrafael a wnânt. Hyn a ganfyddai Waldo yn rhodd. Ac fe'i cadwodd.

Arweinir at 'ddiwedd' oer yn y gerdd hon. Diwedd a all ein hatgoffa am 'Fire and Ice' Robert Frost:

> Some say the world will end in fire,
> Some say in ice.
> From what I've tasted of desire
> I hold with those who favor fire.
> But if it had to perish twice,
> I think I know enough of hate
> To say that for destruction ice
> Is also great
> And would suffice.[16]

Rhaid cyfaddef: mae hi fel pe bai'r bardd Cymraeg hefyd yn cynnal cweryl ag ef ei hun, y Bardd a'r Beirniad. Nid profiad anghyffredin yw hynny i fardd sy'n meddu ar ddyfnder. Dywed y Bardd, neu'n hytrach yr Awen, wrtho am gydnabod y weledigaeth. Geilw arno am wrogaeth. Dywed y Beirniaid wrtho ar y llaw arall y byddai'n fwy poblogaidd (gair cyfrin), yn unol â threndis y cyfnod diweddar, pe bai modd ei thwtio. Dyma ei demtiad. Dywed y Bardd, felly, wrtho mai Barn eithaf sydd ar waith yn ail hanner y gerdd; dywed y Beirniad (a'r werin) wrtho mai braf fyddai

---

16. Ian Hamilton (gol.), *Robert Frost: Selected Poems* (Harmondsworth, 1973), 127.

lleddfu hynny. Heb ei barch hollol garismatig at yr Awen, byddai Waldo wedi ildio. Mae yna Feirniad craffach ym mhob bardd o safon. Mae damnedigaeth yn anathema i Waldo o fewn y traddodiad rhydd-frydol. Ond yn ei gân 'Gwanwyn' – y tymor yr oedd wedi'i ganfod yn llenwi'r byd â gobaith dro a thrachefn – dychwel yr un gonestrwydd caled. Os yw'r drwg yn y tir, ni wiw inni ddymuno adfywiad mewn sefydliadau gwan eu cred. 'Gwanwyn' yw un o'r caneuon (megis 'Cân Bom') a ddathla ddiwedd y rhyfel, a'i ddathlu mewn chwerwder. Fflangella'r rhai sy'n meiddio gobeithio'n ddall:

> Chwychwi sydd [â]'r llygaid dwfn, a'u gwib trwy'r golau i rin
> eich gilydd[,]
> Duw dilygad a'ch chwipia'n un gyr trwy anialwch eich hygoeledd.
>
> (*DP*, 97)

Dyma Dduw Kerguelen. Waldo ei hun sy'n ei chael ganddo'i hun yn y fan yma. Barn o fath personol iawn sydd yn 'O Bridd', fel a gafwyd yn 'Cân Bom':

> Ef [meistr y bom] yw'r pryf yn y pren,
> Gwahanglwyf y canghennau.
> Mi a'u hysgubaf i dân
> Ecstasi angau.
>
> (*DP*, 86)

Dyna'r tân terfynol, Frostaidd, yn ddiau, i gyfateb i'r iâ Frostaidd, sef yr offer barnol. Yn wir, fel epigraff i 'Gwanwyn' yn *Baner ac Amserau Cymru*, rhoesai Waldo'r dyfyniad: 'Y durtur hefyd a'r aran a'r wennol a gadwant amser eu dyfodiad; eithr fy mhobl ni wyddant farn yr Arglwydd' (Jeremeia 8:7).[17] Ysgubwyd uffern dan y carped.

Sylwasom ar un ffaith anniddig o arbennig ynglŷn ag 'O Bridd'. Yr oedd Waldo wrth gwrs yn rhamantydd o fri. Roedd Sosialaeth ei hun yn un o isgynhyrchion Rhamantiaeth: Iwtopiaeth a delfrydu'r 'gweithiwr' corfforol. Ac roedd pob rhamantydd gwerth ei halen yn gweld y drwg mewn pobl eraill. Acw y'i canfyddai'n wrthrychol ffeithiol yn y bosys a'r filwriaeth. Diwygio'r 'lleill' oedd breuddwyd bêr y rhamantydd. Gweledigaeth 'O Bridd', sut bynnag, oedd yr argyhoeddiad arswydol o anrhydd-frydol fod y bardd ei hun yn rhan gynhenid o'r llygredd a'r cyfrifoldeb hwn. Ef oedd y pridd:

---

17. *Baner ac Amserau Cymru*, 8 Mai 1946, 1.

Cerddodd dy dwymyn i'm gwaed,
Mi welais y genau brwnt
Yn agor a dweud, Ho Frawd . . .
. . . Ho dras . . .

(*DP*, 84)

Yn yr un ganrif, canfu Saunders Lewis yntau hyn. Fe'i gwybu, fel y gwnaethai Pantycelyn ynghynt. Fel pob Cristion. Daeth hyd yn oed y Marcsydd, Gwenallt (yn sgil Baudelaire), i brofi ing yr un sylweddoliad. Ac yn ei dro, bu'n rhaid i'r gobeithiwr Iwtopaidd afieithus, Waldo yntau, o bawb, ddod wyneb yn wyneb ag ef ei hun. Dyma gyfnod o aeddfedu mawr yn hanes llenyddiaeth yr ugeinfed ganrif. Anodd oedd ei ddal yn hir wedyn, wrth gwrs, mewn oes ddynwaredol, ddiweledigaeth.

IV

Un o rinweddau sôn am y Cwymp wrth drafod barddoniaeth Waldo yw tanlinellu felly mai ef oedd bardd mwyaf 'moesol' y Gymraeg yn yr ugeinfed ganrif. Yn hynny o beth yr oedd yn wrthfodernaidd. Fe'i gyrrwyd ef gan argyhoeddiad unplyg. I mi, term canmoliaethus o hyd yw 'moesol'. Fe sicrha fod a wnelom â bardd sydd o ddifri iawn am fywyd, beth bynnag a ddywedwn am yr haenen aruthr o ddigrifwch a'i cadwai'n iach. Nid 'moeswersol' yn benodol mohono, sylwer. Un oedd Waldo a oedd yn *bodoli* bob amser mewn amgylchfyd o 'foesoldeb' angerddol. Nid proselyteiddio oedd ei nod, yn gymaint â chanfod a dathlu bywyd fel ffenomen werthoedd. Goleuid ac enynnid ei wefr farddonol gan ei hanfod moesol. Canfyddiad o fywyd oedd ei foesoldeb iddo ef. Edrychai ei farddoniaeth ar y greadigaeth drwy sbectol gwerthoedd. Cyfrannai'r gallu i wahaniaethu rhwng da a drwg, mewn iaith fyw a chelfydd, i galon adnewyddol y ffaith ddynol. Ac os yw beirniad, yn ymwybodol neu'n anymwybodol, yn berson sydd wedi meithrin y gallu i adnabod 'yr hyn sy'n para' mewn llenyddiaeth, yna, y mae'r math hwn o fedr anghyffredin a feddai'r bardd hwn yn fater sy'n haeddu'r sylw mwyaf gofalus.

'Mawl' yw'r term a ddefnyddiwn am y feirniadaeth fwyaf trwyadl o fywyd. Dichon mai 'llenyddiaeth' yw'r term a ddefnyddiai dyneiddiwr am yr un peth. Yr hyn sy'n gwahaniaethu rhwng y ddau derm yw'r craidd absoliwt. I mi, y mae'r ymwybod o absoliwt yn cymell materion dogmatig fel 'undod'. Yn y fan yma mae llenyddiaeth yn dod o hyd i ddiben sydd yn fwy o hanfod na hi ei hun. Ond dichon y gallwn, yn seciwlar neu'n grefyddol, gyd-ddatgan mai llenyddiaeth yw'r cynrychiolydd deallol a theimladol canolog wrth ddelweddu'r profiad o fywyd mewn iaith. Ynddi hi y profir ei fawredd a'i anrhydedd. Ac yn y broses bwysig honno, i ddyn bythol a chyfansawdd ffaeledig, anochel yw ystyriaethau moesol.

Ers blynyddoedd lawer bellach bu ystrydebwyr meddyliol yn ceisio difrïo perthynas moesoldeb a llenyddiaeth. 'Moeswersol yw peth felly', meddent am bob sgrifennu moesol. Yn yr oes oleuedig hon, meddid, rhaid oedd bod yn relatifaidd a lluosaidd. Trendi fu barn felly er dechrau'r ugeinfed ganrif. Trendïaeth ddiog yw o hyd. Gwedd yw ar gwlt 'anaeddfedrwydd'. Nid cwlt 'ieuenctid' yw, er perycled hynny. Gellid cydnabod to ar ôl to o ieuenctid, ers hanner can mlynedd a mwy, na chydymffurfient â chwlt trendïaeth, nac o ran hynny â chwlt ieuenctid, chwaith. Mater o ddeallusrwydd catholig ac o weledigaeth gytbwys yw hyn.

Eto, gellir bardd moeswersol da, fel y gellir bardd moesol da. Ond tuedda'r bardd moeswersol llwyddiannus i ddathlu trefn a chyfraith. Apelio a wna at yr ymennydd, fel y gwnâi Tudur Aled. Syniadaeth gaboledig yw ei gamp. Tuedda'r bardd moesol, fel Waldo, ar y llaw arall, i ddathlu harddwch daioni a harddwch gwirionedd. Rhamantaidd ydyw lle y buasai'r bardd moeswersol yn glasurol. Ymhyfryda'r moesol rhamantaidd yn y profiad iasol o ddaioni, nid yn y wers. Gwefr ysbrydol bodolaeth iddo yw adnabod gwerth.

Ymgysyllta moesoldeb Waldo yn y pen draw â'r Ddau Gae. Gweledigaeth 'gyfriniol' sy'n ei yrru yn hytrach nag argyhoeddiad egwyddorol, yn y bôn olaf. Trodd ei berthynas ef â'r meddiant o ddaioni yn ysbrydoliaeth lawen. Nid ymarweddiad yw'r bywyd moesol, felly, ond bodoli.

Yn hyn o beth, roedd Waldo'n brydydd hynod fentrus. Cafodd ei fagu ar ddechrau'r ugeinfed ganrif yng nghyfnod yr ystrydeb o adwaith yn erbyn sychdduwioldeb a pharchusrwydd. Starts oedd y gelyn. Cofiwn holl wrthryfel llancaidd dechrau'r ganrif honno yn erbyn blaenoriaid a dirwestwyr: dyma fwyd a diod cyfnod 'mentrus'. Yr oedd y llenorion mwyaf rhigolog 'radicalaidd' yn y cyfnod oll wedi hiraethu am adweithio yn erbyn y propor ac o blaid y pop. Yr oedd dathlu 'rhyddid moes' diddychymyg yn ormes yn eu plith. I'r sawl na feddai ar fawr o fyfyrdod nac o brofiad meddyliol, yr oedd yna fframwaith dychymyg parod: y gwrthryfelwr amharchus. Y trempyn afradlon a'r meddwyn a'r butain oedd yr arwyr arferedig. Dyma gymdeithas hoff y llenorion meddyliol-ddiog a diantur. Os dymunir, gellir honni mai bod yn 'drendi' oedd uchelgais y llac ei foes mwyach; i'r anghreadigol cynigiai waredigaeth.

Yng nghyfnod Tudur Aled roedd y moeswersol yn bosibilrwydd clasurol i fardd. Erbyn dechrau'r ugeinfed ganrif, sut bynnag, yr oedd y moeswersol mor wrthun i berson creadigol ag yw'r diniwed-wrthfoeswersol i ni heddiw – yn fwy felly, efallai. Mewn cyfnod gwrthfoeswersol, di-fflach o 'wrthryfelgar', y mentrodd Waldo delynega am brydferthwch y da. Yr oedd yn cerdded ar fin rasel. Hawdd y gellid ei gamgymryd am ddyn yn dal baner dirwest ar ganol cae rygbi. Gwiw cofio mewn amgylchiadau felly fod daioni Waldo yn golygu carchar.

Ac yn hyn o beth yr oedd Gwenallt, eicon carcharedig 1920–36, a Saunders, eicon carcharedig 1936–49 – beirdd amharchus, delfrydedig hanner cyntaf y ganrif – i raddau yn wahanol i Waldo, eicon carcharedig 1950–70 – bardd delfrydedig ail hanner y ganrif. I raddau helaethach na Waldo, gwrthuni ymosodol a yrrai Wenallt a Saunders i'r carchar: peth priodol iawn. Cariad trist o hunanfeirniadol a yrrodd Waldo i'r carchar. Gwelai ef ei nai yn cael ei gonsgriptio, a phlant yn dioddef, a'i fro yn cael ei bygwth gan ynnau, ac Abertawe'n fflam. Ei gariad a'i euogrwydd – i raddau mwy diniwed na'r ddau arall – a nadai am drugaredd.

Cerddi diniwed Gobeithlu Waldo yw'r rhai mwyaf arbrofol a mwyaf heriol anturiaethus yn ei gyfnod. Yng nghanol yr ystrydebwyr gwrthbarchus, dyma chwyldro – 'ffasgaidd' yn isymwybod rhywrai – a oedd yn anghydffurfiad rhy rinweddol. Ai henffasiwn oedd? Efallai mai'r brif amheuaeth a gymylai, ac a gadarnhâi, y fath resymiad trendi â hyn oedd tuedd y bardd i arddel rhythmau a chywair Sioraidd. Dyma'r cerddi mwyaf dieithr i ymgodymu â hwy yn nechrau'r mileniwm newydd. A diau fod y rhythmau yn rhy 'barod' o hynaflyd. Ond y moesoldeb anghoeg oedd y sioc. Mor rhwydd fyddai inni lamu'n ddiofal i'w hystyried fel petaent yn ffitio i mewn i gywair ac awyrgylch 'adroddiadau' capel gynt, o amhêr goffadwriaeth. Dyma 'rinweddoldeb' annhymig yn cael ei gorffori mewn telynegion caboledig. Peth od i fardd o safon ei wneud heb y coegi eithafol priodol mewn oes ddiweddar.

Eithr rhyngom a cherddi'r Gobeithlu saif 'Mewn Dau Gae' ac 'O Bridd' (a'i chymheiriaid tywyll). Dyna pam y mae'n rhaid bod yn groyw glir drwy danlinellu'r gwahaniaeth rhwng y 'moesol' a'r 'moeswersol'. 'Moeswerswr' a 'moeswr' gyda'i gilydd yw Waldo ar ryw olwg. Cynrychiola'r gair 'moesol' yr ymwybod o aeddfedrwydd. Cyfrifoldeb, ac ymwybod o gyfanrwydd, cydnabyddiaeth o ystyr ystyriol, a'r argyhoeddiad o safon a gwerth: dyna'r rhinweddau oedolyn a gysylltwn â'r 'moesol'. Fe'u ceir gan Waldo yn ei gywyddau mawl ac yn ei delynegion natur. Ar ôl beirniadaeth Leavis a Booth, y mae'n anodd (onid i ôl-fodernydd nihilaidd) ddadlau nad oes lle i 'foesol' o'r fath bob amser yn y gwaith o werthuso llenyddiaeth – gan y llenor ei hun wrth lenydda, megis gan y beirniad yntau. Teimlir bod elfen o blentyneiddiwch, neu ar y gorau o lencyneiddiwch, yn y gwrthryfel gorunplyg yn erbyn y 'moesol' hwn. Hanfod yr ymwybod o berthynas ddoeth dyn â'r byd, heb 'bregethu', yw'r moesol.

Yn erbyn y 'moeswersol' ar y llaw arall, disgwylia beirniaid, o hyd, inni oll wrthryfela. Dyna'r pregethu ymhongar 'hunangyfiawn', fel y dywedwn. Pobl gul yn ceisio gwthio'u safbwyntiau arnom ni'r bobl rydd. Hwy yw'r moeswerswyr. Cawsom ni, etifeddion hyderus ail hanner y bedwaredd ganrif ar bymtheg, lond bola o gerddi bach naïf dirwestol. Fel rhamantwyr, ni allwn oddef ond rhyddid hunanfynegol hedonistaidd gwyllt.

Eto, wrth gwrs, er ein bod yn cydnabod y gall proselyteiddio naïf fod yn fater o embaras i bawb call bellach, ni ellir llai nag ystyried fod y condemnio ymbarél ar 'lenyddiaeth ddoethineb' yr un mor anaeddfed â'r moeswersi eu hunain. Sylwodd T. Gwynn Jones ar fachogrwydd celfydd o finiog traethu diarhebol Tudur Aled ac eraill.[18] Gellir hefyd gadarnhaol ymateb i gamp foeswersol Siôn Cent. Yn y bôn, nid barddoniaeth na rhyddiaith foeswersol fel y cyfryw sydd o'u lle, ond y naïfder anghelfydd.

Llenddulliol (mater o *genre*) yw'r 'moeswersol'. Mae a wnelo'r 'moesol' ar y llaw arall â phob llenyddiaeth. O fewn ei math, gall llenyddiaeth foeswersol (fel y'i ceir bob amser gan Waldo wrth drafod rhyfel neu berthynas pobl) ragori oherwydd rhinweddau megis cydlynedd, crynoder, cydbwysedd, yr union air byw a thrawiadol, ynghyd â theimlad ysgogol, gweledigaeth dreiddgar, soniarusrwydd dychymyg – sef dawn dweud. Y mae a wnelo llenyddiaeth foesol ar y llaw arall – megis pob llenyddiaeth lwyddiannus sy'n meddu ar ddimensiwn ysbrydol – â dyrchafu'r realaidd a'r plaen syml i'r cyd-destun hwnnw sy'n gallu dwyn dyfnder celfyddydol a dynol. Dyma un o'r canllawiau diogel sydd gennym wrth ymateb i 'fawredd' llenyddol. Dyma, gredaf i, yw un o'r canllawiau diogelaf wrth ymateb i ganeuon 'Gobeithlu' Waldo.

Gwell imi ddweud pa rai yw'r rheini. Ymhlith y deg neu ddwsin, dyma'r pedair gorau o ran deallusrwydd esthetig: 'Ar Weun Cas' Mael', 'Yn y Tŷ', 'Eirlysiau' ac 'Adnabod'. Defnyddiaf y term 'Gobaith' yn fwriadol. Gobeithlu cytûn oeddent. Ac yr wyf yn ymwybodol fy mod yn cerdded ar dir dwys. Cerddi moeswersol oeddent, i raddau, ond moesol yn bennaf. O leiaf, cyn belled ag yr oeddent yn 'foeswersol', ymwnaent ag egwyddorion da a hoffus. Cerddi oeddent yr ydych yn debyg o gytuno â hwy. O ran eu moes, cadarn berthnasol oeddent.

Wedyn, gellid enwi ychydig o rai llai boddhaol, neu o leiaf rai sy'n llai caboledig na'r pedair gorau: 'Plentyn y Ddaear', 'Brawdoliaeth', 'Y Tangnefeddwyr', 'Cyrraedd yn Ôl', 'Cyfeillach' ac 'Eu Cyfrinach'. Daeth rhai o'r rhain yn ollyngdod rhy 'obeithiol' ar ddiwedd yr Ail Ryfel Byd, er bod rhai wedi'u sgrifennu ym mherfedd yr helyntion. Hynny yw, i

---

18. Gweler T. Gwynn Jones (gol.), *Gwaith Tudur Aled*, 2 gyfrol (Caerdydd, Wrecsam a Llundain, 1926), I, lxxxviii–xc.

ddarllenydd mewn oed, o'r Rhyfel Byd Cyntaf ymlaen, gellid synied mai cerddi oedd y rhain a allai fod yn embaras. Gallai eu daioni ymddangos yn faen tramgwydd am eu bod mor 'amlwg' a'u sentimentau'n rhy rwydd. Llethid hwy gan boblogeiddiwch llyfn. Dyma ni (onid e?) 'radicaliaeth' ry barod y rhyddfrydwr diwinyddol dyneiddiol a'r efengyl gymdeithasol.

Neu ai felly ydynt bellach? Onid mynd atynt yr ydym yn rhy seciwlar, yn rhy ddyneiddiol-ryddfrydol? Tybed a yw'r olygfan, y cywair, yr ymddaliad personol yn ymyrryd â gwir werthfawrogiad o rywbeth dyfnach?

Cefais i, o leiaf, droad go bendant yn f'ymddaliad personol wrth eu darllen. Ac yr wyf o'r herwydd wedi newid cryn dipyn mewn mwynhad wrth nesu atynt. A gaf rannu fy newid barn â'r darllenydd? Ailfyfyrio uwchben ymlediad dylanwad 'Mewn Dau Gae', presenoldeb y gerdd honno yn fy ngolwg fy hun drwy gydol cyfanwaith Waldo – dyna a barodd yr ymddiwygio hwn. Ni allwn lai na chanfod yn gyson berthynas 'galed' y gerdd honno o fewn fframwaith cyflawn yr *oeuvre*. Sylweddolais yn ddwysach hefyd arwyddocâd y gerdd honno yng nghyd-destun carchariad Waldo. Hynny yw, wrth imi chwilio 'ystyr' y gerdd honno'n llawnach, ymehangai hi yn sgil fy ymwneud â'r cerddi eraill, ac yn wir daeth yn rhan o'u holl brofiad hwy.

Mae hyn yn angenrheidiol am fod a wnelom â bardd mawr iawn. Ni thâl inni fod yn ysgafn-ddihidio ynghylch dim o'i waith na'i fodolaeth. Ysgrifennodd gnwd (helaeth yn fy marn i) o gerddi diogel sylweddol a gwefreiddiol ysblennydd. Ni waeth i mi eu · henwi eto er mwyn rhoi cerddi'r Gobeithlu yn y cyd-destun llawn: 'Mewn Dau Gae', 'Preseli', 'Yr Eiliad', 'Wedi'r Canrifoedd Mudan', 'Cymru a Chymraeg', 'Geneth Ifanc', 'Oherwydd ein Dyfod', 'Tri Bardd o Sais a Lloegr', 'Nid oes yng ngwreiddyn Bod', 'Linda', 'Y Dderwen Gam' ac 'O Bridd'. Mae'r parch cynyddol at y rhain, a'r ymwybod cynyddol o'u presenoldeb, yn sicr o sobri pob ysgafnder ynghylch pethau eraill a all ymddangos ychydig yn emosiynol lac. Dyma ddwsin o gampweithiau. Ond o'u cylch fe geir helfa o ganeuon cywrain prydferth – megis 'Llandysilio-yn-Nyfed', er enghraifft.

Cyd-destun cyweiriol arall i farnu'r llacrwydd emosiynol peryglus yw'r chwe chân 'hyll' a melltithiol – yr ymwybod a wynebir o ystyried ffieidd-dra yn 'Y Plant Marw', 'O Bridd', 'Gwanwyn', 'Diwedd Bro', 'Yr Hwrdd', a 'Cân Bom'. Dyma garfan y lled-Anobeithlu.

Yn y goleuni neilltuedig hwnnw y pendronaf, felly, uwchben 'Gobeithlu' Waldo, a chanfod ei *oeuvre* o'r newydd yn un dilyniant cyfan. Gorymdeithia'r Gobeithlu ar hyd y stryd yn un gerdd hir gyda 'Mewn Dau Gae' ar y blaen yn chwifio'i baner, ynghyd â'r Anobeithlu neu'r lled-Anobeithlu o'i deutu yn cadarnhau'r ymylon. Milwyr yr ymylon, yn seindorf baradocsaidd.

'Cymodi â'r Pridd':
Wordsworth, Coleridge,
a Phasg Gwaredol Waldo Williams

Damian Walford Davies

I

Hir iawn, 'O Bridd', buost yn destun trafod. Bron na ddatblygodd y gerdd brudd hon yn *crux* yn ein dehongliad o Waldo fel dyn ac fel bardd. Yn sylfaenol, aeth yn ddadl (neu'n 'rhyfel cartref') rhwng dwy garfan – y 'cwympwyr' a'r 'gwrthgwympwyr'[1] – ynghylch union natur y weledigaeth edaffig[2] sy'n sail i ddrama 'begynol'[3] y gerdd. Nid wyf am gribinio tir a drowyd yn egnïol yn ddiweddar (ffocws gwahanol sydd i'r ysgrif hon), ond y mae'n werth amlinellu yn gyntaf brif gwysi'r gynnen. Myn Bobi Jones – pleidiwr mwyaf huawdl y cwympwyr – fod rhan gyntaf y gerdd yn mynegi ymwybyddiaeth Waldo o'r 'creulondeb a darddodd o'r pechod gwreiddiol'. Disgrifiad 'eglur' o 'lygredd clasurol' ac o 'lygredd treiddiol cyson' y ddynoliaeth a'r 'greadigaeth syrthiedig' a gawn; cerdd ydyw sy'n dramateiddio 'argyhoeddiad o bechod' a chanlyniadau arswydus y 'Cwymp . . . [c]osmig', a 'Duw arswyd', neu Dduw Cariad *a'r* Farn, y 'Bygythiwr' *a'r* 'darparwr Cariad a Thrugaredd' – nid 'y Duw cyfleus cyfaddawdol rhyddfrydol' – sy'n disgwyl amdanom yn y llinell olaf. Y mae'n gân 'hyll' a 'melltithiol' – un o gerddi'r 'lled-Anobeithlu' yn *oeuvre* Waldo lle yr 'Aroglwn bechod'.[4] Y

---

1. Bobi Jones, 'Adolygiadau Hwyr' (7), *Barddas*, 277 (Mai/Mehefin 2004), 26, 27, a Jones, 'Waldo'r Cwymp a'r Farn', 59, 61, uchod.
2. *Edaphic*: 'Pertaining to, produced or influenced by, the soil' (*Oxford English Dictionary*); o'r gair Groeg yn golygu 'llawr'.
3. Meredydd Evans biau'r term: gweler 'Cerdd Begynol', *Barddas*, 59 (Ionawr 1982), 5–6.
4. Gweler Jones, 'Adolygiadau Hwyr' (7), 26, 27, ac uchod, 60, 63; 'Adolygiadau Hwyr' (8), *Barddas*, 278 (Gorffennaf/Awst 2004) 17, 18, a Jones, 'Waldo'r Cwymp a'r Farn', 67, 69, uchod; 'Dysgub y Dail: Waldo', *Barn*, 43 (Mai 1966), 185 (casglwyd yn *Llenyddiaeth Gymraeg 1936–1972* (Llandybïe, 1975), 31–6); 'Adolygiadau Hwyr' (9), *Barddas*, 279 (Medi/Hydref/Tachwedd 2004), 11, 12, a Jones, 'Waldo'r Cwymp a'r Farn', 74, uchod; *Cyfriniaeth Gymraeg* (Caerdydd, 1994), 255; *Mawl a Gelynion ei Elynion (Hanfod y Traddodiad Llenyddol Cymraeg); Cyfrol 2: Amddiffyn Mawl* (Cyhoeddiadau Barddas, 2002), 231–2; 'Adolygiadau Hwyr' (10), *Barddas*, 280 (Rhagfyr 2004/Ionawr 2005), 14, a Jones, 'Waldo'r Cwymp a'r Farn', 82, uchod; 'Adolygiadau Hwyr' (15), *Barddas*, 285 (Tachwedd/Rhagfyr 2005–Ionawr 2006), 9. Gweler hefyd Dyfnallt Morgan, 'Waldo Williams: Thema yn ei Waith', *CMWW*, 235–55.

mae'r mwyafrif o'r beirniaid, serch hynny, yn gwrthod yr haeriad fod 'O Bridd' yn arddel athrawiaeth y Cwymp. Dehonglant yr adran gyntaf nid yng nghyd-destun unrhyw ddogma diwinyddol, ond yn hytrach mewn termau cymdeithasol-wleidyddol, söolegol, a biolegol. Yr hyn a ddarlunnir, yn ôl y gwrthgwympwyr, yw 'Cieidd-dra'r cenhedloedd at ei gilydd yn ystod yr Ail Ryfel Byd . . . sy'n ffrwyth cystadlu rhwng gwladwriaethau mawrion yn hytrach na chasineb sy'n gynhenid mewn dyn fel unigolyn'; y 'casineb anifeilaidd sydd wedi meddiannu dynion'; creulondeb 'trefn natur'; 'gerwinder y fam ddaear'; 'yr holl wastraff a'r holl wenwyn, yr holl ddileu a'r holl ddifetha sy'n digwydd mewn natur'; 'gwanc difaol . . . Natur'; 'byd sydd yn llwyr ar drugaredd egwyddor gwannaf gwaedded, trechaf treisied'. Ac nid Duw arswyd a'r Farn a gawn ar ddiwedd y gerdd, eithr fersiwn o'r Brenin Alltud 'anymwthgar . . . ymwacaol', ynghyd â niwtraliaeth iasol iwtopia amwys tir y pegwn.[5]

Afraid dweud, wrth gwrs, nad yw'r ddau ddehongliad hyn o reidrwydd yn bersbectifau pegynol, ac nad yw'r naill yn nacáu'r llall (naturiol fyddai i'r cwympwyr ystyried creulondeb natur yn un o ganlyniadau'r Cwymp). Dylid pwysleisio fod y cwympwyr eu hunain yn derbyn fod 'O Bridd' yn 'amwys', ei bod wedi'i gwreiddio yn ei chyd-destun cymdeithasol-wleidyddol a'i bod wedi'i hysgogi gan '[b]resenoldeb rhyfel':[6] 'Tyfodd ei ymwybod o'r Cwymp fwyfwy gyda'r Rhyfel', medd Bobi Jones am Waldo.[7] A dylid nodi yn ogystal fod Bobi Jones yn cydnabod bodolaeth dau Waldo (rhyw amrywiad, gellid dweud, ar *(super)ego* ac *id*). Ar y naill law, cawn 'Waldo'r Beirniad' neu Waldo'r 'ôl-sylwedydd', a wreiddiwyd 'yn deuluol ac yn gyfnodol yn rhyddfrydiaeth ddiwinyddol y bedwaredd ganrif ar bymtheg', y 'gŵr ar y chwith' na fyddai 'yn ei oriau mwy cydymffurfiol "radicalaidd"' am gredu 'bod yna Gwymp o gwbl' – 'llo o ddyneiddwr optimistaidd a Phelagaidd', hynny yw, a ddaliwyd 'yn nannedd sentimentaliaeth ddyn-ganolog sensoriol y traddodiad rhyddfrydol'. Ar y llaw arall, cawn 'Waldo'r Bardd' a oedd 'dan ddylanwad yr Awen' – un o '[d]ras cenedlaethau'r Cwymp' a gyflyrwyd gan imperatifau'r isymwybod i fynegi

5. Gweler John Rowlands, 'Nid Dewinyddiaeth yw Diwinyddiaeth Waldo', *Barddas*, 59 (Ionawr 1982), 4, 5; Evans, 'Cerdd Begynol', 5, 6; Alan Llwyd, 'Waldo Williams: "O Bridd" Gyda Golwg ar Rai Cerddi Eraill', *Rhyfel a Gwrthryfel: Brwydr Moderniaeth a Beirdd Modern* (Cyhoeddiadau Barddas, 2003), 381; Pennar Davies, 'Meddylfryd Waldo Williams', *CDW*, 194–5; James Nicholas, 'Breuddwyd Dwyfol a Dwyfoldeb Brau', *CDW*, 217. Gweler hefyd Gerwyn Wiliams, *Tir Newydd: Agweddau ar Lenyddiaeth Gymraeg a'r Ail Ryfel Byd* (Caerdydd, 2005), 129–30, 140, 141.

6. Gweler, er enghraifft, Jones, 'Adolygiadau Hwyr' (8), 18, ac uchod, 69; 'Adolygiadau Hwyr' (9), 10, 11, 12, 13, ac uchod, 71, 72, 74, 76; 'Adolygiadau Hwyr' (14), *Barddas*, 284 (Awst/ Medi/Hydref 2005), 24.

7. Jones, *Mawl a Gelynion ei Elynion*, 223.

bydolwg lapsariaidd mewn cerddi fel 'Cyrraedd yn Ôl' ac 'O Bridd' (yr ail, yn ôl Bobi Jones, yn fwy anuniongred parthed y Cwymp na'r gyntaf).[8]

Bwriad yr ysgrif hon yw ehangu'r drafodaeth y tu hwnt i begynau'r gerdd a therfynau'r ddadl a amlinellwyd uchod trwy ystyried arwyddocâd dwy ddogfen – fe'u galwaf yn gyd-destunau 'O Bridd' – na chawsant hyd yma y sylw dyledus gan ein hawstiniaid a'n pelagiaid beirniadol wrth iddynt ymateb i'r profiad a fynegir mor rymus-gywasgedig yn y gerdd 'ddieithr'[9] hon: y 'Sgwrs â T. Llew Jones' (1965) a llythyr Waldo at Anna Wyn Jones, dyddiedig Mehefin 1966. Haeddant sylw am amryw resymau. Yn gyntaf, nid oes amheuaeth nad ydynt yn cryfhau (eithr nid yn dilysu) y ddadl 'belagaidd'. O fewn cwmpas y ddadl honno, maent hefyd yn ein galluogi i fanylu ar natur gweledigaeth lethol y gerdd. Ond y prif reswm dros ganolbwyntio arnynt yn y fan hon yw'r ffaith eu bod yn mapio genesis cronolegol, daearyddol a seico(patho)legol 'O Bridd'. Yn ôl Waldo, cerdd ôl-dremiol yw 'O Bridd' a luniwyd wedi i brofiad adferol ddisodli'r weledigaeth dywyll sy'n sail iddi, ac wedi i'r bardd 'gymodi' (y mae'n derm awgrymog) â'r pridd. Â'r ysgrif hon, felly, i'r afael â natur y profiad gwaredol, adfywiol hwnnw trwy holi sut, lle, a pha bryd y cymodwyd Waldo Williams â'r pridd a fu drech nag ef gyhyd.

Darlledwyd y 'Sgwrs â T. Llew Jones' ar y BBC ym 1965; cyhoeddwyd trawsgrifiad ohoni dan y teitl 'Waldo Williams: Ffeithiau Newydd am ei Fywyd a'i Waith' yn rhifyn Ionawr 1978 o'r papur Bro.[10] Tua diwedd y sgwrs, cyfeiriodd T. Llew Jones at yr Ail Ryfel Byd fel cyfnod mwyaf 'cynhyrchiol' y bardd. Ffordd sensitif oedd hyn o gyfeirio'r ddialog at brofiad pur boenus. Cadarnhaodd Waldo arwyddocâd y cyfnod 'dwfwn' hwnnw yn onest a diamwys: yr oedd yr Ail Ryfel Byd yn 'cyd-fynd â chyfnod pwysig yn fy hanes personol i – cyfnod o lawenydd mawr ar y dechre, cyfnod o dristwch wedyn ar ôl i'm gwraig farw'. Aeth rhagddo i grybwyll sut yr ysgogodd Rhyfel Corea, ddegawd yn ddiweddarach, ymwybyddiaeth lethol o 'euogrwydd personol' a olygai na fedrai '[f]ynd mas i'r stryd' o'i dŷ yn Hwlffordd.[11] Yna, cyfeiriodd at y profiad sydd wrth wraidd 'O Bridd':

Fel 'na ro'n i'n teimlo pryd hynny. Profiad a ges i nôl tua dechre'r rhyfel ein bod ni 'run fath â byd natur i gyd, 'run fath ag anifeiliaid

---

8. Gweler Jones, 'Adolygiadau Hwyr' (7), 27, ac uchod, 62; 'Adolygiadau Hwyr' (8), 17, 18, ac uchod, 66, 69; 'Adolygiadau Hwyr' (9), 11, 12, ac uchod, 72, 75; 'Adolygiadau Hwyr' (12), Barddas, 282 (Ebrill/Mai 2005), 15; a Llenyddiaeth Gymraeg 1936–1972, 50.
9. Jones, 'Adolygiadau Hwyr' (7), 28, ac uchod, 64.
10. Ymddengys hefyd yn CMWW, 115–19 ac yn WWRh, 97–101.
11. Gweler WWRh, 100.

a phob ffurf, yn byw trwy ladd a thraflyncu rhyw hiliogaeth arall. Ond ein bod ni yn erbyn ein hiliogaeth ein hunain – wedi ymrannu fel 'na – fod y peth wedi'i blannu ynom ni – ac roedd e'n deimlad llethol iawn. Bu arna' i am fisoedd lawer, hyd nes yr aethom ni ryw wylie Pasg i lawr i Nether Stowey ac Alfoxden – man hynny lle bu Wordsworth a Coleridge. Fi a Linda lawr fan 'ny – a fan 'ny y dechreues i deimlo'n well, chi'n gweld.[12]

Bu i Waldo gynnig diagnosis arall o'r profiad mewn llythyr dyddiedig 5 Mehefin 1966 at Anna Wyn Jones; cyhoeddwyd y rhan berthnasol o'r llythyr yng nghyfrol deyrnged Waldo ym 1977. Y mae'n glir fod Waldo yn ymateb i sylw gan Anna Wyn Jones ynghylch 'amwysedd' y gerdd. (Dyfynnaf y llawysgrif; nid wyf wedi ymyrryd ag atalnodi, orgraff na chystrawen y gwreiddiol.)

ar ol yr eisteddfod byddaf lawr yn Hwlffordd yn gwneud rhywbeth ynglŷn a'r ardd, rhag fy nghywilydd. Bûm yn meddwl cael rotary tiller, triniwr tro?, ond mae pob un rwyn ymgynghori ag ef, yn fy narbwyllo i beidio â gwneud, ac mae hyn yn dipyn o ergyd i mi. Ond os pâl, pâl amdani. O bridd, os cai afael ynddo dan y tyfiant. Mae ardd fawr hefyd, ac yn bridd da

Pan gefais eich llythyr teimlwn y gallwn i sgrifennu tudalennau lawer i brofi nad yw'r gân yna yn amwys, ond teimlwn wedyn y gallwn i wneud hynny heb eich argyhoeddi; ond teimlwn yn siwr a gallwn i eich argyhoeddi pan welwn i chi, Ac felly rwyn oedi'r ateb hyd hynny!

Penderfynais beidio a sgrifennu'n ol i Barn ychwaith. Barn y rhai a siaradodd â mi lawr yma ynglŷn â'r gân – tri oeddyn-nhw Dilys, James Nicholas ac Emrys Evans, Gweinidog yr Annibynwyr, Tyddewi – oedd bod Bobi Jones wedi colli'r ystyr yn llwyr. Gadael iddi fod sy orau Y peth pwysig yw mai fel yna 'rown i'n teimlo. Nid dewis y pridd fel symbol a wneuthum. Fel yna 'rown i'n teimlo ynglyn â'r pridd ei hun am bum mis, neu chwech, ar ôl i'r rhyfel dorri allan. Dyna'r pryd y newidiais, nol, lawr yn Alfoxden a Nether Stowey. Aeth Linda a minnau yno yn y gwanwyn, y mannau lle sgrifennodd Wordsworth a Coleridge y Lyrical Ballads. Ond cyn hyn, sef cyn fy nghymodi a'r pridd roeddwn i'n gwrthod anobeithio am ddyn ychwaith (ac wrth gwrs nid barnu dynion yr oeddwn i – os yn y pridd y mae'r gwenwyn) Am y llinell olaf

---

dywedodd y rhai yna, o'u pennau eu hunain Dil, hafn o dawelwch a sicrwydd; James, gobaith; ac Emrys, Gras. Mae Kerguelen yn y nodiadau yng nghefn y llyfr. Roedd map o'r byd ar y wal yn ysgol Casmael, a Kerguelen ar lefel fy llygaid. Arhoswn weithiau am ddeng munud ar ôl i bawb fynd adref yn edrych ar Kerguelen mewn rhyw fath o orfoledd am nad oedd dim pridd yno. Sgrifennu ei hunan yn sydyn wnaeth y gân yn y diwedd a hynny wedi imi ddod nol o Nether Stowey, atgof mewn gwirionedd ydyw. Wel, dyna ddigon am hon'na nawr.[13]

Yng nghyd-destun 'O Bridd', cystal imi gyffesu fy mod i'n wrthgwympwr (os pâl, pâl amdani); ond gwrthgwympwr nerfus wyf. Y mae'r ddau destun uchod yn cynnig tystiolaeth glir o blaid y ddadl 'belagaidd' (a ategir gan ddatganiadau eraill gan Waldo[14]). Onid yw'r gosodiad 'ac wrth gwrs nid barnu dynion yr oeddwn i – os yn y pridd y mae'r gwenwyn' yn ei gwneud hi'n anodd derbyn mai'r Pechod Gwreiddiol yw sail syniadol y gerdd (fel y sylwodd Hawys Davies[15])? A phetai Waldo'n synied am y Pechod Gwreiddiol – canlyniad trahauster dynol – a fyddai mewn difrif wedi disgrifio'r 'dwymyn' yn 'cerdded' yn heintus o'r byd allanol, organig i halogi'r corff dynol? Ac onid yw'r ffaith fod yno 'gymodi' o gwbl yn tueddu i wanhau dehongliad y cwympwyr? Hyn oll, gan mai ein dyletswydd yw holi pa 'ystyr' yr oedd Bobi Jones wedi'i cholli 'yn llwyr' (yn ôl chwaer y bardd, James Nicholas ac Emrys Evans, o leiaf).[16] Ac eto, y mae disgrifiad

13. Llsgr. LlGC 23896D, 11–15; ysgrifenna Waldo o '1, Plasygamil, Wdig, Sir Benfro'. Gweler hefyd *CDW*, 41 a *WWRh*, 101–2.

14. Cymharer y canlynol: 'Cyfanswm ein gwendidau unigol, neu luosogiad o'n tueddiadau gwaethaf – canlyniad llygredigaeth y natur ddynol ei hun, os mynnwch – dyna yw rhyfel, meddai rhai. Ond yr oedd yn anodd gennyf dderbyn yr esboniad hwn, wrth wrthgyfer-bynnu'r pethau a wnaed yng Nghorea ag ymddygiad cyffredin y bobl gyffredin y gwnaed y pethau hyn yn eu henw' ('Pam y Gwrthodais Dalu Treth yr Incwm', *WWRh*, 315); 'I mi, y mae delwedd yr adarwr, sy'n un hoff ganddo [yr emynydd Dafydd William] a gwiriondeb, sef diniweidrwydd yr aderyn yn cael ei rwydo, yn awgrymu rhywbeth amgen na llwyrlygredigaeth dyn, ac yn ymddangos i mi yn wirionedd a ddihangodd o galon Dafydd heb yn wybod i'r trefnydd gan ei feddwl' ('Tri Emynydd', *WWRh*, 220). Medrai'r Waldo ifanc hefyd fod yn smala ynghylch canlyniadau'r Cwymp: gweler y gerdd ffraeth 'Y Darten Fale' (Llsgr. LlGC 20867B, 92–3): 'Trwy chwys y bwytaf fy mara/Ond cofiaf pan fyddaf mewn stwmp/Ni buase dim tarten fale/Oni bai am y cwmp'. Dyna ddiwygio diwinyddiaeth y *felix culpa*.

15. Gweler ei thrafodaeth fer ond buddiol ar 'O Bridd', sy'n defnyddio sylwadau Waldo yn y llythyr fel 'canllaw i ddehongli'r gerdd'; 'Symbolaeth yng Ngwaith Waldo'; traethawd PhD, Prifysgol Cymru, Aberystwyth (1993), 530 a 532.

16. Cyfeirio yr oedd Waldo yn y llythyr at ysgrif Bobi Jones, 'Dysgub y Dail: Waldo', a gyhoeddwyd yn *Barn*, 43 (Mai 1966), 184–5. Nodwyd rhai o'r pwyntiau uchod eisoes gan y gwrthgwympwyr: gweler, er enghraifft, Alan Llwyd, 'Waldo Williams: "O Bridd"', 362–4.

Waldo o'r haint fel rhywbeth sydd 'wedi'i blannu ynom ni' yn codi bwgan y Pechod Gwreiddiol yn syth.[17] A chynnyrch yr un cyfnod ag 'O Bridd' yw'r gerdd 'Cyrraedd yn Ôl' (cyhoeddwyd Ebrill 1941) – 'y darlun llawnaf o'r Cwymp mewn unrhyw gerdd Gymraeg nodedig', yn ôl asesiad teg Bobi Jones.[18] Yn wir, y demtasiwn (os dyna'r gair) yw eu hystyried yn chwaergerddi.

Dylid nodi hefyd ei bod hi'n anodd cysoni'n llwyr agweddau ar drafodaethau'r gwrthgwympwyr mwyaf argyhoeddiadol ag 'esboniadau' Waldo ar y gerdd. Efallai fod hyn yn ffordd arall o ddweud fod y gerdd ei hun, gyda'i chystrawen gryptig, gywasgedig, yn awgrymu mwy nag y mae'r ddau eglurhad yn ei ganiatáu. Mewn trafodaeth ddiweddar werthfawr ar 'O Bridd', awgryma Alan Llwyd mai 'Beio gwladwriaethau a llywodraethau, totalitariaethau a systemau . . . a wnâi Waldo, nid beio'r unigolyn'.[19] Ond yn ôl llythyr Waldo, ar 'y pridd ei hun', yn syml, ac ar economi dreisgar yr *eco*systemau a gaiff eu cynnal ganddo – noder y cyfeiriadau at hiliogaethau'r anifeiliaid yn y gerdd ac yn y llythyr – y mae'r 'bai'. (Fel y noda Alan Llwyd yn yr un ysgrif, nid symbol yw'r pridd, wrth gwrs, eithr diriaeth ddiymwad; pwysleisia'r bardd *lythrenolrwydd* y profiad yn ei lythyr at Anna Wyn Jones.) Tynnodd Alan Llwyd ein sylw at y cyfeiriadau yn rhan gyntaf 'O Bridd' at y 'brawd-leiddiad cyntaf', Cain, ac at yr 'elyniaeth arall rhwng brodyr a'i gilydd' a ddramateiddir yn stori Joseff yn Llyfr Genesis. Â rhagddo i ddadlau fod Waldo yn awgrymu'r 'modd y llychwinwyd y ddaear o'r dechrau gan y weithred o ladd brawd gan frawd . . . Dyma wir natur y pridd, gwir hanfod y ddaear. Fe'i melltithiwyd gan Cain o'r dechreuad'.[20] Nid oes amheuaeth nad yw Genesis yn y cefndir yn achos 'O Bridd', ond onid oes rhywfaint o densiwn rhwng y cyfeiriadau at y brawd-leiddiad a haeriad Waldo nad ar 'ddynion' y mae'r bai? Ac onid fersiwn arall o ddadl y cwympwyr a gawn yma i bob pwrpas – y syniad, hynny yw, mai rhyw drosedd greiddiol, wreiddiedig, gynhenid ('o'r dechrau . . . o'r dechreuad') sydd ar waith?

Bid a fo am hynny, cerdd anodd, amwys yw 'O Bridd' gan ei bod yn troedio llwybr ansad rhwng y llythrennol a'r trosiadol, rhwng y söolegol/

---

17. Cymharer yr hyn a ddywed Waldo ynghylch *daioni* hanfodol: 'Wel, rwyf i wedi darlunio nawr y man lle'r oedd y frawdoliaeth 'ma yn bod. Hanfod y peth hwn oedd y teimlad brawdol 'ma trwy'r gymdeithas i gyd – y peth sy'n tystio bod gynnom ni rywbeth sydd o'r tu hwnt i'r ddaear yma. "Perl yr anfeidrol awr yn wystl gan amser" – fod hwnna rywffordd neu'i gilydd *wedi cael ei blannu ynom ni* yn y dechre'; 'Sgwrs â T. Llew Jones', *WWRh*, 99 (fy mhwyslais i).

18. Jones, 'Adolygiadau Hwyr' (7), 26, ac uchod, 59.

19. Alan Llwyd, 'Waldo Williams: "O Bridd"', 364.

20. Ibid., 379–80.

bywydegol a'r anthropomorffig. Nid syndod hyn, gan mai amlinelliad ydyw, fe awgrymaf, o *seicopatholeg* y bardd yn y 1940au cynnar. Cerdd ydyw sy'n cymell beirniaid i gynnig diagnosis ohoni. Diddorol (a chymwys) yw'r gymhariaeth a wnaed yn ddiweddar gan Bobi Jones rhwng 'O Bridd' a'r 'Terrible Sonnets' a ysgrifennodd Gerard Manley Hopkins yn Nulyn ym 1885 a 1886 – record ysgytwol o chwalfa nerfol, argyfwng ysbrydol a chymeriad hunangystwyol y bardd-offeiriad.[21] Yn sicr, erys 'O Bridd' yn gerdd hynod fodern ei dweud a'i hergyd. Yng nghyd-destun ein hargyfwng amgylcheddol presennol, fe'n temtir i'w dehongli fel cerdd sy'n mynegi pryder ynghylch y 'dial tocsig' ('toxic revenge') sy'n deillio o lygru'r amgylchfyd – fel esiampl, hynny yw, o 'toxic discourse' (yn ôl diffiniad Lawrence Buell: 'expressed anxiety arising from perceived threat of environmental hazard due to chemical modification by human agency' – 'the most distinctive ground-condition of present-day environmental reflection'[22]). Yn ddi-os, y mae'n ddarlleniad apelgar yn yr hinsawdd bresennol, ond un anachronistig ydyw, serch hynny (fel y pwysleisia Buell, ym 1960au'r ugeinfed ganrif y dechreuwyd dychmygu ac ymateb i 'eco-drychineb').[23] Y mae'r cyd-destunau a ddyfynnwyd uchod, ynghyd â disgwrs fiolegol y gerdd ('brech', 'crawn', 'twymyn', 'gwaed', 'gwenwyn'; gweler *DP*, 84), yn fy argyhoeddi i, o leiaf, mai gweledigaeth ffobig, niwrotig[24] o 'algorithm creulon', gwastraffus Natur Ddarwinaidd a'i chylchoedd ysglyfaethu yw 'O Bridd' yn gyntaf oll (ac y mae'n bwysig pwysleisio nad gwaredigaeth a gawn yn yr ail adran, eithr symptom pellach o'r un seico-patholeg).[25] Wrth gwrs, gellir dadlau fod yma hefyd – ar lefel ffobig – ymwybyddiaeth, o leiaf, o'r Pechod Gwreiddiol. Ymhellach, awgrymaf mai dadleoliad seicolegol o drais yr Ail Ryfel Byd yw'r weledigaeth obsesiynol a swreal hon ('wildly impressionistic' yng ngeiriau Tony Conran[26]), ac mai cylch cythreulig patholegol sydd i gyfrif am y ffaith y caiff y ddynoliaeth hithau, yn ei thro, ei heintio gan y pridd. Medd Conran:

'O Bridd' marks a fundamentally immature position where it is impossible to stay sane for very long . . . but [Waldo] kept 'O

21. Jones, 'Adolygiadau Hwyr' (14), 23.
22. Lawrence Buell, *Writing for an Endangered World: Literature, Culture, and Environment in the U.S. and Beyond* (Cambridge, MA, 2001), 31, 38, 27.
23. Gweler ibid., 35.
24. Defnyddir y ddau derm gan Moses Glyn Jones i ddisgrifio 'O Bridd'; gweler 'Cerdd i'n Poenydio'n Ddidrugaredd', *Barddas*, 59 (Ionawr 1982), 7.
25. Gweler Charles Darwin, *The Origin of Species*, gol. Gillian Beer (Oxford, 1998), 52, 53, 66, a Richard Dawkins, *A Devil's Chaplain: Selected Essays* (London, 2003), 14.
26. Tony Conran (cyf.), *Waldo Williams: The Peacemakers* (Llandysul, 1997), 16.

Bridd' in his collection, presumably as a touchstone of the night-mare he and the world had suffered at that time.[27]

Ni welaf union berthnasedd y categorïau aeddfedrwydd/anaeddfedrwydd yng nghyd-destun gweledigaeth 'O Bridd',[28] ond cymwys iawn, rwy'n credu, yw'r cyfeiriad at drawma emosiynol ac iechyd seicolegol. Ni chafwyd consenws beirniadol cryf parthed dyddiad cyfansoddi 'O Bridd', a gyhoeddwyd gyntaf yn *Dail Pren* (1956). Ym 1975, awgrymodd James Nicholas mai 'late 1942 or early 1943' oedd dyddiad y gerdd; ddwy flynedd yn ddiweddarach, yr oedd wedi ailystyried, a chynigiodd 'tua 1940'.[29] Daliodd Ned Thomas mai 'Gwanwyn 1940' oedd yn gywir ar sail 'tystiolaeth allanol ddigon pendant',[30] ond ni chyfeiria at y dystiolaeth honno. Crybwylla Tony Conran ac Anna Wyn Jones ill dau wanwyn 1940 fel dyddiad 'tebygol'.[31] Gellir yn awr gadarnhau Mawrth/Ebrill 1940 fel dyddiad 'O Bridd' ar sail tystiolaeth ddiffiniol newydd. Dywed Waldo yn ei lythyr at Anna Wyn Jones iddo lunio'r gerdd yn fuan 'wedi [iddo] ddod nol o Nether Stowey'. Ymddengys enwau Waldo a Linda Llewellyn (y ddau yn llaw Waldo) yn Llyfr Ymwelwyr Bwthyn Coleridge, Stryd Lime, Nether Stowey gyferbyn â'r dyddiad '2. 3. 40' – flwyddyn cyn eu priodas (*llun 1*).[32] Hwy oedd yr ymwelwyr cyntaf i dorri eu henwau ar y gofrestr ym 1940. Buasai'r bwthyn, a oedd yn gartref i Samuel Taylor Coleridge yn ystod blynyddoedd olaf y ddeunawfed ganrif, yng ngofal yr Ymddiried-olaeth Genedlaethol er 1909, ac erbyn y 1940au yr oedd yn gyrchfan poblogaidd i dwristiaid.[33]

Cyfeiriodd sawl beirniad at lythyr Waldo at Anna Wyn Jones wrth drafod 'O Bridd' (rhai mewn mwy o fanylder nag eraill), ond nid archwil-

27. Ibid., 16.
28. Ystyria Gerwyn Wiliams 'O Bridd' fel cerdd 'aeddfed' yn yr ystyr fod Waldo yn 'hawlio rhyddid creadigol newydd iddo'i hun a hynny drwy fentro ymryddhau dros dro o'r cyfrifoldebau cyhoeddus a ystyriai ynghlwm wrth ei swydd fel bardd ac ymbellhau ychydig oddi wrth amgylchiadau tymhorol . . . Ni olyga . . . fod ei ymlyniad cym-deithasol fel bardd yn ddim llai, dim ond ei fod yn gweld ei swyddogaeth mewn goleuni aeddfetach'; Wiliams, *Tir Newydd*, 142, 143.
29. James Nicholas, *Waldo Williams* (Cardiff, 1975), 54, a 'Breuddwyd Dwyfol a Dwyfoldeb Brau', *CDW*, 217.
30. Ned Thomas, *Waldo* (Caernarfon, 1985), 59 a 75. Gweler hefyd Ned Thomas, 'Waldo Williams and the Springs of Hope', *Poetry Wales*, 22, 4 (1987), 70.
31. Conran (cyf.), *The Peacemakers*, 24; Anna Wyn Jones, 'Waldo', *CDW*, 41.
32. Diolchaf i Tilla Brading a Derrick Woolf, ceidwaid Bwthyn Coleridge, Nether Stowey, Gwlad yr Haf (sydd dan ofal yr Ymddiriedolaeth Genedlaethol) am eu cymorth parod. Rwy'n ddyledus hefyd i Dilys Griffiths (Archifdy Sir Benfro, Hwlffordd), Eirwyn Jones, ac Alun Ifans.
33. Gweler David S. Miall, 'The Campaign to Acquire Coleridge Cottage', *The Wordsworth Circle*, 22, 1 (Gaeaf 1991), 82–8.

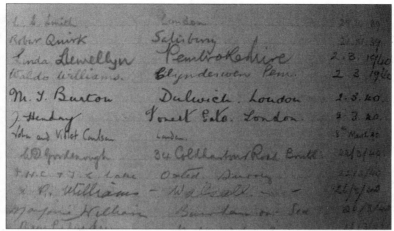

Llun 1: *Enwau Waldo Williams a Linda Llewellyn (yn llaw Waldo), 2 Mawrth 1940, yn Llyfr Ymwelwyr Bwthyn Coleridge, Nether Stowey, Gwlad yr Haf.*
(Llun: Damian Walford Davies, gyda chaniatâd yr Ymddiriedolaeth Genedlaethol.)

iwyd arwyddocâd yr hyn a ddywed y bardd yn y ddau destun ynghylch y 'newid nôl' a brofodd yn Alfoxden a Nether Stowey ond mewn termau cyffredinol.[34] Sut, felly, y bu i ddau fardd o Sais a Lloegr gynnig gwaredigaeth rhag y teimlad llethol a fu fel 'cloffrwym'[35] arno 'am fisoedd lawer'?

II

Ym mis Rhagfyr 1796, symudodd Samuel Taylor Coleridge, a oedd ar y pryd yn bedair ar hugain oed, i bentref bychan Nether Stowey ger Bridgwater, Gwlad yr Haf, gyda'i wraig, Sara, a'i fab bychan, Hartley. Yr oedd yr Undodwr ifanc eisoes yn adnabyddus mewn cylchoedd gwleidyddol ym Mryste yn sgil cyfres o ddarlithiau radicalaidd a draddododd yno ym 1795. Hyrwyddai'r rhain ideoleg y Chwyldro Ffrengig, gan feirniadu'n hallt fesurau adweithiol, llawdrwm llywodraeth Pitt.[36] Yn ystod

---

34. Tony Conran biau'r trafodaethau mwyaf penodol ar y profiad 'adferol' hwn: gweler 'Waldo Williams's "Three English Poets and England"', *New Welsh Review*, III, 3 (Gaeaf 1990–1), 6–7, a *The Peacemakers*, 16 a 24–6. Gweler hefyd Evans, 'Cerdd Begynol', 6; Jones, 'Cerdd i'n Poenydio'n Ddidrugaredd', 7; Alan Llwyd, 'Waldo Williams: "O Bridd"', 362–3, 364; Jones, 'Adolygiadau Hwyr' (8), 17, ac uchod, 68; a Davies, 'Symbolaeth yng Ngwaith Waldo', 530.

35. Rowlands, 'Nid Dewinyddiaeth yw Diwinyddiaeth Waldo', 4.

36. Gweler S. T. Coleridge, *Lectures 1795 on Politics and Religion*, goln. Lewis Patton a Peter Mann (Princeton, NJ, 1971).

gwanwyn 1796, sefydlodd a golygodd y cylchgrawn *The Watchman*, a oedd yn fynegiant arall o'i ymlyniadau jacobinaidd. Yn ôl E. P. Thompson, '[a] sort of little Bristol Thelwall' oedd Coleridge yn ystod y cyfnod hwn[37] – fersiwn taleithiol, hynny yw, o areithiwr mwyaf enwog y metropolis yn ystod y 1790au. Enillasai Coleridge hefyd enw iddo'i hun fel bardd gyda *Poems on Various Subjects* (Ebrill 1796). Yr oedd y gŵr ifanc talentog hwn yn fagned creadigol i eraill, ac ym mis Mawrth 1797, ymwelodd William Wordsworth â Nether Stowey. Gryfed oedd eu cyfeillgarwch, a'r egni creadigol a enynnwyd rhyngddynt, nes i Wordsworth (na chyhoeddasai ar y pryd ond dwy gerdd dopograffig yn arddull flinedig y ddeunawfed ganrif), ynghyd â'i chwaer Dorothy, symud i Alfoxden House, bedair milltir o Nether Stowey, ym mis Gorffennaf 1797 yn unswydd er mwyn bod yn agos at Coleridge. Yr oedd Wordsworth yntau'n coleddu egwyddorion radicalaidd yn ystod y cyfnod hwn. Ond yn awyrgylch drwgdybus, adweithiol blynyddoedd olaf y ganrif, yr oedd yn gynyddol anodd mynegi daliadau radicalaidd yn gyhoeddus, ac yr oedd y ddau fardd eisoes wedi profi dadrithiad tost parthed y Chwyldro Ffrengig yn sgil Teyrnasiad Braw 1794 ac amcanion imperialaidd Ffrainc. Pan oresgynnwyd y Swistir gan fyddinoedd Ffrainc ym mis Mawrth 1798, sylweddolodd y ddau fod delfrydau cynnar y Chwyldro wedi'u chwalu'n llwyr. Ffrwyth eu cwmni beunyddiol yn ystod gwanwyn a haf 1798 oedd cerddi'r *Lyrical Ballads*, a ymddangosodd fis Medi'r flwyddyn honno.[38] Cynrychiola'r gyfrol symbiosis creadigol mwyaf chwyldroadol llenyddiaeth Saesneg. Teg dweud mai cyfnod o adferiad meddyliol ac emosiynol oedd y blynyddoedd hyn yn Alfoxden a Nether Stowey, er na chollodd Wordsworth a Coleridge olwg ar erchyllterau'r rhyfel ledled Ewrob, gormes cyfundrefnol llywodraeth Pitt, a'r modd y bradychwyd eu ffydd gynnar yn mhotensial gwaredol y Chwyldro.[39]

Pwysleisiodd Ned Thomas bwysigrwydd creiddiol dylanwad y beirdd Rhamantaidd – Wordsworth a Coleridge yn fwyaf arbennig – ar farddoniaeth a bydolwg Waldo (yn wir, dyma hanfod ei astudiaeth, *Waldo*):

---

37. E. P. Thompson, 'Disenchantment or Default? A Lay Sermon', yn C. C. O'Brien a W. D. Vanech (goln.), *Power and Consciousness* (London, 1969), 159.

38. Ymddangosodd ail olygiad mewn dwy gyfrol ym 1800 (ynghyd â'r 'Preface' enwog), a thrydydd ym 1802 (gyda'r 'Preface' hwnnw wedi'i helaethu).

39. Ceir hanes y blynyddoedd hyn yn y gweithiau canlynol: Nicholas Roe, *Wordsworth and Coleridge: The Radical Years* (Oxford, 1988); Nicholas Roe, 'Coleridge and John Thelwall: The Road to Nether Stowey', yn Richard Gravil a Molly Lefebure (goln.), *The Coleridge Connection* (Basingstoke, 1990), 60–80; Kenneth R. Johnston, *The Hidden Wordsworth: Poet, Lover, Rebel, Spy* (New York, 1998); Tom Mayberry, *Coleridge and Wordsworth in the West Country* (Stroud, 1992).

Gallwn fod yn weddol sicr fod bri ar feirdd Rhamantaidd Lloegr ym mlynyddoedd Waldo yn Adran Saesneg Coleg Aberystwyth, a chredaf mai yn llenyddiaeth Saesneg y cyfnod hwnnw y daeth Waldo gyntaf o hyd i'r syniadau a'r delweddau a fyddai'n ganolog iddo drwy'i oes.[40]

Nododd Ned Thomas hefyd – yn bert – nad oes modd 'esbonio datblygiad Waldo ond yn nhermau cyfluniad y ddwy ochr . . . Coleridge *a* Cheiriog'.[41] Y mae'n wir fod yr ysgrifau hynny gan Waldo sy'n mynd i'r afael â barddoniaeth ar lefel ddamcaniaethol yn cyfeirio'n gyson at Coleridge (y Coleridge 'athronyddol' diweddarach, dylid nodi – Coleridge y *Biographia Literaria* (1817)) ac at Wordsworth (Wordsworth y 'Preface' enwog i *Lyrical Ballads* (golygiadau 1800 a 1802)). Theorïau'r ddau parthed y Dychymyg a natur creadigolrwydd llenyddol sy'n denu sylw Waldo gan mwyaf, a hynny mewn ysgrifau megis 'The Function of Literature' (1953), 'Anglo-Welsh and Welsh' (1953) ac 'Awen Euros ac Awen Pennar' (1961).[42] Egnïr y farddoniaeth hithau, yn syniadol ac yn ddelweddol, gan y traddodiad Rhamantaidd (Saesneg ac Almaeneg, diolch i synthesis Coleridge).[43] Ond nid af ar ôl y wedd hon ar waith Waldo yma gan mai arwyddocâd gwahanol sydd i'w gyfeiriadau at y ddau fardd, ac at eu heddfannau, yng nghyd-destun 'O Bridd'.

Yn ogystal ag ymweld â bwthyn Coleridge yn Nether Stowey yn ystod mis Mawrth 1940, gellir disgwyl fod Waldo a Linda hefyd wedi troedio'r llwybr coediog sy'n arwain at Alfoxden House ger pentref Holford, gwta bedair milltir i ffwrdd, a oedd bryd hynny'n ysgol i faciwîs o arfordir de Lloegr. Yma yn y Quantocks yr adferwyd Waldo; yma y cafodd waredigaeth rhag y weledigaeth dreisiol y byddai'n ei chofnodi'n fuan yn 'O Bridd'. Gellir tybio fod nifer o elfennau wrth wraidd y profiad adferol hwn. Yn ogystal ag arwyddocâd y Pasg fel cyfnod o ailenedigaeth a gobaith yn y calendr Cristnogol, y mae'n amlwg fod cwmni Linda yn allweddol. Y berthynas greiddiol hon yn awyrgylch llesol Lloegr sy'n esbonio'r gwellhad yn nhyb Tony Conran:

> Waldo was rescued . . . by his relationship with his wife Linda before her early death, and by his own faith in the goodness of things struggling to be good . . . [He] was restored to spiritual health by Linda . . . as Wordsworth and Dorothy found peace and

---

40. Thomas, *Waldo*, 11.
41. Ibid., 13.
42. Gweler *WWRh*, 151, 152, 153, 160, 182.
43. Gweler Thomas, *Waldo*, 34, 36–7.

renewal in the Quantocks, in spite of the war with France, so now did Waldo and Linda . . . [L]ike Wordsworth and Coleridge, Waldo and Linda [found] creative happiness in the England of the Quantocks.[44]

Fel y pwysleisia Conran, atgof o gwmni cariadus Linda (ei *fiancée* yn hytrach na'i wraig ym mis Mawrth 1940) yn Alfoxden a Nether Stowey yw caniad olaf y gerdd 'Tri Bardd o Sais a Lloegr' – 'overwhelmingly a love-poem, radiant with Linda's presence'.[45] Y mae Wordsworth a Coleridge, felly, yn bresenoldebau mud yn y caniad olaf hwn; 'Could it be', medd Conran, 'that [Waldo] originally planned the poem as Four (or Five) English Poets, but that his memory of Linda, as it were, took it by the scruff of the neck and made talking about Wordsworth and Coleridge finally superfluous[?]'.[46] Yn ei drafodaeth ar 'Tri Bardd o Sais a Lloegr', synhwyra Conran fod Wordsworth a Coleridge rywsut yn bresenoldebau *adferol* i Waldo Williams: 'It is very likely . . . that the Quantock poets would have done for ['Tri Bardd o Sais a Lloegr'] more or less what Linda does – restore it to a sense of joy and privilege'.[47] Ond nid yw Conran yn ehangu ar y sythwelediad hwn, ac y mae'n synied am arwyddocâd 'adferol' Wordsworth a Coleridge yn nhermau cyffredinol egni creadigol *annus mirabilis* 1798 ('It was an astonishing time for both of them . . . Great year indeed!'[48]). Rwyf am ddadlau fod seiliau penodol i'r dylanwad adferol hwn – seiliau syniadol sicr a alluogodd Waldo i fwrw allan ei gythreuliaid seicolegol, a'u dramateiddio yn 'O Bridd'.

Wrth wraidd nifer o gerddi'r *Lyrical Ballads* y mae cysyniad creiddiol – yn wir, athroniaeth-ddiwinyddiaeth – y *One Life*. Buasai Coleridge yn mynegi'r athrawiaeth hon yn ei farddoniaeth er 1795, ac y mae'n elfen gref ym marddoniaeth Wordsworth yn ystod 1797 a 1798. Yn ôl Jonathan Wordsworth, derbyniodd Wordsworth ffydd Coleridge yn y *One Life* yn ystod y cyfnod hwn fel 'a confirmation of [his] own intuitions'.[49] Y mae'n glir fod Wordsworth yn arddel rhyw lun ar 'athroniaeth natur' cyn 1797, a dadleua H. W. Piper a Kelly Grovier yn argyhoeddiadol fod credo pantheistaidd Wordsworth yn ystod y 1790au wedi'i fowldio, ymhell y tu hwnt i 'intuitions' yn unig, gan fateroliaeth radical yr athronydd ecsentrig

44. Conran (cyf.), *The Peacemakers*, 16, 24, 25–6.
45. Ibid., 26. Gweler hefyd Alan Llwyd, 'Waldo a'r Tri Bardd o Sais', *Y Grefft o Greu: Ysgrifau ar Feirdd a Barddoniaeth* (Cyhoeddiadau Barddas, 1997), 227.
46. Conran, 'Waldo Williams's "Three English Poets and England"', 6.
47. Ibid., 6.
48. Ibid., 6, 7.
49. Jonathan Wordsworth, *The Borders of Vision* (Oxford, 1982), 22.

John 'Walking' Stewart, y bu i Wordsworth gyfarfod ag ef ym merw syniadol Paris y Chwyldro ddiwedd 1792.[50] Erbyn 1803, yr oedd Coleridge a Wordsworth yn anghytuno ynghylch sylfeini syniadol a goblygiadau diwinyddol athrawiaeth y *One Life*, ac ymhen amser bu iddynt ill dau droi at ddiwinyddiaeth fwy uniongred a sefydliadol. Yn ystod 1797 a 1798, serch hynny, gellir derbyn fod y *One Life* yn 'expression of the mood of the moment'.[51] Ymdeimlad ag undod sylfaenol y greadigaeth, â phresenol-deb duwdod mewnfodol (pwyslais Coleridge yn y 1790au) neu ag 'active principle' (fformiwla Wordsworth, yn dilyn Stewart) o fewn bydysawd 'byw', yw hanfod y *One Life*. Fel yr esboniodd Coleridge mewn llythyr at William Sotheby (10 Medi 1802):

> Nature has her proper interest; & he will know what it is, who believes & feels, that every Thing has a Life of it's [*sic*] own, & that we are all *one Life* . . . In God they move & live, & *have* their Being – not *had*, as the cold System of Newtonian Theology repre-sents/but *have*.[52]

Ac yn 'The Eolian Harp' (1795, diwygiwyd *c.*1816), cyhoeddodd:

> O the one life within us and abroad,
> Which meets all motion and becomes its soul,
> A light in sound, a sound-like power in light,
> Rhythm in all thought, and joyance every where – . . .
>
> And what if all of animated nature
> Be but organic harps diversely framed,
> That tremble into thought, as o'er them sweeps
> Plastic and vast, one intellectual breeze,
> At once the Soul of each, and God of All?[53]

---

50. Gweler H. W. Piper, *The Active Universe: Pantheism and the Concept of Imagination in the English Romantic Poets* (London, 1962), 60–84; Kelly Grovier, ' "Shades of the Prison-House": "Walking" Stewart, Michel Foucault, and the Making of Wordsworth's "Two Consciousnesses" ', *Studies in Romanticism*, 44 (Hydref 2005), 341–66; a Kelly Grovier, ' "Walking" Stuart and the Making of Romantic Imagination'; traethawd DPhil anghyhoedd-edig, Prifysgol Rhydychen (2005).

51. J. Wordsworth, *The Borders of Vision*, 22.

52. E. L. Griggs (gol.), *Collected Letters of Samuel Taylor Coleridge*, 6 chyfrol (Oxford, 1956–71), II, 864, 866.

53. 'The Eolian Harp', llau. 26–9, 44–8; S. T. Coleridge, *Poetical Works*, gol. J. C. C. Mays, 3 cyfrol (Princeton, NJ, 2001), I (*Reading Text*, Part 1), 233–4.

Y mae'n fydolwg sylfaenol gyfannol, gwrth-Blatonaidd, animistaidd a phantheistaidd – proto-ecolegol, yn wir – sydd â'i wreiddiau, yn achos Coleridge, yn yr Undodiaeth Briestleyaidd a goleddai yn ystod y 1790au. Y mae iddo felly seiliau diwinyddol anuniongred a gwleidyddol radical-aidd, fel y pwysleisia Seamus Perry:

> God is immanently present in every aspect of nature, 'All-conscious Presence of the Universe!/Nature's vast ever-acting Energy!/In will, in deed, Impulse of All to All!' ('Destiny of Nations') . . . the unity of Unitarianism is the unity which it asserts of the created world, the result of that One God's omnipresence – "tis God/Diffused through all, that doth make all one whole' ('Religious Musings') – so that, in a way, Christ's unique participation in the Godhead is not so much denied as democratised, made the state of universal nature . . . The doctrine has the correct political leanings: where Pope's ubiquitous God kept the universe's constituents in their place, a good Tory, the Unitarian God could be taken as the grounds for a divinely ordained egalitarianism . . . The One Life God . . . is not an absolute lord . . . but a participatory and com-munitarian deity, a diffused, unifying life, whose energising and ubiquitous presence creates a cosmic, egalitarian republic.[54]

Disgrifia Kelly Grovier fframwaith athroniaeth 'Walking' Stewart mewn termau mwy seciwlar: 'the One Life as advocated by Stewart . . . [is] a magnificent merging of subject and object; of Self projected onto Nature and spreading through it; of object perceived as subject, and subject peceived as object'.[55]

'Wonder not/If such his transports were; for in all things/He saw one life, and felt that it was joy', meddai Wordsworth yn 'The Pedlar' (Chwefror–Mawrth, 1798)[56] – llinellau a adfeddiannwyd ganddo'r flwyddyn ganlynol i ddisgrifio'i brofiad personol yn ei epig hunangofiannol *The Prelude* ('Wonder not/If such my transports were . . .').[57] Dan ddylanwad Coleridge, dechreuodd Wordsworth fynegi ei amgyffred o fydysawd a egnïwyd gan gariad ac a seiliwyd ar y berthynas ddiymwad a fodolai rhwng pob ffurf greedig – rhyw ecosystem ysbrydol, os mynnir: 'the pure joy of love,/By

54. Seamus Perry, *Coleridge and the Uses of Division* (Oxford, 1999), 71, 75.
55. Grovier, '"Walking" Stuart and the Making of Romantic Imagination', 187.
56. 'The Pedlar', llau. 216–18; Jonathan Wordsworth, *The Music of Humanity* (New York and Evanston, 1969), 179.
57. 1799, Second Part, llau. 458–60; William Wordsworth, *The Prelude: The Four Texts*, gol. Jonathan Wordsworth (Harmondsworth, 1995), 33.

sound diffused, or by the breathing air,/Or by the silent looks of happy things,/Or flowing from the universal face/Of earth and sky'.[58] Yn hyn o beth, gellir dadlau fod athrawiaeth y *One Life* wedi'i chyflyru hefyd gan ddyheadau milenaraidd y cyfnod.

Nid oes amheuaeth nad oedd pwyslais athrawiaeth y *One Life* ar undod y greadigaeth yn apelio at Waldo, bardd brawdoliaeth. Dyma fardd y weledigaeth sy'n cyfannu, sy'n taflu 'cymod a chyflawn we' dros elfennau gwrthgyferbyniol, dros baradocsau'r byd, ac sy'n dathlu gwahaniaeth o fewn undod – 'multëity in unity', chwedl Coleridge:

> the irresistible wonder of the One Life doctrine is the simultaneous satisfaction of desires it promises . . . the doctrine proposes a sublime not only of the One, but of the One *and* the Many . . . Coleridge's devotion to a totalising sublime is more than satisfied by the notion of a ubiquitous, divine creativity, subsuming the plurality of the world into unity.[59]

Awgrymaf fod disgrifiad Seamus Perry o farddoniaeth ac athroniaeth Coleridge yn ddisgrifiad cymwys o fydolwg a barddoniaeth Waldo Williams yntau. Ac wrth gwrs, ar lefel ymarferol, weithredol, yr oedd goblygiadau gwleidyddol y *One Life* a'i 'totalising sublime' yn amlwg ddigon iddo.

Rhed imperatifau'r *One Life* – ei bantheistiaeth ddemocratig, ei acenion cymdeithasol – trwy'r *Lyrical Ballads* (priodol iawn, wrth gwrs, yw'r ffaith mai ffrwyth cydweithio oedd y gyfrol). Y mae iddi drwyddi draw agenda wleidyddol ddiamheuol; sylfaenwyd cyfraniadau Wordsworth ar theori ieithyddol ac iddi arwyddocâd radicalaidd clir. Fel yr esbonia Wordsworth yn y 'Preface' enwog (1800 a 1802), ceir yma ymgais i ddemocrateiddio iaith barddoniaeth ('the very language of men') a swyddogaeth y bardd ('What is a Poet? . . . He is a man speaking to men . . . an upholder and preserver, carrying every where with him relationship and love').[60] O ystyried gwrthrychau'r farddoniaeth, gwelwn fod yma ymgais i fynegi profiadau a seicoleg y difreiniedig (tlodion gwledig, anafusion econom-aidd y rhyfel ar y cyfandir, yr henoed, y gwallgof, plant, a'r rhai dan anfantais meddyliol). Fe'n harweinir yn raddol at ymwybyddiaeth ddyfnach o'n cydberthynas â'r grwpiau hyn mewn cerddi fel 'The Thorn', 'Simon Lee' a 'The Idiot Boy'. Ceir gan Wordsworth yn ogystal gerddi sy'n portreadu

---

58. 'The Pedlar', llau. 82–6; J. Wordsworth, *The Music of Humanity*, 175.
59. Perry, *Coleridge and the Uses of Division*, 77, 78.
60. William Wordsworth, *Lyrical Ballads, and Other Poems, 1797–1800*, goln. James Butler a Karen Green (Ithaca, NY, 1992), 747, 751, 753.

Natur fel grym adfywiol, iachusol: 'Love, now an universal birth,/From heart to heart is stealing,/From earth to man, from man to earth,/– It is the hour of feeling' ('Lines written at a small distance from my House'); 'Nature never did betray/The heart that loved her' ('Lines written a few miles above Tintern Abbey'); cerddi sy'n tanlinellu undod ecolegol a dyletswydd gadwriaethol: 'One lesson, Shepherd, let us two divide,/Taught both by what she shews, and what conceals,/Never to blend our pleasure or our pride/With sorrow of the meanest thing that feels' ('Hart-Leap Well'); cerddi sy'n mynegi ymwybyddiaeth o undod nwmenaidd, ysbrydol: 'No motion has she now, no force,/She neither hears nor sees/Roll'd round in earth's diurnal course/With rocks and stones and trees!' ('A Slumber did my Spirit Seal'); ynghyd â gosodiadau pantheistaidd enwog y gerdd 'Gymreig' honno, 'Tintern Abbey', sydd eto'n cysylltu'r *One Life* â gorfoledd, 'a universe of blessedness and love':[61]

> And I have felt
> A presence that disturbs me with the joy
> Of elevated thoughts; a sense sublime
> Of something far more deeply interfused,
> Whose dwelling is the light of setting suns,
> And the round ocean, and the living air,
> And the blue sky, and in the mind of man,
> A motion and a spirit, that impels
> All thinking things, all objects of all thought,
> And rolls through all things.
>
> (llau. 94–103)

Penderfynwyd mai 'persons and characters supernatural' fyddai ffocws cerddi Coleridge yn y gyfrol, a'i gyfraniad mawr i'r *Lyrical Ballads* oedd 'The Rime of the Ancient Mariner' (cyfansoddwyd rhwng mis Tachwedd 1797 a mis Mawrth 1798). Dehonglwyd y gerdd o bersbectifau beirniadol amrywiol iawn yn ddiweddar, a dyfnhawyd ein hymwybyddiaeth o'i chymhlethdod syniadol, delweddol ac ieithyddol, a'i pherthynas â'i chyddestun diwylliannol, gan sythwelediadau theorïau Marcsaidd, seicdreiddiol, dadadeiladol a'r Hanesyddiaeth Newydd.[62] Mesur llwyddiant y deongliadau hyn yw'r ffaith eu bod wedi bywiogi a chymhlethu'r darlleniad 'safonol' o'r gerdd fel alegori Gristnogol a naratif sacramentaidd[63] sy'n dramateiddio

---

61. J. Wordsworth, *The Borders of Vision*, 23.
62. Gweler yr ysgrifau a gynhwysir yn Paul H. Fry (gol.), *The Rime of the Ancient Mariner* (Boston and New York, 1999).
63. Ibid., 82.

gwaredigaeth trwy gyfrwng y *One Life*. Serch hynny, erys y darlleniad hwnnw yn un dylanwadol, ac nid oes amheuaeth nad dyma'r dehongliad y byddai Waldo yn fwyaf cyfarwydd ag ef. Fe'i crynhoir gan Seamus Perry fel a ganlyn:

> I suppose the standard reading to be some kind of One Life allegory, which very obviously puts foremost the virtue of unity – indeed its divinity. The Mariner, in killing the albatross, commits 'a crime against the one Life . . . possible only to a man who had not seen the unity of all life in the world' . . . and he is punished for it . . . it is the most scarifying picture Coleridge ever drew of the unhappy spirit craving atonement. In the depths of his darkness, the Mariner is appalled by the horrific plenitude of his rotting universe: 'And a million, million, slimy things/Lived on; and so did I'. But this suffering proves salutary, a *via negativa* leading the Mariner to bless those same snakes . . . the Mariner passes the test, finally recognising the interdependent fraternity of all creation. The poem, that is, is about the redemption of other things – their transformation, indeed, from 'slimy things' to 'happy living things'.[64]

Yr oedd amgyffred Coleridge o natur pechod yn arwyddocaol hylifol yn ystod y cyfnod 1794–8 wrth iddo droedio'r llwybr a arweiniai o begwn Undodaeth i begwn Trindodaeth, fel y pwysleisia Lewis Patton a Peter Mann: 'The common underlying assumption [yn amrywiol ddatganiadau Coleridge rhwng 1794 a 1796] is that evil is not absolute, but contingent and induced; by 1798 Coleridge had moved toward the traditional Christian view of evil as personal, innate, absolute, and prior to all conditions and circumstances: ". . . I believe most steadfastly in original Sin"'.[65] O fewn fframwaith Cristnogol y gerdd (er gwaethaf ei chymhlethdod a'i hamwysedd diamheuol), gellid, wrth gwrs, ddehongli 'trosedd' y Morwr yn benodol yn nhermau'r Pechod Gwreiddiol, a'r 'waredigaeth' trwy'r *One Life* yn nhermau Gras a'r Iawn, ac felly y mae'r ddadl a gynigir isod parthed y berthynas rhwng Coleridge a Waldo, rhwng 'The Rime of the Ancient Mariner' ac 'O Bridd', yn dra pherthnasol hefyd i'r sawl a fyn ddarllen 'O Bridd' mewn golau awstinaidd.

Gwyddys fod cerdd Henry Clarence Kendall, 'Beyond Kerguelen', yn ddylanwad cryf ar y disgrifiad yn ail adran 'O Bridd' o'r ynys 'tua phegwn

64. Perry, *Coleridge and the Uses of Division*, 282.
65. Patton a Mann (goln.), *Lectures 1795 on Politics and Religion*, 107n.

y de': cyfeiria Waldo at gerdd yr Awstraliad yn y 'Sylwadau' ar ddiwedd *Dail Pren*. Awgrymaf fod 'The Rime of the Ancient Mariner' yn bresenoldeb cyfeiriadol yma hefyd. Dyma gân 'begynol' arall, wrth gwrs – cerdd sydd, fel y pwysleisiodd Eric G. Wilson yn ddiweddar yn *The Spiritual History of Ice*, yn dramateiddio hunllef ac apocalyps pegynol, 'polar gnosis', ecoleg a seicoleg iâ: themâu a gaiff eu harchwilio hefyd gan Waldo.[66] Cyn i'r Morwr saethu'r albatros, gyrrir y llong gan wyntoedd tymhestlog ('And now the storm-blast came'[67]) – cymharer y 'gwyntoedd anghenedl' a'r 'dymestl gref' yn 'O Bridd' – tua Chylch yr Antarctig a Phegwn y De, 'The land of ice, and of fearful sounds, where no living thing was to be seen' (yng ngeiriau'r ymylnodau enwog a gyflenwodd Coleridge ym 1817) – cymharer 'O bridd, tua phegwn y de/. . . Tu hwnt i Kerguelen mae'r ynys/Lle ni safodd creadur byw' (*DP*, 85). Fe'n hatgoffir gan baradocsau ciastig Waldo – 'Lle mae'r nos yn goleuo'r niwl/A'r niwl yn tywyllu'r nos' (*DP*, 84) – o'r disgrifiad a gawn yn 'The Rime of the Ancient Mariner' o ddiffeithwch oer y pegwn: 'And through the drifts the snowy clifts/Did send a dismal sheen' (llau. 55–6). Yn fwyaf trawiadol, efallai, cofiwn sut y caiff y llong yng ngherdd Coleridge ei chario tua'r cyhydedd, wedi'r drosedd yn erbyn y *One Life*, gan 'The lonesome spirit from the south pole', a adwaenir yn ogystal yn yr ymylnodau fel 'The Polar Spirit'. Onid duwdod alltud – ysbryd *unig* y pegwn – a gawn ar ddiwedd 'O Bridd' hefyd?[68]

A dyma ddod at graidd y ddadl, sef bod y *One Life*, trwy gyfrwng cerddi Wordsworth a Coleridge, wedi chwarae rhan allweddol yn y broses o herio a disodli gweledigaeth batholegol, ormesol Waldo o drais Darwinaidd Natur ac wedi selio cymod y bardd â'r pridd. Canfu waredigaeth yn Alfoxden a Nether Stowey – y mannau hynny lle y profodd Wordsworth a Coleridge hwythau waredigaeth mewn cyfnod o chwyldro a rhyfel yn ystod degawd olaf y ddeunawfed ganrif. Yn lle ymwybyddiaeth lethol o hiliogaethau'n 'byw trwy ladd a thraflyncu' ei gilydd (ac yn achos y ddynoliaeth yn ysglyfaethu ei hiliogaeth ei hun), cynigiai'r *One Life* weledigaeth amgen, waredol o drefn Natur – un a seiliwyd ar gariad,

66. Gweler Eric G. Wilson, *The Spiritual History of Ice: Romanticism, Science, and the Imagination* (Houndmills, 2003), 168–92.
67. Ll. 41; dyfynnaf destun diwygiedig 1834; *Poetical Works*, I (*Reading Text*, Part 1), 377.
68. Tybed ai cofio diwedd 'O Bridd' yr oedd R. S. Thomas yn llinellau olaf y gerdd 'Captain Cook's Last Voyage' yn *Ingrowing Thoughts* (1985): 'we are becalmed/listening to the echoes/in the nerves' rigging/of that far-off storm/that is spirit blowing itself/out in the emptiness at the Poles'; ac yn ei bortread o'r *deus absconditus* – 'that great void' – ar derfyn y gerdd begynol, 'Migrants', yn *Mass for Hard Times* (1992): 'There are times even at the Pole/when he, too, pauses in his withdrawal,/so that it is light there all night long'?

cydberthynas a chyd-ddibyniaeth: mewn termau ecolegol, ar symbiosis organig. Y mae'r adleisiau yn 'O Bridd' o 'The Rime of the Ancient Mariner' yn cysylltu argyfwng Waldo â hunllef y Morwr; ar yr un pryd, y maent yn dwyn ynghyd waredigaeth y Morwr a chymod Waldo â'r pridd. Parodd y weledigaeth lethol i Waldo gredu, cyn ei ymweliad ag Alfoxden a Nether Stowey, 'ein bod ni 'run fath â byd natur i gyd, 'run fath ag anifeiliaid a phob ffurf' yn eu mileindra honedig; pwysleisiai'r One Life ein bod ni ''run fath â byd natur i gyd' mewn ystyr gwbl wahanol – yng ngeiriau Coleridge, 'we are all one Life'. Ar lefel ecolegol, wrth gwrs, ni ellir gwadu hyn: dyma realiti ein bïospher bregus. Dyma 'gymod a chyflawn we' y gân 'Brawdoliaeth' (DP, 79) a gyhoeddwyd ym mis Mai 1940, gwta fis wedi i Waldo gyfansoddi 'O Bridd' (y mae'r gronoleg yn arwyddocaol). Y mae'n glir, wrth gwrs, nad hawdd oedd canfod 'cymod a chyflawn we' yn Ewrop wallgo'r 1940au cynnar. Serch hynny, apeliai cysyniad y One Life at Waldo gan ei fod yn mynegi dyheadau a delfrydau dyfnaf y bardd ynghylch cyneddfau sylfaenol y natur ddynol. 'Hoff gennyf yw ateb y morwr hwnnw o Wlad yr Haf', medd yn 'Brenhiniaeth a Brawdoliaeth' (1956), 'pan ofynnodd Coleridge iddo paham yr oedd wedi mentro ei fywyd i achub dyn na welsai erioed ac na wyddai ei enw na dim amdano: "mae anian gennym tuag at ein gilydd"'.[69] Ymhellach, nid wyf yn awgrymu, wrth reswm, fod Waldo wedi derbyn y One Life yn yr union ffurf fetaffisegol y'i ceir ym marddoniaeth Wordsworth a Coleridge. Awgrymaf mai hanfod y weledigaeth a brofodd yn adferol. Wrth gymodi â'r pridd yn ystod mis Mawrth ac Ebrill 1940, derbyniodd Waldo (yn unol â'r dystiolaeth fiolegol ac esblygiadol) nad amlyga'r drefn naturiol 'an economy merciful to all forms of life'.[70] Hynny yw, derbyniodd yr hyn a eilw Terry Gifford yn 'the dynamics of a creative-destructive universe'.[71] Fel y dywed Waldo yn 'Paham yr Wyf yn Grynwr' (1956): 'Aruthrol feiddgar yw celfyddyd Duw ar y ddaear, ac y mae'n syml yn ei hanfod, er mor gymhleth ei [ch]yfryngau. Yng nghanol ffurfiau o fywyd, neu drwy ffurfiau o fywyd, sydd yn byw ar ei gilydd yn ymosodol, y mae'n ym-gyrraedd at hiliogaeth sydd yn rhoi'r orsedd i dosturi'.[72]

'Arhoswn weithiau am ddeng munud ar ôl i bawb fynd adref yn edrych ar Kerguelen mewn rhyw fath o orfoledd am nad oedd dim pridd yno', medd Waldo wrth Anna Wyn Jones. Y mae pridd, wrth gwrs, ar archi-

---

69. WWRh, 307.
70. Gweler Richard Kerridge, 'Maps for Tourists: Hardy, Narrative, Ecology', yn Lawrence Coupe (gol.), The Green Studies Reader: From Romanticism to Ecocriticism (London, 2000), 269.
71. Terry Gifford, Pastoral (London, 1999), 169.
72. WWRh, 321.

pelago Kerguelen (a enwyd ar ôl y Llydawr a'i darganfu, Yves-Joseph de Kerguelen-Trémarec, 1734–97), a'r tu hwnt iddo. A dylid nodi nad 'perffaith ddiffeithwch' (paradocs nodweddiadol Waldoaidd sy'n cofnodi'r enw a roddodd James Cook ar y brif ynys: 'Ynys Diffeithwch') a geir yno, ychwaith. Ymwelodd seryddwyr, daearegwyr, geomagnetwyr ac eigionegwyr â'r ynysoedd yn ystod y bedwaredd ganrif ar bymtheg, ac er 1949 bu'r lle'n gyrchfan i fiolegwyr, adaregwyr a meteorolegwyr rhyngwladol gan fod yno ecosystem gyfoethog ac unigryw (a ecsbloetiwyd yn dost o'r cychwyn, gwaetha'r modd, gan helwyr morfilod a helwyr morloi). Er gwaethaf eu parodrwydd i fedyddio'r lle yn 'Ynys Diffeithwch', yr oedd ei chyfoeth naturiol yn hysbys ddigon i James Cook a'i griw, a angorodd ym Mae Oiseau ym 1776 gan fanteisio ar adnoddau'r ynys (yn eu plith, fresychen Kerguelen, *Pringlea antiscorbutica*). Nid unigedd a geir yno ond yn hytrach gyd-ddibyniaeth gwahanol 'ffurfiau o fywyd'. Yng ngeiriau Jean-Paul Kauffmann yn y gyfrol *Voyage to Desolation Island*: 'I later learned that this archipelago is inhabited by fascinating animals and that it was as green as the meadows of [de Kerguelen-Trémarec's] native Brittany . . . Vegetation and life of some kind are rarely absent'.[73] Dyna roi ystyr newydd i linellau Waldo yn ail adran 'O Bridd': 'Harddach nag ydoedd fy haul/Mabol ar ryddid fy rhos' (*DP*, 85). Distylliad cynnil a gawn yn nelweddaeth baradocsaidd ail adran 'O Bridd' (a adleisiwyd, gyda llaw, ym mhryddest fuddugol E. Llwyd Williams, 'Y Bannau', ym 1954[74]) o ddau 'symudiad' cerdd Kendall, 'Beyond Kerguelen' – y symudiad cyntaf (penillion 1–5) yn pwysleisio anghyfanedd-dra iasol y lle trwy gyfrwng disgrifiadau y mae eu dylanwad yn drwm ar gerdd Waldo ('winter and whirlwind'; 'Ghost of a land by the ghost of a sea'; 'Growth that is neither of darkness nor light!'; 'at the planet's grey verge'; 'this leper of lands'), a'r ail (penillion 6–7) yn dychmygu Kerguelen ir, Edenaidd yn fuan wedi'r Creu ('Fair were the nights and effulgent the days of it'). Gyda Waldo, y diffeithwch sy'n rhagori. Dylid yn ogystal bwysleisio *anachroniaeth* sylfaenol y dychymyg

---

73. Jean-Paul Kauffmann, *Voyage to Desolation Island*, cyf. Patricia Clancy (London, 2001), 38. Gweler hefyd Iwan Llwyd, 'Tu Hwnt i Kerguelen', *Barddas*, 261 (Chwefror/Mawrth 2001), 36–7.

74. Gweler E. Llwyd Williams, *Tir Hela* (Llandybïe, 1957), 69: 'Cipiwyd fi'n sydyn o'r waun i ryw ynys/Ddieithr-agos, cynefin o bell;/Heb na dyn nac anifail/Nac adain aderyn/I'm cyfarch â braw./. . . Yno y'm gwisgwyd â nerth y dieithrwch,/Dillad cyfannedd unigrwydd di-frath'. Fel 'allwedd', bron, i ffynhonnell yr adleisiau, cawn yn y bryddest yr ymadrodd '[T]onnau o bridd'. Y mae'r bryddest yn gyforiog o adleisiau eraill o gerddi gan Waldo, yn cynnwys 'Preseli', 'Tŷ Ddewi', 'Pa Beth yw Dyn?', 'Yr Heniaith', 'Y Tŵr a'r Graig' a 'Geneth Ifanc'. (Ymddangosodd 'O Bridd', 'Tŷ Ddewi' a 'Geneth Ifanc' gyntaf yn *Dail Pren* (1956), ond diau y buasai Llwyd, cyfaill mawr i Waldo, yn gyfarwydd â hwy mewn llawysgrif ac fel testunau llafar.)

ffobig: parodd seicopatholeg 1939–40 i Waldo bortreadu Kerguelen a
Phegwn y De ar lun *terra incognita australis* y dychmyg cynfodern, cyn-de
Kerguelen-Trémarec, cyn-James Cook ('A throed ni chyrhaedda na chri';
DP, 84). Ond bu i Waldo ymwrthod â gweledigaeth o'r fath. Meddai yn y
llythyr at Anna Wyn Jones: 'Mae Kerguelen yn y nodiadau yng nghefn y
llyfr'. Oedd, erbyn hynny – gydag aruthredd y lle ac enbydrwydd y
profiad bellach wedi'u lleoli, wedi'u mapio, rhwng dau glawr.

III

Noda Alan Llwyd mai o Lyfr Genesis y daw'r ymadrodd 'O Bridd': 'A'r
Arglwydd Dduw a luniasai y dyn o bridd y ddaear, ac a anadlasai yn ei
ffroenau ef anadl einioes' (2:7).[75] Trodd Waldo'r arddodiadol yn gyfarchol
(gan awgrymu'r ebychiadol ar yr un pryd). (Dylid nodi, gyda llaw, mai
'Pridd' oedd teitl gwreiddiol y gân ym mhroflenni'r Cysodiad Cyntaf.[76]) Y
mae'r cyfeiriad at Genesis yn un diamheuol. Ond awgrymaf fod dau
destun cysylltiedig hefyd wedi ysgogi'r teitl ynghyd â'r cyfarchiad a gawn
ar ddechrau'r adran gyntaf a'r ail: 'Hir iawn, O Bridd'; 'O bridd, tua
phegwn y de'. Lluniodd Waldo 'O Bridd' ar ôl iddo ddychwelyd o Alfoxden
a Nether Stowey i Gas-mael. Gwyddom fod y bardd yn dra chyfarwydd â'r
pentrefi o gylch Cas-mael. Hoffai grwydro'r plwyf a'r ardal gyfagos, a'r
ysbryd crwydrol hwn, wrth gwrs, a fu'n gyfrifol am helynt yr 'Identity
Card' ddiwedd 1940.[77] Gellir tybio, felly, fod Waldo yn bur gyfarwydd â
phentrefi'r cylch – Treamlod, Cas-fuwch, Castell Hendre a Tufton. Ac
ym mynwentydd eglwysi Cas-mael a Threamlod y ceir y ddau destun a
grybwyllais uchod (*lluniau 2 a 3*). Beddargraffiadau ydynt. Yn gyntaf, epitaff
Griffith William[78] yng Nghas-mael:

> Gwnawd pridd o bridd i rodio
> A theimlo pridd y llawr,
> Mae pridd ar bridd yn gwledda
> Am rai blynyddau mawr;

75. Alan Llwyd, 'Waldo Williams: "O Bridd"', 380.
76. Gweler Llsgr. LlGC 23706C, 3–4 a 35–6.
77. Gweler Bobi Jones, 'Atgofion', *Y Traethodydd*, CXXVI, 540 (Hydref 1971), 224–7, ac
    Eirwyn George, 'Yr "Identiti Card" – Waldo y Sbiwr!', *Clebran*, 328 (Rhifyn Canmlwydd-
    iant Geni Waldo Williams, Awst 2004), 24–5.
78. 'WERN./PLWYF CASTELL-Y-FUWCH/BU FARW EBRILL 14 1879/YN 82 ML
    OED.'

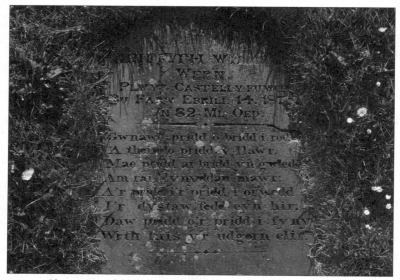

Llun 2: *Carreg fedd Griffith William, mynwent eglwys Cas-mael, Sir Benfro.*
(Llun: Aled Rhys Hughes.)

Llun 3: *Carreg fedd Elizabeth Llewelin, mynwent eglwys Treamlod, Sir Benfro.*
(Llun: Damian Walford Davies.)

> A'r pridd i'r pridd i orwedd
> I'r dystaw fedd cyn hir;
> Daw pridd o'r pridd i fyny
> Wrth lais yr udgorn clir.

A charreg fedd Elizabeth Llewelin[79] – arwyddocaol yw'r cyfenw o gofio enw morwynol Linda – yn Nhreamlod:

> O bridd! O bridd! ystyria'n bridd [*sic*],
> Rhoi'r pridd mewn pridd i lechu;
> Ac erys pridd mewn pridd, nes bydd
> Y pridd o'r pridd yn codi.

Y mae'r ddau bennill yn rhan o draddodiad epitaffig sy'n atgoffa meidrolion o'u tarddiad – a'u diwedd – edaffig.[80] Diau fod Waldo, yn ystod y pum mis pan lethwyd ef gan weledigaeth batholegol 'O Bridd', wedi myfyrio ar destunau barddonol epitaffau'r gymdogaeth. Ar garreg Cas-mael cawn yr ymadrodd arddodiadol o Genesis; ac ar garreg Treamlod, y cyflwr cyfarchol sy'n ymddangos deirgwaith yng ngherdd Waldo. Defnyddiasai Waldo'r ymadrodd hwnnw mewn cyd-destun gobeithiol ym mis Mai 1939 wrth gloi'r gerdd 'Plentyn y Ddaear': 'Tosturi, O sêr, uwch ein pennau,/Amynedd, O bridd, dan ein traed' (*DP*, 68). Ym mis Mawrth neu'n gynnar ym mis Ebrill 1940, dewisodd agor y gerdd 'O Bridd' gyda'r un ymadrodd, ac y mae'n bur debyg fod arysgrifau edaffig y ddwy garreg fedd ym mhridd y Preseli yn rhan o gefndir y cyfarchiad yn ei gyd-destun newydd, pruddglwyfus. Cymwys, wrth gwrs, yw'r ffaith fod yr arysgrifau hyn i'w canfod ar feddau: cofnoda cerdd Waldo weledigaeth angheuol. Ond dylid ystyried natur feddargraffiadol y cerddi o bersbectif arall. Fel y pwysleisia Waldo yn y llythyr at Anna Wyn Jones, lluniwyd 'O Bridd' wedi i'r bardd *ymwrthod* â'r profiad a ddramateiddir ynddi – 'atgof mewn gwirionedd ydyw'. Ac felly gellir dweud mai beddargraff y weledigaeth ffobig honno yw 'O Bridd' ei hun – gweledigaeth a gladdwyd bellach ym mhridd y gorffennol. Gweithred epitaffig oedd llunio'r gerdd edaffig.

---

79. 'THE BELOVED WIFE OF/OWEN LLEWELIN, WHITE=/=LAYS IN THIS PARISH/ WHO DIED JUNE 10th 1836/AGED 61 YEARS.'
80. Gweler Henry Lewis, Thomas Roberts ac Ifor Williams (goln.), *Cywyddau Iolo Goch ac Eraill* (Caerdydd, 1937), 271–2; T. R. Roberts (gol.), *Lloffion o'r Mynwentydd: sef Casgliad o Feddergryff Cymreig o Waith Prif Feirdd Cymru* (Amlwch, 1883), 107; a J. T. Jones (gol.), *Ceiniau Hedd* (Dolgellau, 1930), 28 a 37. Gweler hefyd y ddau bennill a ddyfynnir gan Herbert Hughes yn *Barddas*, 271 (Chwefror/Mawrth 2003), 17.

Yn ei ysgrif enwog 'My First Acquaintance with Poets' (yr oedd Waldo yn bur gyfarwydd â hi – cyfeiria ati yn 'Brenhiniaeth a Brawdoliaeth'[81]), disgrifia William Hazlitt y profiad gweddnewidiol o wrando ar Coleridge yn adrodd rhai o gerddi'r *Lyrical Ballads* yn Alfoxden yn ystod gwanwyn 1798: 'the sense of a new style and a new spirit in poetry came over me. It had to me something of the effect that arises from the turning up of the fresh soil'.[82] Mor arwyddocaol yn achos Waldo yw delwedd Hazlitt: canlyniad y cyffro adfywiol a deimlodd Waldo wrth brofi therapi testun a thirwedd y *Lyrical Ballads* yn Alfoxden a Nether Stowey oedd amgyffrediad newydd o'r pridd fel cyfrwng sylfaenol ffres a maethlon – fel hwnnw yng nghyfarchiad J. M. Edwards i'r cae gwenith yn ei haelioni a'i grintachrwydd ymddangosiadol: 'Pan brinhaodd dy roddion, haelioni dy law,/A gwgu o'r ddaear yn ein cefnau,/Daeth gwawr y gwirionedd arnom, a gwybod/Ohonom mai'r pridd yw ein hunig gynhaliwr,/Ac ohono y daw'r aur na lygra'.[83] Ymhellach, gellir dweud i'r berthynas newydd â'r pridd adfer yr ymadrodd 'O Bridd' i Waldo Williams. Wedi iddo lunio'r epitaff a adwaenwn fel 'O Bridd', yr oedd yn bosibl iddo ddarganfod gwraidd ei fod 'yn y rhagluniaethol bridd', a chyfarch 'Pridd ac isbridd' y ddaear (Gwenallt biau'r ddau ymadrodd[84]) fel rhywbeth cynhaliol, adfywiol unwaith yn rhagor – a hynny mewn cyd-destun cellweirus hyd yn oed, fan arall: 'O bridd', medd Waldo wrth Anna Wyn Jones ym 1966, 'os cai afael ynddo dan y tyfiant. Mae ardd fawr hefyd, ac yn bridd da'. 'Pridd da': y mae'r geiriau'n arwydd o'r pellter seicolegol ac emosiynol a drafaeliwyd gan Waldo er cyfnod clawstroffobig 1939–40. Bid siŵr, ceir adlais nerfus o'r amser hwnnw, ac o'r gerdd 'O Bridd', yn llinell gyntaf yr englyn anghyhoeddedig, 'Bwlch-y-Ddwy-Sir', a luniodd Waldo yn yr un flwyddyn â'r llythyr at Anna Wyn Jones: 'Eiddot bridd rhonc yw'r goncwest ar y clom'.[85] Rhed rhyndod 1939–40 trwy'r llinell hon. A chawn yn y gerdd

81. Gweler *WWRh*, 307 a 388.
82. William Hazlitt, *Selected Writings*, gol. Jon Cook (Oxford, 1991), 223.
83. 'Y Cae Gwenith' (cerdd arall o'r 1940au); gweler *Cerddi'r Daith (1920–1953)* (Aberystwyth, 1954), 51–2.
84. Yn y gerdd 'Gwreiddiau', o'r gyfrol o'r un enw a gyhoeddwyd ym 1959; gweler Christine James (gol.), *Cerddi Gwenallt: Y Casgliad Cyflawn* (Llandysul, 2001), 195.
85. Dyma'r englyn yn ei gyfanrwydd fel y'i ceir yn y llawysgrif: 'Eiddot bridd rhonc yw'r goncwest ar y clom./Y muriau clyd gonest./Amau cof mae yma cest/Dŷ Fanny a'i dwy ffenest'. Yn ôl perchennog y llawysgrif, Vernon Beynon, fferm Y Cross, Llandysilio (fferm y ddau gae), rhoddodd Waldo yr englyn hwn i'w dad, John Beynon, ym 1966. Pwnc y gerdd yw'r tri chwarter erw ger fferm Y Cross lle y safai olion bwthyn Frances Morgan (bu farw 14 Mawrth 1907). Ceir portread ohoni gan ewythr Waldo, William 'Gwilamus' Williams, yn *Y Piwritan Newydd*, V, xlvi (15 Ebrill 1908), 50–1. Rwyf yn dra diolchgar i Vernon Beynon am dynnu fy sylw at yr englyn hwn.

fawr chwyrn 'Gwanwyn' (1946) weledigaeth wanwynol rybuddiol sy'n bygwth troi'n weledigaeth wenwynol: 'Allan o'r ddaear rwygedig wasgedig haen ei hegin hardd./. . . Allan o'ch gwydnwch at gyd-gnawd, llyngyr i'r mêr ac i'r ymennydd./. . . Mae'r gors yn ll[e]chian o draw i'w llyncu' (*DP*, 97).[86] Ond yn briodol, sicrhawyd gwaredigaeth 'O Bridd' gan gerdd epitaffig: englyn teyrnged James Nicholas, a gyhoeddwyd flwyddyn wedi marwolaeth Waldo. Cymharer llinellau cyntaf 'O Bridd' – 'Hir iawn, O Bridd, buost drech/Na'm llygaid; daeth diwedd hir iawn,/Mae dy flodau coch yn frech,/Mae dy flodau melyn yn grawn' (*DP*, 84) – â'r llinellau dathliadol hyn:

> O bridd! Ti roist wraidd i'w bren, – y rhuddin
> A roddaist i'w awen.
> Dduw hael, Ti roist ei ddeilen
> Inni byth yn wyrdd uwchben.[87]

Dyna bridd da sy'n porthi dail pren.

86. Cerdd arall anodd, hynod gywasgedig ei mynegiant; gweler cais manwl John FitzGerald ar ddadelfeniad: 'Trosiad a Delwedd', yn J. E. Caerwyn Williams (gol.), *Ysgrifau Beirniadol XV* (Dinbych, 1988), 223–45.

87. *Y Traethodydd*, CXXVI, 540 (Hydref 1971), 260; cynhwyswyd yn J. Eirian Davies (gol.), *Cerddi '72* (Llandysul, 1971), 128 ac yn James Nicholas, *Ffordd y Pererinion* (Llandysul, 2006), 77.

'Oherwydd ein Dyfod':
'Undod y Byd' a Chariad Cyfanfydol yng Ngwaith Waldo Williams

Alan Llwyd

Oherwydd ein dyfod i'r ystafell dawel,
Yn yr ogof ddiamser yr oedd,
A'n myned allan i fanfrig gwreiddiau
Ac i afalau perllannoedd;
A'n myned allan trwy'r wythïen dywyll
I oleuni yr aelwydydd
A mi'n dilyn y galon gynnes[,]
Seren fy nos a rhin fy nydd . . .

A chusan yn dychwel hyd bob seren
Eigion yr archipelágo,
A dwyfron yn adnewyddu daear
A dwy fraich yn gysgod y fro;
Oherwydd ein dyfod i'r tŷ cadarn
A'i lonydd yn sail i lawenydd ein serch
A dyfod y byd i'r dyfnder dedwydd
O amgylch sŵn troed fy eurferch.

(*DP*, 40)

Mae'r gerdd hon wedi peri cryn dipyn o benbleth i feirniaid a dehonglwyr gwaith Waldo Williams. Caiff ei hystyried yn un o'i gerddi mwyaf anodd. 'Y mae hon yn gerdd anodd dros ben, ac yr wyf yn tybio mai dyna pam y caniataodd Waldo Williams iddi ymddangos', meddai R. Geraint Gruffydd, gan ychwanegu fod 'ei hanhawster yn help i bellhau'r profiad a fynegir ynddi ac i bylu rhyfaint ar ei fin'.[1] 'Un o gerddi anhawsaf *Dail Pren*

---

1. R. Geraint Gruffydd, '"Oherwydd ein Dyfod": Cais ar Ddehongliad', *CMWW*, 133–4.

ydyw', meddai J. E. Caerwyn Williams yntau.[2] Ac un o'r pethau sydd wedi peri dryswch ynglŷn ag 'Oherwydd ein Dyfod' yw patrwm cystrawennol y gerdd. Y mae hi, yn ôl Geraint Gruffydd eto, 'yn gystrawennol anorffen' oherwydd mai 'cyfres o isgymalau a geir ynddi, heb yr un prif gymal o gwbl'.[3]

Mae'r beirniaid oll yn gytûn mai cân serch yw 'Oherwydd ein Dyfod'. 'Un o'r pethau syfrdanol am *Dail Pren* fel unig gyfrol bardd yw nad oes ynddi yr un gân serch (ac eithrio, o bosibl, "Oherwydd ein Dyfod")', meddai J. Gwyn Griffiths, ond gan nodi, ar yr un pryd, fod Waldo yn cyfeirio at Linda yn 'Tri Bardd o Sais a Lloegr'.[4] Wrth ddangos fel y mae'r ddelwedd o dŷ neu ystafell neu aelwyd yng nghanu Waldo yn 'gwthio'r muriau draw ymhell oddi wrth ei gilydd gan roi i'r fangre ehangder agored y ddaear ei hun',[5] noda Hugh Bevan nad 'diddosrwydd preifat a thwt sydd y tu hwnt i riniog ystafell y cariadon yn y gerdd "Oherwydd ein Dyfod" ond arwynebedd daear i'w dwrio ac i grwydro arno, i ymdeimlo â'i ysgog-iadau tywyll ac i gyfranogi o'i ffrwythlonder melys'.[6]

Cysylltir y gerdd gan Bobi Jones ag argyfwng mawr ym mywyd Waldo, a hefyd â cherdd arall am yr un argyfwng, sef y gerdd ddi-deitl 'Nid oes yng ngwreiddyn Bod un wywedigaeth'. Lluniwyd y gerdd ddi-deitl 'ar ôl marw'i wraig' yn ôl Bobi Jones, ac felly hefyd 'Oherwydd ein Dyfod'.[7] Ac mae'n adrodd hanesyn a glywodd o enau Waldo'i hun, gan gredu fod yr hanesyn yn gysylltiedig ag 'Oherwydd ein Dyfod':

> yr oedd Waldo wedi claddu'i wraig a'r baban, ac yn teithio i lawr o Afon-wen yn y trên i Gaerfyrddin. Yn gwmni iddo ar y daith yr oedd dau Bleidiwr (nas enwaf). Roedd eu gwragedd hwy wedi esgor yn llwyddiannus ar blant ychydig ynghynt. Ac yn anhydeiml (os yn naturiol), dyna'r cyfan oedd eu sgwrs yr holl ffordd yn y trên – rhyfeddod y plant bach. Parablent am eu teuluoedd yn ddi-baid. Ni allai Waldo yngan gair. Yswatiai'n dawel yn ei gornel. Daeth allan o'r trên yng Nghaerfyrddin yn friw ac yn isel ei ysbryd. Ac yna, yn sydyn, cafodd olwg ar dangnefedd buddugoliaeth cariad. Canfu lendid ei berthynas ef a Linda.[8]

---

2. J. E. Caerwyn Williams, 'Yng Nghysgod *Dail Pren*', *CDW*, 174.
3. Gruffydd, '"Oherwydd ein Dyfod": Cais ar Ddehongliad', 135.
4. J. Gwyn Griffiths, 'Waldo Williams: Bardd yr Heddychiaeth Heriol', *CMWW*, 191.
5. Hugh Bevan, 'Barddoniaeth y Cae Agored', *CMWW*, 256.
6. Ibid., 257.
7. R. M. Jones, *Cyfriniaeth Gymraeg* (Caerdydd, 1994), 245.
8. Ibid., 247.

'Tangnefedd buddugoliaeth cariad yw testun y gerdd', felly, yn ôl Bobi Jones, ac meddai i gloi:

> Beth bynnag a dybid am 'euogrwydd' a 'chyfrifoldeb', gellid deall, yn lle prif gymal a 'gollwyd' fel petai ar ddechrau'r gerdd megis 'bu hi farw', yr un mor gyfiawn y gallasai mai 'Rŷm yn fuddugoliaethus' neu rywbeth felly fyddai ergyd y cymal a fwriadol hepgorwyd.[9]

Ac eithrio Bobi Jones, dim ond dau o'n beirniaid a'n hysgolheigion sydd wedi trafod 'Oherwydd ein Dyfod' yn weddol fanwl, sef R. Geraint Gruffydd a J. E. Caerwyn Williams. Cydiodd R. Geraint Gruffydd yn y gair 'archipelágo' gan ddal mai yn y gair hwn y ceir yr allwedd i ddatod cloeon dyrys y gerdd:

> Gair yw hwn a ddefnyddiwyd gyntaf i ddisgrifio'r Môr Aegean a'i amryw benrhynnau ac ynysoedd, er y gall gyfeirio hefyd at unrhyw fôr ac ynddo lawer o ynysoedd – megis, er enghraifft, y môr o gwmpas Gwlad Llŷn, lle y bu'r bardd a'i wraig yn byw am gyfnod. Swyddogaeth y gair yn y gerdd, fe ymddengys i mi, yw cyfleu i'r darllenydd mai yn y byd Groegaidd y mae ceisio'r allwedd iddi, ac yn enwedig ym myd y mythau Groegaidd.[10]

Cysylltodd Dafydd Owen y ddelwedd o 'archipelágo' â Gwlad Llŷn yn ogystal: 'Y mae cusan ymddiriedaeth serch yn perffeithio popeth, ac yn dyrchafu pob môr ynysoedd, fel Môr Aegea Groegaidd, yr "archipelago", a'r môr a ylch draethau Llŷn, hyd y nef'.[11]

Mae R. Geraint Gruffydd, wedyn, gan ymhelaethu ar ei ddamcaniaeth, yn dweud 'nad benthyg yr un o'r mythau Groegaidd yn ei grynswth a wnaeth y bardd', ond, yn hytrach, 'fe greodd ei fyth ei hun, ac yna ddarganfod ei fod yn cyfateb mewn amryw fannau i rai o'r mythau Groegaidd cynefin'.[12] Er hynny, fe adleisir un myth yn arbennig:

> Y myth Groegaidd a adleisir gryfaf yma, efallai, yw stori Thesews ac Ariadne. Fe gofir mai Ariadne a alluogodd Thesews i ddianc o labrinth y Minotawros a hwylio ymaith gyda hi i Nacsos. I ŵr o'r

---

9. Ibid.
10. Gruffydd, '"Oherwydd ein Dyfod": Cais ar Ddehongliad', 134.
11. Dafydd Owen, *Dal Pridd y Dail Pren* (Llandybïe, 1972), 67.
12. Gruffydd, '"Oherwydd ein Dyfod": Cais ar Ddehongliad', 134.

hen fyd fe fyddai labrinth ac ogof yn awgrymu ar unwaith fynedfa
i deyrnas Hades a bro marwolaeth. Llun o labrinth Creta, trigfan y
Minotawros, a welodd Aeneas yn Cumae cyn mentro

> Drwy'r ogof gyda'r Sibil, ac i wlad
> Dis a'r cysgodion.

Fe all yr 'ogof ddiamser' gan hynny gynrychioli cyflwr o farweidd-
dra neu o led-fyw. O gyflwr felly y gwaredodd Linda'r bardd, a'i
arwain gyda'i 'chalon gynnes' (ymadrodd cwbl allweddol) i mewn i
fywyd dynol cyflawn.[13]

Ac meddai, wrth drafod yr ail bennill:

> Stori Thesews ac Ariadne, os cywir yr awgrym, a adleisir yn y pennill
> cyntaf. Yn yr ail bennill, gyda'i sôn am gusan yn uno wybren a
> môr, am ddwyfron yn adnewyddu daear a dwyfraich yn cysgodi
> bro, yr hyn a glywaf i yw adlais o straeon megis un Demeter a
> Perseffone. Fe gipiwyd Perseffone, merch y dduwies Demeter, i'r
> isfyd gan Hades i fod yn wraig iddo, ac fe beidiodd tyfiant y ddaear.
> Drwy daerineb Demeter, fodd bynnag, fe enillwyd Perseffone yn ôl
> o'r isfyd am hanner neu ddeuparth pob blwyddyn, ac fe adferwyd
> tyfiant i'r ddaear drachefn. Myth ffrwythlondeb yw hwn, ac wrth
> gwrs y mae cysylltiad hanfodol ym myd y mythau rhwng ffrwyth-
> londeb daear a ffrwythlondeb dyn.[14]

Mae'r gerdd hefyd, yn ôl Geraint Gruffydd, yn 'dathlu gogoniant y berthynas
rywiol rhwng gŵr a gwraig', a rhin y berthynas honno 'yn gorlifo i lesáu'r
gymdeithas gyfan'. Ond hyd yn oed ar ôl iddo ddehongli'r gerdd yng
ngoleuni'r mythau Groegaidd hyn, erys yr amwyster a'r anhawster: 'Naill
ai y mae'r bardd am gyfleu inni fod y llawenydd a ddug Linda iddo yn
anhraethadwy, yn rhywbeth na allai mo'i fynegi, neu y mae am awgrymu
fod ei dristwch oherwydd ei hymadawiad yn anhraethadwy hefyd'. Yn y
cyd-destun hwn y mae'n cysylltu'r gerdd â myth Groegaidd arall, sef stori
Orffews ac Ewridice, ac mae'n gofyn: 'Ai canlyniad eithaf dyfodiad y
bardd o'r "ogof ddiamser" yng nghwmni Linda oedd ei cholli hi a thorri ei
galon yntau?'. Fodd bynnag, mae Geraint Gruffydd yn pwysleisio mai
'fframwaith yn unig ar gyfer dehongliad a gynigir yma', ac ynglŷn â'i

13. Ibid., 134–5.
14. Ibid., 135.

awgrym fod yr 'ogof ddiamser' yn cynrychioli 'cyflwr o farweidd-dra neu o led-fyw', mae'n cydnabod, ar yr un pryd, 'nad hynny'n union a ddisgwylid o ystyried defnydd y bardd o'r geiriau hyn mewn cerddi eraill o'i waith'.[15]

Yn ôl J. E. Caerwyn Williams, ymestyniad o weledigaeth Waldo ynghylch cariad brawdol yw'r gerdd:

> Gan mai'r pennaf peth mewn bywyd i Waldo ydoedd iawn berth-
> ynas rhwng dyn a dyn, yr oedd iawn berthynas rhwng gŵr a gwraig
> o fewn rhwymyn priodas yn faen prawf i'w holl weledigaeth o
> fywyd, a chan i'w briodas ef a Linda fod yn llwyddiant perffaith, yr
> oedd y briodas honno, ei berthynas ef a hi, yn 'dirhau' ei weledig-
> aeth yn ogystal â bod yn *paradigm* i bob perthynas arall.[16]

Yn y gerdd, mae'r bardd yn dathlu fod 'pob bywyd yn un, bywyd natur yn ei manfrig gwreiddiau a'i [h]afalau perllannoedd, yn ei hundod â mater crai ac yn ei thrawsffurf ffrwythlon, a bywyd y creadur o'i ddechrau tywyll (anwar a chreulon) i'w ddiben golau mewn aelwydydd (gwâr a char-edig)'.[17] Â J. E. Caerwyn Williams rhagddo:

> Yn yr ogof ddiamser hon tywysir y bardd gan ei gariad a'i chalon
> gynnes megis i fyd newydd, byd natur a byd creadur newydd, lle y
> mae hi megis seren yn gweddnewid ei nos a megis rhin yn gwedd-
> newid ei ddydd. Ac yma mae'r byd megis yn cofleidio'r bardd drwy
> ei gariadferch ac ynddi oblegid nid ei chusan hi'n unig sydd
> mwyach ond cusan pob seren o eigion môr mawr cyntefig y ffurf-
> afen, ac nid ei dwyfron hi'n unig sydd mwyach, ac nid ei dwy-
> fraich chwaith, ond dwyfron y fam ddaear a'i dwyfraich, y naill yn
> adnewyddu'r ddaear dan ei draed a'r llall yn ei gwarchod uwch ei
> ben.[18]

Dehonglir 'Eigion yr archipelágo' gan J. E. Caerwyn Williams felly fel 'eigion môr mawr cyntefig y ffurfafen', fel y 'môr goleuni' yn 'Mewn Dau Gae', fe ellid tybied – ond ai dyna sydd yma?

Mae dehongliad R. Geraint Gruffydd yn ddehongliad craff ac athrylith-gar, ond caf fy mhoeni gan rai pethau yn ei gylch. I ddechrau, ni cheir cyfeiriadau o gwbl yng ngwaith Waldo at y mythau Groegaidd. Mae'n

---

15. Gweler ibid., 135–6.
16. Williams, 'Yng Nghysgod *Dail Pren*', *CDW*, 174.
17. Ibid., 175.
18. Ibid.

cyfeirio at lenyddiaeth Gymraeg yn fynych, ond mi dybiwn i fod mwy o adleisiau o farddoniaeth Saesneg, a mwy o gyfeirio at farddoniaeth Saesneg, yn ei waith nag o gloddio i unrhyw ffynhonnell lenyddol arall. Yn ail, mae'r 'ogof ddiamser' yn golygu rhywbeth penodol yng ngwaith Waldo, fel y cydnebydd R. Geraint Gruffydd ei hun, ac nid labrinth y Minotawros mo hwnnw. Y mae'r gair 'archipelágo', a ddefnyddiwyd yn wreiddiol i ddisgrifio'r Môr Aegeaidd, yn wir yn golygu môr a llawer o ynysoedd ynddo, ond ni cheir clwstwr o ynysoedd o'r fath oddi ar arfordir Gwlad Llŷn, dim ond dwy ynys fechan Sant Tudwal rhwng Abersoch a Chilan (arferai fy ewythr, brawd fy nhad, gadw defaid ar un ohonynt), ac Ynys Enlli gryn bellter i ffwrdd, gyferbyn ag Aberdaron. Byddwn yn fodlon derbyn fod y mythau Groegaidd yn rhyw fath o gefndir isleisiol, isymwybodol i'r gerdd, ond dim mwy na hynny. Ac adleisiau o farddoniaeth Saesneg a glywaf fi yn 'Oherwydd ein Dyfod', nid adleisiau o'r mythau Groegaidd.

Drwy'r gerdd mae yna fyd mewnol sy'n ymestyn at y byd allanol, a thywyllwch sy'n ymestyn am y goleuni. Mae'r 'ystafell dawel' yn fyd mewnol, byd preifat dau gariad, byd agosatrwydd dau. Dechreuir gyda chariad rhwng dau, a chymdeithas rhwng dau, sail pob cymuned a chymdeithas sy'n bod drwy'r byd i gyd, a thrwy amser i gyd. Yr oedd yr 'ystafell dawel' hon yn yr ogof unwaith, a honno'n ogof 'ddiamser'. Gellir cysylltu'r ddelwedd o 'ogof ddiamser' â'r ddelwedd o ogof a geir yn 'Cwmwl Haf':

> 'Durham', 'Devonia', 'Allendale' – dyna'u tai
> A'r un enw yw pob enw,
> Enw'r hen le a tharddle araf amser
> Yn yr ogof sy'n oleuach na'r awyr
> Ac yn y tŷ sydd allan ymhob tywydd.
>
> (*DP*, 48)

Fel y mae enwau'r tai yn 'Cwmwl Haf' yn dynodi 'Enw'r hen le a tharddle araf amser/Yn yr ogof', mae'r 'ystafell dawel' yn 'Oherwydd ein Dyfod' wedi ei lleoli yn yr 'ogof ddiamser', neu'n hytrach, y mae'n ymestyniad o'r ogof, yn ystafell yr oedd yr ogof yn gynsail iddi. Mae'r ogof, felly, yn symbol o '[d]arddle araf amser' ac o'r 'diamser'. Y mae ymadrodd '[t]arddle araf amser' yn dod â'r stori 'Llety Fforddolion' i'r meddwl. Yn honno mae cymeriad o'r enw Twmi'r Waun yn trafod un o ddamcaniaethau diweddaraf y gwyddonwyr ar y pryd:

> 'Glywsoch chi thiori diwetha'r gwyddonwyr, bois bach?' meddai.

Nid atebodd neb. Gwyddem yr âi Twmi yn ei flaen. 'Fel hyn mae', meddai gan godi o'r fainc a sefyll i fyny i'n hannerch. 'Mae llif amser yn arafu wrth fyned yn ei flaen.' Rhyfedd mor glasurol y siaradai Twmi wrth drafod pynciau fel hyn. 'Yn arafu, arafu o hyd. Hyd nes daw adeg pan beidia amser â llifo o gwbl. Ac wedi sefyll, nid amser a fydd mwyach ond – *dim*.'[19]

Yr ogof oedd y tŷ cyntaf, aelwyd gyntaf y ddynoliaeth. Yno y sefydlwyd yr uned deuluol ac yno y gwarchodid yr uned honno. Cysylltir y tai yn 'Cwmwl Haf' hefyd â'r 'hen le' sydd 'yn y tŷ sydd allan ymhob tywydd'. Dyma'r tŷ diamser sydd y tu ôl i bob tŷ presennol, y tŷ sydd allan ymhob tywydd (olyniaeth y tymhorau yn dynodi olyniaeth amser), y tŷ gwreiddiol, y preswylfod cynnar. Gellir cysylltu'r ddwy gerdd hyn â cherdd arall, 'Geneth Ifanc', a hyd yn oed â dwy o gerddi cynharaf Waldo, 'Cofio' a 'Tŷ Ddewi'. Yn 'Cofio' mae'n myfyrio ar yr annedd gyntefig, yr 'An[h]eddau bychain' a fu'n gwarchod ac yn cynnwys ieithoedd a diwylliannau sydd wedi hen ddiflannu bellach, ac yn gwarchod yr uned deuluol yn ogystal, oherwydd fe glywid yn yr anheddau hyn '[b]arabl plant bychain' yn ogystal â hoywder geiriau 'yng ngenau dynion', sef, bellach, 'Hen bethau anghofiedig teulu dyn' (*DP*, 78). O ran diddordeb, ceir ymdeimlad digon tebyg yn llyfr cyntaf *The Prelude* Wordsworth, bardd y byddaf yn sôn amdano fwy nag unwaith yng nghwrs y drafodaeth hon. Fel yr oedd Waldo yn dyheu am gael adnabod yr holl bethau anghofiedig hyn, ac yn dyheu am alw'r hen ieithoedd coll hyn a'u hen eiriau diflanedig yn ôl i gof a meddwl a chalon, felly hefyd Wordsworth wrth feddwl am y 'remembered names' yn y darn a ganlyn. Wrth fyfyrio, yn fardd ifanc, ar ddeunydd ei farddoniaeth yn y dyfodol ac wrth feddwl am rai themâu posibl, meddai:

> Time, place, and manners do I seek, and these
> Are found in plenteous store, but nowhere such
> As may be singled out with steady choice;
> No little band of yet remembered names
> Whom I, in perfect confidence, might hope
> To summon back from lonesome banishment,
> And make them dwellers in the hearts of men
> Now living, or to live in future years.[20]

---

19. *WWRh*, 63.
20. 1850, I, 158–65; William Wordsworth, *The Prelude: The Four Texts*, gol. Jonathan Wordsworth (Harmondsworth, 1995), 45. Daw pob dyfyniad o *The Prelude* o'r golygiad hwn.

Cofio am wareiddiadau cynnar a gollwyd ers canrifoedd a wneir yn 'Cofio', ac felly hefyd yn 'Geneth Ifanc':

Rhai'n trigo mewn heddwch oedd ei phobl,
Yn prynu cymorth daear â'u dawn.
Myfyrio dirgelwch geni a phriodi a marw,
Cadw rhwymau teulu dyn.

(DP, 23)

Mae'r 'tŷ cadarn' a'r 'ogof ddiamser' a geir yn 'Oherwydd ein Dyfod' i'w cael yn 'Geneth Ifanc' yn ogystal:

Dyfnach yno oedd yr wybren eang[,]
Glasach ei glas oherwydd hon.
Cadarnach y tŷ anweledig a diamser
Erddi hi ar y copâu hyn.

(DP, 23)

Esblygiad araf a graddol y gwareiddiadau cynnar hyn a esgorodd ar y gwerthoedd gwâr. Pan ddechreuodd dynion gydweithio â'i gilydd er budd y gymuned gyfan, a dysgu sut i gydgynaeafu cnydau a thrin y tir ar y cyd er lles yr holl gymdeithas, dechreuwyd sefydlu'r egwyddor o frawdgarwch. Mae pob brawdgarwch yn deillio o'r cyfnodau cynnar hyn. Yn union fel yr oedd pobl yr eneth ifanc yn 'prynu cymorth daear â'u dawn' ymhell bell yn y cynoesoedd, yr oedd y gymuned y magwyd Waldo ynddi, yn ôl 'Preseli', 'Yn ymgodymu â daear ac wybren ac yn cario/Ac yn estyn yr haul i'r plant, o'u plyg' (DP, 30). Y mae yma barhad, a chysylltiad rhwng gwerin ardaloedd y Preseli yn yr ugeinfed ganrif a'r llwyth yr oedd yr eneth ifanc yn perthyn iddo 2500 o flynyddoedd C.C. Yn yr awdl 'Tŷ Ddewi', ceir y pennill canlynol, sy'n sôn am 'y bywyd ni phaid', yr elfennau sylfaenol cynhaliol a digyfnewid hyn yn holl hanes y ddynoliaeth, ac mae'r llinellau hefyd yn cyfleu'r syniad fod pob hwsmonaeth yn porthi'r 'ddaear helaeth' yn ogystal â'r gymdogaeth fechan:

Y ffordd, y bywyd ni phaid[,]
Y gwirionedd gâr enaid
A phren y rhagorol ffrwyth,
A'r Hwsmon a'r iau esmwyth.
Ac yn y galon mae Ei hwsmonaeth
Ac Yntau'n aros ar gant ein hiraeth,

> Digon i gymydogaeth a digon
> I ieuo'r hilion trwy'r ddaear helaeth.
>
> (*DP*, 21)

Ac ym mhennill olaf un yr awdl ceir y llinellau hyn:

> Nos da, gymwynas Dewi,
> A'i dir nawdd. Dyro i ni,
> Yr un wedd, yr hen addaw
> A thŷ llwyth nid o waith llaw.
>
> (*DP*, 22)

Y 'tŷ llwyth' hwn yw'r cysgod o dŷ, yr egwyddor neu'r cynsail o dŷ fel petai, sydd y tu ôl i bob tŷ llythrennol, ac felly, nid tŷ gwirioneddol o bren a meini mohono, nid tŷ 'o waith llaw'.

Meddai Waldo yn 'Gyda ni y mae'r Drydedd Ffordd':

> y mae popeth yn fwy na'i ffin. Mae cwlwm i'r fro fel i'r teulu. Nerth cwlwm yr hen fro Gymreig oedd natur ei chymdeithas. Rhywle, o dan y cwbl, y mae delw cydraddoldeb yn dyfod o'r hen fywyd bugeiliol – y mwyaf 'diddosbarth' o bob dull o fyw, medd ysgolheigion; o'r hen gymhorthau amaethol a orfododd ein tywydd arnom; o'r hen etifeddu cyfartal Cymreig a dywalltodd gymaint o waed gynt mewn rhyfeloedd tywysogion; o golli ein dosbarth uchaf wedi iddo ymffurfio; o ysgogi'n gwlad gan y chwyldro diwydiannol y modd nid ysgogwyd nemor i wlad drwy'r byd a thaflu brawdoliaeth cefn gwlad i geisio'i thynged yn y cymoedd cul.[21]

Mae popeth, meddai, 'yn fwy na'i ffin', ac mae cysgod y gorffennol yn drwm ar bob presennol, hyd yn oed y gorffennol pell cynhanesyddol, er nad yw Waldo yma yn treiddio yn ôl ymhellach na 'delw cydraddoldeb . . . o'r hen fywyd bugeiliol' diddosbarth a welid ar gymdeithas 'yr hen fro Gymreig'. Ac y mae'r modd y cyfrannodd y tywydd at ffurfiant cymdeithas yma eto. Ond, wrth gwrs, ni weithiodd hanes o'n plaid yn gyfan gwbl. Y pwynt y mae Waldo yn ei wneud yma yw'r modd y mae'r gorffennol yn bwrw'i gysgod ar bopeth. Y mae natur gymdeithasol y Cymry (a'r natur honno yn sail brawdgarwch), yn ogystal â '[g]oleuni yr aelwydydd', yn deillio o gyfnod y Gododdin a chyfnod Gerallt Gymro o leiaf:

---

21. *WWRh*, 300.

Y ddawn gymdeithasol sydd gan y Cymry. Y drws agored, meddai Gerallt. Y noson lawen. A'r drws yn agor a'r golau'n dod allan: 'Lluch dor ar borffor bererin', meddai'r Gododdin, gan roi cip inni ar dras bell y noson lawen ac ar hanfod gwir gymdeithasol y canu Cymreig.[22]

Y tu ôl i bob tŷ gweladwy y mae yna dŷ anweledig. Y mae rhai pethau wedi aros yn ddigyfnewid drwy holl ganrifoedd bodolaeth dyn ar y ddaear, ac un o'r pethau hynny yw'r gynneddf i amddiffyn, i gynnal ac i barhau'r uned deuluol. Y mae'r uned deuluol wedyn, yng nghanu Waldo, yn grud ac yn graidd gwareiddiad.

Yn 'Cwmwl Haf' mae yna ddweud paradocsaidd:

> Ym mhob tywydd diogelwch oedd y tywydd.
> Caredigrwydd oedd y tŷ.
>
> (DP, 48)

Yr oedd yn rhaid i'r ddynoliaeth, o'r dechreuad, ei hamddiffyn ei hun rhag gerwinder yr elfennau, a hynny drwy chwilio am ddiogelwch mewn lloches neu breswylfod o ryw fath, fel ogof y dyn cyntefig. Dyna reddf dyn a dyna reddf anifail, chwilio am loches rhag y tywydd:

> Pan fo blin y drycinoedd, defaid gwâr
> A dyr am seintwar o'r stormus wyntoedd.
>
> (DP, 20)

fel y dywedir yn 'Tŷ Ddewi'. A defaid 'gwâr', sylwer. Dyna ddechreuad gwarineb, yr ymglosio yn yr ogof a'r ymwasgu i loches. Yr oedd gan yr elfennau, felly, ran anhepgor ac angenrheidiol yn y broses o greu aelwyd-ydd, ac yr oedd pob math o dywydd, hyd yn oed y stormydd mwyaf bygythiol a pheryglus, yn creu diogelwch. Ac yn y trigleoedd cynnar hyn yr oedd yr awydd i amddiffyn teulu yn troi'n garedigrwydd ac yn gariad. Nid yw'r ddynoliaeth wedi newid yn sylfaenol. Fel llwythau cyntefig y cynfyd, fel pobl yr eneth ifanc, 'Hil y gwynt a'r glaw a'r niwl a'r gelaets a'r grug' (DP, 30) oedd pobl Waldo yn ogystal. Mae byd mewnol, bychanfyd cyfyng, yr 'ystafell dawel' yn ymestyn yn ôl i fyd diamser yr ogof, canrif-oedd didor ò amser na ellir ei fesur yn ôl ein hunedau a'n rhaniadau ni o amser. 'Mi chwiliais a dymchwelyd/Mesurau bach amser byd', meddai Waldo eto yn 'Tŷ Ddewi' (DP, 19). Y tu ôl i'r 'ystafell dawel' y mae cysgod yr ogof gyntefig a'r tŷ anweledig.

---

22. Ibid.

Cododd dyn o'i ogof dywyll a dechreuodd adeiladu ei anheddau ar wyneb y ddaear yn hytrach nag oddi mewn i'r ddaear. Ymestynnodd at y goleuni yn llythrennol, a thrwy greu aelwydydd lle'r oedd cariad a charedigrwydd yn teyrnasu, daeth goleuni gras a goleuni Duw i mewn i'r aelwydydd hynny, a llifodd y goleuni croesawgar allan o'r tŷ wrth i'r drws gael ei agor. Ac yn yr ogof y dechreuodd hyn oll. Yr oedd yr ogof, felly, yn 'oleuach na'r awyr', gan mai ynddi hi y sefydlwyd yr egwyddor o deulugarwch, a'r teulugarwch hwnnw yn gynsail i ddyngarwch byd-eang. Ceisiais ddangos mewn ysgrif arall ar waith Waldo fel y mae'r syniad hwn o'r modd y mae tywyllwch yn wastad yn ymestyn at y goleuni yn thema gyson yng ngwaith y bardd.[23] Yr oedd mam Waldo, yn ôl ei gywydd iddi, yn iacháu'r gymdeithas gyfan â ffrwythau ei phren, ond yr oedd y pren hwnnw â'i 'wraidd dwfn yn y pridd du' (*DP*, 43); 'O'r ddaear ddu y nef a'u myn' meddai yn 'Eirlysiau' (*DP*, 52), a cheir yr un ddelwedd yn union yn 'Odidoced Brig y Cread':

> Odidoced brig y cread
> Wrth ei lawr a'n cleiog lwybr
> Lle mae gwreiddiau chwerw'r dyhead
> Sy'n blodeuo yn yr wybr.
>
> (*DP*, 82)

'Eithr fe gyfodes Iesu/O'r llwch a'i dywyllwch du', meddir eto yn 'Tŷ Ddewi' (*DP*, 13).

Ceir yr un ymsymud o dywyllwch at oleuni, ac o'r bychanfyd at yr ehangfyd, yn 'Oherwydd ein Dyfod'. Y mae yma ddau symudiad at y goleuni, mewn gwirionedd. Y mae'r symudiad cyntaf yn ymwneud â'r ogof. Drwy iddo symud o'r ogof isod i'r ddaear uchod, fe greodd dyn gymuned, cymdeithas a gwreiddiau, a'r gymuned wreiddiedig a gwareiddiedig honno yn cydweithio i ffrwythloni'r tir, yr 'afalau perllannoedd'. Fe symudwyd drwy 'wythïen dywyll' yr ogof – yr ogof fel gwythïen yn y ddaear – 'I oleuni yr aelwydydd' yn y pen draw. Uniaethir yr ystafell unigol yn y tŷ unigol â phob cartref arall. Ond mae symudiad arall yma yn ogystal, wrth i gariad dau ddod yn rhan o ffrwythlondeb y ddaear, ac o holl hanfod pethau. Mae'r cariad hwnnw yn treiddio i'r gwreiddiau mân (sydd fel clwstwr o frigau), ac yn codi o'r gwreiddiau wedyn nes cyrraedd y ffrwyth – yn symud, felly, o dywyllwch y gwreiddiau yn y ddaear at

23. Gweler Alan Llwyd, 'Waldo Williams: "O Bridd" Gyda Golwg ar Rai Cerddi Eraill', *Rhyfel a Gwrthryfel: Brwydr Moderniaeth a Beirdd Modern* (Cyhoeddiadau Barddas, 2003), 371–7

oleuni'r pren yn yr awyr, at yr haul. Clymir yr holl elfennau hyn ynghyd –
yr ystafell, y ddau gymar, ffrwyth y ddaear a'r aelwydydd goleuedig – drwy
ddefnyddio delweddau sy'n perthyn i'r corff: gwythïen, calon, a dwyfron a
breichiau yn yr ail bennill. Dyma undod sylfaenol a hanfodol popeth: yr
unigolyn yn un â'i gymar, yn un â'r ddaear, yn un â'r gymuned ac yn un â
Duw. 'Beth yw adnabod?', gofynna Waldo yn 'Pa Beth Yw Dyn?', gan ateb
mai 'Cael un gwraidd/Dan y canghennau' ydyw (*DP*, 67). Y '[m]anfrig
gwreiddiau' hyn sy'n cyrraedd y 'mawrfrig ymennydd' yn y pen draw, sef
meddwl Duw, y Meddwl Cosmig, yn ôl 'Mewn Dau Gae' (*DP*, 27).

Ym mhennill cyntaf 'Oherwydd ein Dyfod', felly, ceir tywyllwch yr
ogof a'r 'wythïen dywyll' a goleuni'r aelwydydd, a cheir nos a dydd, 'Seren
fy nos a rhin fy nydd . . .' – llinell, gyda llaw, sy'n dwyn i gof linell olaf
englyn George Rees, 'Cyfaill', englyn buddugol Eisteddfod Genedlaethol
Aberafan ym 1932:

> Rhed ei gariad i'w gerydd, – ni'm gwrthyd,
>   Ni'm gwerth yn dragywydd:
> Fy llyw da trwy f'holl dywydd,
> Lloer fy nos, lleuer fy nydd.[24]

Mae dwy linell gyntaf ail bennill 'Oherwydd ein Dyfod' wedi peri cryn
dipyn o benbleth i feirniaid. Pam 'archipelágo'? Delweddu sy'n deillio o
fyd gwyddoniaeth a daearyddiaeth, ac nid o fyd myth, a welaf fi yma. Sylwer
mai 'dychwel' yw'r ferf a ddefnyddir yma, nid 'cyrraedd' neu 'estyn': 'A
chusan yn cyrraedd hyd bob seren', dyweder. Mynd *yn ôl* at y sêr a wneir
yma, dychwelyd i'r bydysawd. Mae cusan y ddau gariad yn ymestyn
ymhellach yn ôl na chyfnod yr ogof gyntefig, hyd yn oed. Mae'n dirwyn
yn ôl i'r dechreuad, yn dychwelyd at y creu gwreiddiol. Ynysoedd folcanig
a olygir wrth y term 'archipelágo', a rhoi i'r gair ei ystyr fanylaf, ac mae
llosgfynyddoedd wedi cadw peth o ferw ffrwydrol y creu gwreiddiol.
Dyma gariad rhwng dau sy'n dirwyn yn ôl i'r dechreuad, ac yn ymestyn o'r
ystafell dawel i'r bydysawd. Mae cariad rhwng dau yn un â'r cariad cyfan-
fydol, cosmig, y grym uniaethus sydd y tu ôl i bopeth.

Cariad cyfanfydol, felly, yw thema 'Oherwydd ein Dyfod', a chariad
dau ynddi yn ymestyn o'r ystafell dawel nes cyrraedd yr hollfyd. Mae'r
gerdd yn dod â nifer o gerddi gan Shelley i'r meddwl. Yr oedd gan Shelley
weledigaeth gyffelyb i Waldo, sef gweledigaeth o undod cariadlon rhwng
popeth byw, rhwng nef a daear, rhwng dyn a dyn, a rhwng cariadon a'i

---

24. *Yr Awdl, y Bryddest, a Darnau Eraill, Buddugol yn Eisteddfod Genedlaethol Aberafan – Port Talbot* (Lerpwl, 1932), 73.

gilydd. Mae'r gerdd 'Love's Philosophy' yn debyg iawn i 'Oherwydd ein Dyfod' ar lawer ystyr:

> The Fountains mingle with the River
> And the Rivers with the Ocean,
> The winds of Heaven mix forever
> With a sweet emotion;
> Nothing in the world is single,
> All things by a law divine
> In one spirit meet and mingle.
> Why not I with thine? –
>
> See the mountains kiss high Heaven
> And the waves clasp one another;
> No sister-flower would be forgiven
> If it disdained its brother,
> And the sunlight clasps the earth
> And the moonbeams kiss the sea; –
> What is all this sweet work worth
> If thou kiss not me?[25]

'Nothing in the world is single' – yr undod cudd rhwng popeth, a dyna sydd gan Waldo yn 'Oherwydd ein Dyfod'. Ac yng ngherdd Shelley mae cusan y ddau gariad yn cyfateb i'r modd y mae pelydrau'r lleuad yn cusanu'r môr, un cusan yn asio'r bydysawd oll.

Fel y mae cusan y ddau yn cyrraedd y sêr, mae 'dwyfron' y ferch yn adnewyddu'r ddaear wedyn, a'i breichiau yn gadernid y fro. Mae pob genedigaeth newydd yn adnewyddu'r ddaear, ac mae pob cariad rhwng dau yn gynsail i frawdgarwch byd-eang. Cwlwm teuluol sy'n creu cwlwm bro, a chwlwm bro sy'n creu brawdoliaeth. Efallai fod yma adlais o fyth ffrwythlondeb, fel yr awgryma Geraint Gruffydd, ond os oes yna adlais o'r fath yma, nid rhaid ei gysylltu â'r mythau Groegaidd yn unig (yn enwedig o gofio, eto, nad yw Waldo yn cyfeirio at y mythau hyn yn ei ganu). Y mae myth ffrwythlondeb i'w gael mewn ieithoedd a diwylliannau eraill yn ogystal, gan gynnwys y Gymraeg. Ceir adlais o'r motîff mythaidd hwn yn chwedl Geraint fab Erbin yn Y Tair Rhamant. Meddai Bobi Jones:

> Yr hyn a wnaeth yr 'awdur', fe ymddengys, oedd cydio ym myth
> Sofraniaeth, y myth (diwinyddol) a ddathlai amddiffyn a chynnal

---

25. Percy Bysshe Shelley, *The Major Works*, goln. Zachary Leader a Michael O'Neill (Oxford, 2003), 446–7. Daw pob dyfyniad o farddoniaeth Shelley o'r golygiad hwn.

tiriogaeth, y myth a gysylltai'r arglwydd â'i dir, gan ei briodi megis, neu'i gymhwyso.[26]

Yn ôl y motîff hwn, adlewyrchid ffrwythlondeb y briodas rhwng arglwydd ac arglwyddes, neu frenin a brenhines, gan ffrwythlondeb y tir. A Bobi Jones ei hun yw'r bardd Cymraeg a wnaeth y defnydd helaethaf o fyth Sofraniaeth yn ei gerddi, ym mhumed caniad *Hunllef Arthur*, 'Geraint a'i Gariad', ac mewn rhai cerddi unigol. Ar ôl i Enid brofi ei ffyddlondeb i'w gŵr, ac ar ôl i'r ddau ailgymodi â'i gilydd ar ddiwedd 'Geraint a'i Gariad', adferir ffrwythlondeb y ddaear:

> Gwenodd Enid ar led ei thlysni gwawn:
> 'Rwy'n debyg iawn i fro lle'r elo'r haul
> Ar ôl ymddeol dros y gaeaf. Daw
> Â llonder led yr egin ac â siant
> I'r nant a walts i'r cerrig ar y gelltydd.
> Eraint, fy ffydd yw 'mod i'n afrad deg
> Wedi 'nghylch-droi gan union deyrn ei wlad.
> Gwrach oedd fy naear heb ddim fflur ar dwf
> Drwy 'mron na'm gwallt, hyd nes i ti'u mwynhau;
> Yn awr gorlifo 'rwyf o hufen serch
> Oherwydd teyrn a arch feddiannai 'nghôl.'[27]

Gan fod cariad rhwng dau yn rhan o batrwm ehangach, yn adlewyrchu'r cariad dwyfol ei hun ac yn cynrychioli'r undod cudd rhwng popeth o fewn y greadigaeth, y mae'r holl fyd yn gyfrannog o'r cariad hwnnw. Ac felly, yn nwy linell glo 'Oherwydd ein Dyfod', tynnir y byd i'r 'dyfnder dedwydd' rhwng dau. Ar lawer ystyr mae 'Oherwydd ein Dyfod' yn gymar i 'Mewn Dau Gae'. Fel y tynnir yr holl fyd i mewn i berthynas y ddau yn 'Oherwydd ein Dyfod' – 'A dyfod y byd i'r dyfnder dedwydd' – fe dynnir yr hollfyd i mewn i dawelwch y ddau gae, nes y ceir yno bellach undod brawdgarol rhwng holl bobloedd y byd:

> Nes dyfod o'r hollfyd weithiau i'r tawelwch
> Ac ar y ddau barc fe gerddai ei bobl,
> A thrwyddynt, rhyngddynt, amdanynt ymdaenai
> Awen yn codi o'r cudd, yn cydio'r cwbl . . .
>
> (*DP*, 26–7)

26. R. M. Jones, *Tair Rhamant Arthuraidd* (Caernarfon, 1998), 24.
27. V ('Geraint a'i Gariad'), 1583–93; Bobi Jones, *Hunllef Arthur* (Cyhoeddiadau Barddas, 1986), 58.

Y mae 'Awen' gwaith Waldo yn perthyn yn bur agos i 'Ysbryd' anfarwol y Rhamantwyr, 'Wisdom and Spirit of the Universe' Wordsworth a 'Spirit' creadigol ac adnewyddol Shelley. Yr Ysbryd hwn sy'n uno pobl yn gymdeithas, fel cymdeithas y ddau gae, yn *The Prelude* Wordsworth:

> Dust as we are, the immortal spirit grows
> Like harmony in music; there is a dark
> Inscrutable workmanship that reconciles
> Discordant elements, makes them cling together
> In one society.
>
> (*The Prelude*, 1850, I, 340–4)

Mae pennill cyntaf 'Oherwydd ein Dyfod' yn symud o'r ystafell unigol yn ôl at yr ogof gyntefig, ac wedyn yn ymgodi o'r ddaear drwy'r mân wreiddiau a thrwy'r 'wythïen dywyll' nes cyrraedd perllannoedd ac aelwydydd; ac fe godir wedyn o'r ddaear at y bydysawd, at 'Seren fy nos'. Arhosir gyda'r ddelwedd o seren ar ddechrau'r ail bennill, ond mae'r seren unigol bellach wedi ymuno â holl sêr y bydysawd. Symudir o'r bydysawd yn ôl at y ddaear wedyn – yr holl ddaear, fel petai, y byd i gyd; ac o'r holl ddaear yn ôl at y fro unigol, ac o'r fro yn ôl at y tŷ. Ac yn y ddwy linell olaf, daw'r holl fyd yn ôl i'r tŷ hwnnw, ac yn ôl at gariad dau. Y mae'r un symudiad ar waith yn 'Mewn Dau Gae'.

Mae'r gerdd, felly, yn cloi gyda'r byd yn ymgasglu o amgylch sŵn troed yr eurferch. Mae'r berthynas rhwng dau yn tynnu gweddill y byd at y berthynas honno. Ceir diweddglo tebyg mewn dwy gerdd arall gan Waldo, 'Tri Bardd o Sais a Lloegr' a 'Cwmwl Haf'. Fel y mae'r byd yn dod 'i'r dyfnder dedwydd/O amgylch sŵn troed' Linda yn 'Oherwydd ein Dyfod', y mae adar a dail yn canu o gylch Linda yn 'Tri Bardd o Sais a Lloegr':

> A'th adar cerdd a dail y coed
> Yn canu o gylch fy Linda lon,
> Cydganu â mi amdani hi
> Yn dwyn y fraint o dan y fron.
>
> Megis pan gyfyd haul ar fryn
> Ac estyn obry rodd ei wres
> A rhoi ei baladr gloyw trwy'r glyn
> A phuro'r tarth a pheri'r tes.
>
> (*DP*, 47)

Fel yr oedd cariad y ddau yn 'Oherwydd ein Dyfod' yn rhan o 'fanfrig gwreiddiau' ac 'afalau perllannoedd', yma y mae adar a dail yn rhan o'r berthynas, ac maent yn gyfrannog o orfoledd y cariad hwnnw. Unir y cyfan yma: cariad dau, yr adar a dail y coed, grym adnewyddol yr haul a ffrwythlondeb y ddaear. Mae'r llinell 'Yn dwyn y fraint o dan y fron' yn awgrymu beichiogrwydd, ffrwythlondeb y corff benywaidd, ac mae beichiogrwydd y ferch eto, fel y ddwyfron sy'n 'adnewyddu daear' yn 'Oherwydd ein Dyfod', yn un ag egni creadigol ac adnewyddol yr haul sy'n '[p]uro'r tarth a pheri'r tes'. Ceir syniad tebyg gan Shelley yn 'The Sensitive Plant'. Mae'r hollfyd yn ymgasglu o gwmpas traed y 'Lady' sy'n gofalu am yr ardd, ac mae'r blodau hwythau yn gorfoleddu wrth glywed sŵn ei throed:

> A Lady, the wonder of her kind . . .
>
> Tended the garden from morn to even:
> And the meteors of that sublunar Heaven,
> Like the lamps of the air when night walks forth,
> Laughed round her footsteps up from the Earth! . . .
>
> I doubt not the flowers of that garden sweet
> Rejoiced in the sound of her gentle feet;
> I doubt not they felt the spirit that came
> From her glowing fingers through all their frame.
>
> ('The Sensitive Plant', Part Second,
> llau. 5, 9–12, 29–32)

Ceir diweddglo tebyg eto yn 'Cwmwl Haf', ond o gwmpas traed y fam y mae daear newydd a nefoedd newydd yn ymagor y tro hwn:

> Ac O, cyn cyrraedd drws y cefn
> Sŵn adeiladu daear newydd a nefoedd newydd
> Ar lawr y gegin oedd clocs mam i mi.
>
> (*DP*, 49)

Fel yr ogof yn yr ail linell, cerdd yn y diamser yw 'Oherwydd ein Dyfod'. Dyna pam nad oes iddi brif gymal na'r un ferf sy'n dynodi amser pendant, penodol, ac eithrio 'yr oedd' yn yr ail linell, sy'n cyfeirio at yr ogof gyntefig, cartref cyntaf y ddynoliaeth. Berfenwau yn unig a geir yn y gerdd: 'dyfod' (deirgwaith), 'myned' (ddwywaith), 'dilyn', 'dychwel' ac 'adnewyddu'. Mae'r gerdd yn sôn am yr hyn a fu erioed, yr hyn sydd, a'r hyn a fydd yn parhau am byth. Mae'n gerdd sy'n sôn am yr amser a geir trwy'r amseroedd, y tymhorol o fewn y tragwyddol. Meddai Waldo yn 'Tŷ Ddewi':

> Mae amser trwy'r amseroedd
> A'i rin gêl yr un ag oedd.
>
> (*DP*, 17)

Efallai fod 'Nid oes yng ngwreiddyn Bod . . .' yn rhyw fath o farwnad i Linda, fel yr awgryma Bobi Jones, ond gwyddai Waldo mai plant amser ydoedd ef a Linda, ac yn hytrach na beio Duw a melltithio'r Drefn am ddwyn Linda oddi arno, dathlu'r ffaith iddo gael y fraint o'i hadnabod unwaith a wnâi'r bardd. Ac i Waldo, nid oedd ei gariad at Linda yn rhyw-beth a oedd yn bodoli mewn gwagle nac yn bod ar wahân i bawb a phopeth arall. Yr oedd yn rhan o'r cariad mawr cyfanfydol. Efallai fod y dail neu'r blodau yn gwywo, ond gwywo i aildyfu a wnânt:

> Nid oes yng ngwreiddyn Bod un wywedigaeth[,]
> Yno mae'n rhuddin yn parhau.
> Yno mae'r dewrder sy'n dynerwch
> Bywyd pob bywyd brau.
>
> (*DP*, 64)

Dyna oedd athroniaeth sylfaenol Shelley yntau, sef y gred fod cariad, harddwch a daioni yn anfarwol ac yn ddigyfnewid. Ni feidrolion, gyda'n 'bywyd brau', sy'n gwywo ac yn darfod; ni yw'r bywydau brau o fewn y rhuddin sy'n parhau:

> That garden sweet, that lady fair,
> And all sweet shapes and odours there,
> In truth have never passed away:
> 'Tis we, 'tis ours, are changed; not they.
>
> For love, and beauty, and delight,
> There is no death nor change . . .
>
> ('The Sensitive Plant', Conclusion, llau. 17–22)

meddai Shelley eto. Ceir yr un athroniaeth yn *Adonais*, ei gerdd fawr er cof am Keats. Mae syniadau Shelley a Waldo yn gorgyffwrdd â'i gilydd yn aml. Yn *Adonais* mynegir yr athroniaeth fod popeth darfodedig yn deillio o'r Ysbryd digyfnewid, tragwyddol. Meddai am Keats:

> He is a portion of the loveliness
> Which once he made more lovely: he doth bear
> His part . . .
>
> (*Adonais*, llau. 379–81)

Cyfrannu at yr harddwch a oedd eisoes yn bod a wnaeth Keats. Gwnaeth yr harddwch hwnnw yn harddach fyth. Cymharer â phennill olaf 'Geneth Ifanc' eto:

> Dyfnach yno oedd yr wybren eang[,]
> Glasach ei glas oherwydd hon.
> Cadarnach y tŷ anweledig a diamser
> Erddi hi ar y copâu hyn.
>
> (*DP*, 23)

Gwnaeth yr eneth ifanc hithau yr wybren a oedd eisoes yn las yn lasach, a gwnaeth y tŷ a oedd eisoes yn gadarn yn gadarnach. Ac mae'r 'tŷ anweledig a diamser' a 'gwreiddyn Bod' yn cynrychioli'r gwerthoedd sylfaenol, tragwyddol na ellir eu diddymu fyth. Meddai Shelley yn *Adonais*:

> The splendours of the firmament of time
> May be eclipsed, but are extinguished not;
> Like stars to their appointed height they climb,
> And death is a low mist which cannot blot
> The brightness it may veil.
>
> (*Adonais*, llau. 388–92)

Dyma'r gwreiddyn Bod nad oes ynddo'r un wywedigaeth eto, yr wybren eang na ellir ei chymylu ond dros dro. Enwir nifer o feirdd gan Shelley yn y pennill sy'n dilyn y pennill y dyfynnir ohono uchod – Chatterton, Sidney a Lucan, 'The inheritors of unfulfilled renown' – a cheir eraill, beirdd y mae eu goleuni yn parhau a'u hanfarwoldeb yn sicr:

> And many more, whose names on Earth are dark
> But whose transmitted effluence cannot die
> So long as fire outlives the parent spark,
> Rose, robed in dazzling immortality.
>
> (*Adonais*, llau. 406–9)

Y llinell ddiddorol yma yw 'So long as fire outlives the parent spark'. Dyma'r gwreichionyn cyntaf, y tân gwreiddiol y mae pob tân arall yn deillio ohono, ac yn barhad ohono. Dyna'n union yr hyn sydd gan Waldo yn 'Preseli':

> A'm llawr o'r Witwg i'r Wern ac i lawr i'r Efail
> Lle tasgodd y gwreichion sydd yn hŷn na harn.
>
> (*DP*, 30)

Mae'r gwreichion hyn, sydd yn hŷn na'r gwreichion sy'n codi o 'harn' yr Efail, eto yn mynd â ni yn ôl i'r ogof gyntefig, ac i Oes y Cerrig ymhell cyn cyrraedd Oes yr Haearn, pan ddysgodd dyn sut i gynhyrchu gwreichion a chynnau tân drwy rygnu dwy garreg yn erbyn ei gilydd. O gylch y tân y byddai'r teulu neu aelodau o'r llwyth yn ymgynnull, a dyna gynsail yr aelwyd mewn cyfnodau diweddarach, mwy gwareiddiedig. Bu'r efail wledig gynt yn fan ymgynnull, yn ganolfan gymdeithasol bro – ymgynnull o gwmpas y tân unwaith yn rhagor – ond yn yr oesoedd cyntefig y sefydlwyd yr arferiad hwnnw. Gwreichion y cerrig callestr a rygnid yn erbyn ei gilydd oedd rhagflaenwyr pell y tân ar yr aelwyd, ac mae'r gwreichion dechreuol hyn y tu ôl i bob tân arall, fel y mae'r ogof y tu ôl i bob tŷ, ac undod y teulu cyntefig y tu ôl i bob brawdgarwch. Yr oedd tân, fel y tywydd, yn allweddol yn y broses o greu aelwydydd a chartrefi.

I Shelley, fel i Waldo, nid oedd gwreiddyn Bod yn gwywo byth na'r goleuni yn darfod:

> The One remains, the many change and pass;
> Heaven's light forever shines, Earth's shadows fly;
> Life, like a dome of many-coloured glass,
> Stains the white radiance of Eternity . . .
>
> (*Adonais*, llau. 460–3)

Y tu mewn i'r goleuni hwn y mae popeth yn gweithio ac yn symud, ac o fewn gwe bodolaeth, o fewn 'rhwydwaith dirgel Duw' a'r '[g]yflawn we' (*DP*, 79), os mynner, y mae popeth yn un:

> That Light whose smile kindles the Universe,
> That Beauty in which all things work and move,
> That Benediction which the eclipsing Curse
> Of birth can quench not, that sustaining Love
> Which through the web of being blindly wove

By man and beast and earth and air and sea,
Burns bright or dim, as each are mirrors of
The fire for which all thirst . . .

(*Adonais*, llau. 478–85)

Mae'n rhaid oedi gyda'r Rhamantwyr am eiliad yma. Y rhain – Blake, Wordsworth, Shelley, Keats, Coleridge – oedd beirdd mawr Waldo. At y rhain y cyfeiriai fynychaf, ac y mae ôl eu darllen yn drwm ar ei waith. Y mae cerddi fel 'Mewn Dau Gae' ac 'Oherwydd ein Dyfod', dwy gerdd debyg ar lawer ystyr, yn llawn o'r meddylfryd Rhamantaidd ynghylch 'undod y byd' ac ynghylch grym y dychymyg i lwytho gwrthrychau cyffredin ag arwyddocâd ysbrydol a goruwchnaturiol, fel modd i dreiddio at yr undod cudd oddi mewn i'r holl greadigaeth. Drwy rym y dychymyg yn unig y gellir treiddio at yr undod sylfaenol hwn rhwng pethau. Meddai René Wellek am Wordsworth:

> He takes up rhetorical ideas about the effect of poetry but extends and amplifies them into a theory of the social effect of literature, binding society in a spirit of love. But he also adopts, in order to meet the exigencies of his mystical experiences, a theory of poetry in which imagination holds the central place as a power of unification and ultimate insight into the unity of the world.[28]

Mae'n rhaid i'r dychymyg fod yn agored-effro i dderbyn yr arwyddion cudd oddi mewn i olygfeydd ac mewn gwrthrychau cyffredin, a dim ond trwy i'r dychymyg ymagor a dihuno y gellir treiddio at yr undod sydd o fewn y bydysawd. Dyna arwyddocâd y ddwy linell hyn yn 'Mewn Dau Gae':

> Pwy sydd yn galw pan fo'r dychymyg yn dihuno?
> Cyfod, cerdd, dawnsia, wele'r bydysawd.

(*DP*, 26)

Gyda deffroad y dychymyg y daw'r datguddiad. Yn nhrydydd llyfr *The Prelude* mae Wordsworth yn sôn amdano'i hun, yn fyfyriwr ifanc yng Nghaer-grawnt, yn hamddena ac yn mwynhau cymdeithasu gyda'i gyd-fyfyrwyr yn hytrach na chanolbwyntio ar ei briod swyddogaeth mewn bywyd, sef barddoni. 'Imagination slept' (*The Prelude*, 1850, III, 260),

28. René Wellek, 'Varieties of Imagination in Wordsworth', yn John Spencer Hill (gol.), *The Romantic Imagination* (London, 1977), 164.

meddai am y cyfnod hwnnw, a chan fod y dychymyg yn huno, nid oedd modd iddo dreiddio at yr undod cudd yn y cread. Ac eto, fe wyddai ei fod yn wahanol i'w gyd-fyfyrwyr:

> What independent solaces were mine,
> To mitigate the injurious sway of place
> Or circumstance, how far soever changed
> In youth, or *to* be changed in manhood's prime . . .
> As if awakened, summoned, roused, constrained,
> I looked for universal things . . .
> (*The Prelude*, 1850, III, 101–4, 108–9)

'As if awakened, summoned, roused, constrained,/I looked for universal things': 'Pwy sydd yn galw pan fo'r dychymyg yn dihuno?/Cyfod, cerdd, dawnsia, wele'r bydysawd' (*DP*, 26). Heb gymorth y dychymyg, ni allai'r cariad ysbrydol sy'n llenwi'r cread weithredu na bodoli, yn ôl Wordsworth. Grym y dychymyg sy'n ein galluogi i gael mewnolwg glir i galon pethau, gan ein harwain o dywyllwch ac aneglurder (y 'tir tywyll' yn 'Mewn Dau Gae' a'r 'wythïen dywyll' yn 'Oherwydd ein Dyfod') at y goleuni. Yn llyfr olaf *The Prelude*, sef y caniad sy'n cofnodi taith Wordsworth i ben Yr Wyddfa gyda chydymaith a thywysydd, ceir disgrifiad sy'n hynod o debyg i'r delweddu a geir yn 'Oherwydd ein Dyfod', wrth i'r bardd geisio cyfleu'r modd y mae'r dychymyg yn ei arwain o dywyllwch at oleuni, sef y ddelwedd o ddilyn nant fechan o dywyllwch ogof i olau dydd:

> This spiritual Love acts not nor can exist
> Without Imagination, which, in truth,
> Is but another name for absolute power
> And clearest insight, amplitude of mind,
> And Reason in her most exalted mood.
> This faculty hath been the feeding source
> Of our long labour: we have traced the stream
> From the blind cavern whence is faintly heard
> Its natal murmur; followed it to light
> And open day . . .
> (*The Prelude*, 1850, XIV, 188–97)

'Pwy sydd yn galw pan fo'r dychymyg yn dihuno?', gofynna Waldo. Duw sy'n galw, wrth gwrs. Yn ôl William Blake, Duw yn gweithredu oddi mewn i enaid dyn yw'r dychymyg. Rhoddai Blake gymaint â hynny o

bwysigrwydd i'r dychymyg. Mae pob gweithred greadigol y mae'r dych-
ymyg yn gyfrifol amdani, felly, yn weithred ddwyfol, a'r dychymyg ei hun,
o'r herwydd, yn ddychymyg dwyfol. Mae'r dychymyg yn ei hanfod yn rym
creadigol. Dychymyg Duw a greodd y byd, ac mae dychymyg creadigol
dyn yn adlewyrchiad o'r Dychymyg Mawr ei hun, yn gysgod ac yn gyfran
ohono. Mae Waldo ei hun yn sôn am y dychymyg dwyfol hwn yn y
datganiad a draddododd o flaen Tribiwnlys Gwrthwynebwyr Cydwybodol
De Cymru ar 12 Chwefror 1942. 'I believe all men to be brothers and to be
humble partakers of the Divine Imagination that brought forth the
world', meddai.[29] Gweledigaeth ddwyfol, felly, oedd gweledigaeth y bardd
yn ôl Blake: 'One Power alone makes a Poet: Imagination, the Divine
Vision'.[30] Yr oedd gweledigaeth ddwyfol y bardd, eto yn ôl Blake, yn
weledigaeth ysbrydol a throsgynnol yn ei hanfod. Dyma'r weledigaeth sy'n
galluogi'r bardd i weld y tragwyddol yn y tymhorol a'r ysbrydol yn y
daearol, a dyna arwyddocâd y pennill enwog:

> To see a world in a grain of sand
> And a heaven in a wild flower,
> Hold infinity in the palm of your hand
> And eternity in an hour.[31]

Dyna rym trosgynnol y dychymyg.

Gan mai Duw sy'n llywio holl weithgarwch y dychymyg dynol, mae'n
dilyn yn naturiol fod tosturi Duw ar waith oddi mewn i'r dychymyg
hwnnw. Drwy i'r unigolyn fod yn rhan o bopeth o fewn creadigaeth Duw,
y mae'n gallu ymuniaethu â phopeth, a thrwy wneud hynny, gall gydym-
deimlo â phopeth a thosturio wrth bopeth. Yn ôl Wordsworth, y mae'r
undod hwn rhwng yr unigolyn a'r cread yn undod a wreiddiwyd ynom
oddi ar ein plentyndod, a'r agosrwydd hwn rhwng dyn a natur sy'n esgor
ar dosturi:

> Along his infant veins are interfused
> The gravitation and the filial bond
> Of nature that connect him with the world.
> Is there a flower, to which he points with hand

---

29. *WWRh*, 292.
30. 'Annotations to "Poems" by William Wordsworth'; Geoffrey Keynes (gol.), *Blake: Com-
plete Writings* (Oxford, 1992), 782.
31. 'Auguries of Innocence', llau. 1–4; W. H. Stevenson (gol.), *Blake: The Complete Poems*, ail
argraffiad (London, 1989), 589. Daw pob dyfyniad o farddoniaeth Blake o'r golygiad hwn.

Too weak to gather it, already love
Drawn from love's purest earthly fount for him
Hath beautified that flower; already shades
Of pity cast from inward tenderness
Do fall around him upon aught that bears
Unsightly marks of violence or harm.
Emphatically such a Being lives,
Frail creature as he is, helpless as frail,
An inmate of this active universe.
For feeling has to him imparted power
That through the growing faculties of sense
Doth like an agent of the one great Mind
Create, creator and receiver both,
Working but in alliance with the works
Which it beholds. – Such, verily, is the first
Poetic spirit of our human life . . .

(*The Prelude*, 1850, II, 242–61)

Drwy fod yn un â phopeth byw, drwy fod yn rhan o holl undod y cread, y mae'r unigolyn yn meithrin cydymdeimlad â phopeth byw, 'the great social principle of life/Coercing all things into sympathy' (*The Prelude*, 1850, II, 389–90). Ceir dweud tebyg yn wythfed llyfr *The Prelude*, sef bod dyn, drwy fod yn un â'r holl greadigaeth, yn ymuniaethu â phopeth oddi mewn i'r greadigaeth honno, ac yn meithrin cydymdeimlad â phopeth byw o'r herwydd:

recal[l],
My Song! those high emotions which thy voice
Has heretofore made known; that bursting forth
Of sympathy, inspiring and inspired,
When everywhere a vital pulse was felt,
And all the several frames of things, like stars,
Through every magnitude distinguishable,
Shone mutually indebted, or half lost
Each in the other's blaze, a galaxy
Of life and glory. In the midst stood Man,
Outwardly, inwardly contemplated,
As, of all visible natures, crown, though born
Of dust . . .

(*The Prelude*, 1850, VIII, 476–88)

Yn 'Auguries of Innocence', dengys Blake fel y mae anafu un o greaduriaid y byd yn gyfystyr ag anafu'r hollfyd, a rhwygo'r nef hyd yn oed:

> A robin redbreast in a cage
> Puts all Heaven in a rage . . .
> A horse misused upon the road
> Calls to Heaven for human blood.
> Each outcry of the hunted hare
> A fibre from the brain does tear.
> A skylark wounded in the wing,
> A cherubim does cease to sing.
>
> ('Auguries of Innocence',
> llau. 5–6, 11–16)

Ar y llaw arall, gall diniweidrwydd, daioni a thosturi drechu uffern a marwolaeth, grymoedd y tywyllwch:

> A dove-house filled with doves and pigeons
> Shudders Hell through all its regions . . .
> He who respects the infant's faith
> Triumphs over hell and death.
>
> ('Auguries of Innocence',
> llau. 7–8, 89–90)

Cymharer â Waldo, yn 'Cyfeillach':

> Mae'r ysbryd yn gwau yn ddi-stŵr
> A'r nerthoedd, er cryfed eu hach,
> Yn crynu pan welont ŵr
> Yn rhoi rhuban i eneth fach
> I gofio'r bugeiliaid llwyd
> A'u cred yn yr angel gwyn.
>
> (*DP*, 72)

Drwy'r dychymyg, a thrwy lygaid y dychymyg, y gellir canfod yr undod cudd yn y cread. Nid gweledigaeth i lygaid o gnawd mohoni, ac mae'r un gân sy'n uno pob llais yn y byd, fel yr 'un llef pedwar llais' yn 'Preseli' (*DP*, 30), yn gân anhyglyw i'r glust gyffredin. Y mae Wordsworth yn y darn canlynol yn sôn amdano'i hun yn llencyn dwy ar bymtheg oed (ychydig yn hŷn na Waldo pan gafodd y weledigaeth honno o frawdgarwch dynion yn y bwlch rhwng y ddau gae):

I, at this time,
Saw blessings spread around me like a sea.
Thus while the days flew by, and years passed on,
From Nature and her overflowing soul
I had received so much, that all my thoughts
Were steeped in feeling; I was only then
Contented, when with bliss ineffable
I felt the sentiment of Being spread
O'er all that moves and all that seemeth still;
O'er all that, lost beyond the reach of thought
And human knowledge, to the human eye
Invisible, yet liveth to the heart;
O'er all that leaps and runs, and shouts and sings,
Or beats the gladsome air; o'er all that glides
Beneath the wave, yea, in the wave itself,
And mighty depth of waters. Wonder not
If high the transport, great the joy I felt,
Communing in this sort through earth and heaven
With every form of creature, as it looked
Towards the Uncreated with a countenance
Of adoration, with an eye of love.
One song they sang, and it was audible,
Most audible, then, when the fleshly ear,
O'ercome by humblest prelude of that strain,
Forgot her functions, and slept undisturbed.
                        (*The Prelude*, 1850, II, 394–418)

Y mae dyn, felly, yn ôl Wordsworth, yn un â'r cread, yn un â natur ac yn un â'r bydysawd:

I was as sensitive as waters are
To the sky's influence in a kindred mood
Of passion; was obedient as a lute
That waits upon the touches of the wind.
                        (*The Prelude*, 1850, III, 139–42)

Mae'n rhaid inni gofio nad dyfais farddonol mo'r dychymyg hwn i'r Rhamantwyr. Yr oedd y cip a gaent ar undod y byd allanol drwy gyfrwng y dychymyg yn gwbl real iddynt, yr un mor real â'r weledigaeth a ddaeth i ran Waldo yn y bwlch rhwng y ddau gae. Ac fel y bu i Waldo ganfod patrwm ehangach brawdoliaeth yn y modd yr oedd pobl gyffredin ei gynefin yn trin y tir ar y cyd ac yn cynnal cymdogaeth dda, ymhlith y bobl gyffredin y canfu Wordsworth yntau garedigrwydd a chariad brawd-garol, wrth i'w werin-bobl yntau gyflawni'r tasgau yr oedd Natur wedi eu gosod ger eu bron:

> For me, when my affections first were led
> From kindred, friends, and playmates, to partake
> Love for the human creature's absolute self,
> That noticeable kindliness of heart
> Sprang out of fountains, there abounding most
> Where sovereign Nature dictated the tasks
> And occupations which her beauty adorned,
> And Shepherds were the men that pleased me first . . .
> (*The Prelude*, 1850, VIII, 121–8)

Fel y nodwyd, cerdd sy'n ymgrogi yn y 'diamser' yw 'Oherwydd ein Dyfod'. Nid oes strwythur cystrawennol ystyrlon iddi gan nad cerdd sy'n perthyn i fyd amser nac i fyd y rheswm mohoni. Mae'n gerdd heb ddechrau na diwedd – cerdd ac iddi ryw fath o ganol yn unig, oherwydd nad oes na dechrau na diwedd i'r undod cudd rhwng popeth o fewn y bydysawd, nac i gariad Duw ar y ddaear. Oherwydd ein dyfod i'r byd hwn yr ydym yn dod yn rhan o bopeth a fu erioed ac a fydd byth. Mae'n broses ddiddarfod. Fel sawl un o gerddi Waldo, mae 'Oherwydd ein Dyfod' yn gerdd am y berthynas sydd rhyngom a'n hynafiaid (preswylwyr cynnar yr ogofâu ac amaethwyr cyntaf y ddynoliaeth), y berthynas sydd rhyngom a'n gilydd (Waldo a Linda), y berthynas sydd rhyngom a daear a bro (y ddwyfron sy'n adnewyddu'r ddaear a'r ddwy fraich sy'n gadernid i'r fro), ein perthynas â'r byd ac â'r bydysawd, ac, yn y pen draw, ein perthynas â Duw. 'Pa wyrth hen eu perthynas?', gofynna'r bardd am y grug a'r graig yn 'Y Tŵr a'r Graig'. Y mae perthynas gadarn rhwng y grug a'r graig – 'Y grug a dyf wrth graig dal' (*DP*, 35) – perthynas ddigon tebyg i honno rhwng y friallen a'r graig yng ngherdd Wordsworth, 'The Primrose of the Rock':

> What hideous warfare hath been waged,
>   What kingdoms overthrown,
> Since first I spied that Primrose-tuft
>   And marked it for my own;
> A lasting link in Nature's chain
>   From highest heaven let down!

> The flowers, still faithful to the stems,
>   Their fellowship renew;
> The stems are faithful to the root,
>   That worketh out of view;
> And to the rock the root adheres
>   In every fibre true.[32]

Meddai Waldo yn 'Y Tŵr a'r Graig':

> A'r grug hardd a'r garreg hon
> Gydia'r dewr gyda'r dirion
> A dal yn yr anwel did
> Hen wedd yr hedd a rhyddid.
> (*DP*, 37)

Yr 'anwel did', 'A lasting link in Nature's chain/. . . That worketh out of view': dyma'r undod cudd yn y cread eto a'r gydberthynas rhwng popeth ar y ddaear. Ac mae grym y graig a'r blodau yng ngherdd Wordsworth yn rym sy'n drech na holl ryfeloedd a mân freniniaethau dynion. Ac yn ôl Waldo, mae trefn gynhenid ddaionus natur yn aros yn ddigyfnewid drwy oesoedd gormesol dyn:

> Gostwng a fydd ar gastell,
> A daw cwymp ciwdodau caeth,
> A hydref ymerodraeth . . .
> Deryn cerdd[,] dyro naw cân
> I gadlas o hen goedlan –
> Corsen frau'n crasu'n y fro
> Yw y tŵr, cyn y torro . . .
> Awyr, cân. O ddaear[,] cwyd
> Y fyddin lân ddifaner
> Is sicr wyliadwriaeth sêr,
> Ymhell uwch rhyddid fy mhau
> A lli'r haul a'r lloer olau:
> Nerth bywyd pob tud, pob tâl,
> Tawel foes yr oes risial.
> (*DP*, 39)

---

32. Thomas Hutchinson ac Ernest de Selincourt (goln.), *Wordsworth: Poetical Works* (Oxford, 1990), 179.

A dyna ni'n ôl yn y cynoesoedd, 'yr oes risial', unwaith yn rhagor. Ac fel y mae perthynas rhwng y grug a'r graig yn 'Y Tŵr a'r Graig', felly hefyd y ceir perthynas rhyngom ni sy'n byw yn y presennol a'n hynafiaid pell:

> Y llinach nobl – pobl eu pau,
> Na rusir yn yr oesau,
> Dan wrysg pob canrif ddifarw,
> Yn wraidd gwydn yn y pridd garw.
> Hynafiaid! a'u rhaid a'u rhan,
> Eu crefft wych, eu crofft fechan,
> Eu gwaith hir, eu gwythi iach,
> Cur rhent eu herwau crintach.
>   (*DP*, 35)

Mae'r gerdd fechan, gynnil, gynhwysfawr hon, 'Oherwydd ein Dyfod', yn dweud llawer mwy nag y gall y llinellau eu hunain fyth ei gynnal na'i gyfleu. Mae'n ymddangos fel cerdd anorffenedig, ond ei phwnc sy'n anorffenedig; mae'r gerdd ei hun yn gwbl orffenedig. Mae hi hefyd yn un o gerddi mwyaf gwefreiddiol Waldo Williams.

'Geneth Ifanc': Rhai Sylwadau

R. Geraint Gruffydd

Ymddangosodd y gerdd 'Geneth Ifanc' gyntaf yn *Dail Pren* (1956). Ffynhonnell fersiwn y llyfr printiedig yw copi yn llaw'r bardd ei hun a ysgrifennodd o'i gof ar gyfer J. Gwyn Griffiths a'i wraig Kate Bosse-Griffiths, pan oeddynt hwy wrthi'n paratoi drafft cyntaf y casgliad a ymddangosodd o'r diwedd fel *Dail Pren*.[1] Nid oes unrhyw wahaniaeth rhwng fersiwn 'terfynol' y llawysgrif a'r fersiwn printiedig, ond bod mwy o atalnodau yn yr un printiedig (ychwanegais innau goma ar ddiwedd y drydedd linell ar ddeg):[2]

> Geneth ifanc oedd yr ysgerbwd carreg.
> Bob tro o'r newydd mae hi'n fy nal.
> Ganrif am bob blwydd o'm hoedran
> I'w chynefin af yn ôl.
>
> Rhai'n trigo mewn heddwch oedd ei phobl,
> Yn prynu cymorth daear â'u dawn.
> Myfyrio dirgelwch geni a phriodi a marw,
> Cadw rhwymau teulu dyn.
>
> Rhoesant hi'n gynnar yn ei chwrcwd oesol.
> Deuddeg tro yn y Croeso Mai
> Yna'r cydymaith tywyll a'i cafodd.
> Ni bu ei llais yn y mynydd mwy.
>
> Dyfnach yno oedd yr wybren eang,
> Glasach ei glas oherwydd hon.

---

1. Llsgr. LlGC 23706C. Dymunaf ddiolch i Dafydd Ifans am ei help gyda'r llawysgrif hon. Yn ogystal, cefais help wrth lunio'r nodyn hwn gan Rosamund Cleal, T. Arwyn Evans, Robin Griffith, Trefor M. Owen, Eirlys Roberts, Ian Salmon ac yn enwedig Eluned Richards, nith i Waldo Williams.
2. Ar y copi llawysgrif, gweler J. Gwyn Griffiths, 'Dail Pren: Y Cysodiad Cyntaf', *Taliesin*, 103 (Hydref 1998), 42–60, yn arbennig 50–3.

Cadarnach y tŷ anweledig a diamser
Erddi hi ar y copâu hyn.
(*DP*, 23)

Y mae hon, yn fy marn i, yn un o gerddi mawr Waldo Williams, ac fe'i trafodwyd yn helaeth gan feirniaid mwy treiddgar na mi.[3] Y cwbl yr hoffwn ei wneud yma yw sylwi ychydig ar ei ffurf, amgylchiadau ei chyfansoddi, a'r weledigaeth gyffredinol sy'n ei hydreiddio.

Y mae'n deg tybio i'r gerdd gael ei chyfansoddi yn lled fuan wedi i'r bardd symud o'i swydd fel athro ysgol uwchradd yn Kimbolton, Sir Huntingdon, i swydd arall fel athro ysgol gynradd yn Lyneham, Wiltshire, yn ddiweddar yn y flwyddyn 1946; arhosodd yn Lyneham tan fis Rhagfyr 1948, pan ddychwelodd i Gymru.[4] Fe fentrwn i felly roi'r dyddiad 1947 wrth odre'r gerdd yn *Dail Pren*. Y mae hynny'n golygu bod y bardd eisoes, yng nghymelri ei ing personol wedi iddo golli ei wraig, wedi ymwrthod â llyfnder telynegol ei ganu cynnar a mabwysiadu'r afreoleidd-dra cyhyrog a nodweddai ei ganu aeddfed; tebyg mai'r trobwynt, fel y gwelodd Saunders Lewis, oedd y gerdd ysgytwol 'Y Plant Marw' (1944).[5] Yn 'Geneth Ifanc', fel y gwelir, y mae'r bardd yn ymarfer â rhyddid go fawr parthed hyd ei linellau – amrywiant o saith sillaf (llinell 4) i dair sillaf ar ddeg (llinell 15) – ac y mae'n ymwrthod ag odl ddiweddol gan ddefnyddio yn ei lle broest (Mai/mwy, hon/hyn) neu led-broest ([d]al/ôl, dawn/dyn) rhwng ail a phedwaredd linell pob pennill. Mewn sgwrs ddadlennol â Bobi Jones, y mae'r bardd yn amddiffyn y nodwedd olaf hon,[6] ond nid oedd raid iddo mewn gwirionedd, gan fod yr argraff o gload a rydd y ddyfais yn gwrthgyferbynnu'n berffaith â'r rhyddid a arferir o ran hyd y llinellau. Ond y mae'n bur sicr mai greddfol yn hytrach nag ymenyddol oedd y dull a ddefnyddiodd i ddatrys ei broblem fydryddol yn y modd hwn.

Soniwyd eisoes fod y bardd wedi colli ei wraig cyn iddo symud i Loegr. Bu farw Linda (Linda Llewellyn cyn priodi) y cyntaf o Fehefin 1943 yn

3. Gweler, er enghraifft, Dafydd Owen, *Dal Pridd y Dail Pren* (Llandybïe, 1972), 51–2; James Nicholas, *Waldo Williams* (Cardiff, 1975), 9–11; Alun Llywelyn-Williams, 'Waldo Williams', *CDW*, 103; J. E. Caerwyn Williams, 'Yng Nghysgod *Dail Pren*', *CDW*, 151; T. Llew Jones, 'Waldo', *CMWW*, 21; J. Gwyn Griffiths, 'Waldo Williams: Bardd yr Heddychiaeth Heriol', *CMWW*, 191; a Robert Rhys, '"Cadarnach y Tŷ": Waldo Williams, 1904–71', *Taliesin*, 123 (Gaeaf 2004), 36–42.

4. Trowbridge, Wiltshire County Record Office, F8/500/181/1/3: 'Log Book of the Lyneham C.E. School' (1924–61), 53, 160. Nid oes wybodaeth bellach am 'Mr W. G. Williams' yn y Llyfr Lòg ar wahân i'r ffaith iddo fod yn absennol oherwydd salwch rhwng 25 Chwefror a 17 Mawrth 1947.

5. Gweler Saunders Lewis, '*Dail Pren*', *CMWW*, 266.

6. *WWRh*, 94–5.

Ysbyty Dewi Sant, Bangor; achos ei diwedd yn ôl ei thystysgrif marwolaeth oedd 'T.B.[,] Peritonitis'. Buasai hi a Waldo yn briod am ychydig dros ddwy flynedd, ac yr oedd eu priodas yn un hynod ddedwydd; y mae lle i gredu eu bod yn disgwyl eu plentyn cyntaf pan glafychodd Linda. Wedi iddi farw, fe lethwyd Waldo gan dristwch a hiraeth, er na chwerwodd ddim, yn ôl tystiolaeth drawiadol Syr Thomas Parry.[7] Fe arhosodd am flwyddyn ar staff Ysgol Ramadeg Botwnnog, a oedd wedi bod yn lloches iddo ef a Linda er Mawrth 1942, ac yna, ym mis Gorffennaf 1944, fe ymadawodd, ac ni wn i ddim beth a wnâi yn ystod y chwe mis nesaf. Ar 1 Chwefror 1945 fe ymunodd, fel athro Lladin, â staff Ysgol Uwchradd Kimbolton yn Swydd Huntingdon, ryw ddwy filltir ar hugain i'r gorllewin o Gaer-grawnt. Bu yno hyd ddechrau mis Tachwedd 1946 pan symudodd i Ysgol Gynradd Lyneham yn Wiltshire – ysgol eglwysig, gyda llaw. Hoffai Waldo Wiltshire: yr oedd yn nes i Gymru na Swydd Huntingdon, ac yr oedd i'r sir nifer mawr o henebion cynhanesyddol a fyddai'n sicr o danio ei ddychymyg, gan gynnwys y triawd rhyfeddol Avebury, Silbury Hill a Stonehenge. Yr oedd yn hysbys er 1923 fod Cerrig Gleision Stonehenge wedi'u cludo yno o Fynydd Preseli,[8] ac ni all na fyddai'r ffaith hon wedi creu argraff ar feddwl Waldo. Nid oedd Avebury ond rhyw ddeng milltir o Lyneham, ac mae tystiolaeth i Waldo dreulio oriau yno yn myfyrio ymhlith y cylchoedd meini mawreddog a 'ddarganfuwyd' gan y Cymro John Aubrey ym 1648.[9] Rhwng 1924 a 1949 yr oedd Sgotyn amryddawn a chefnog o'r enw Alexander Keiller wedi bod yn cloddio yn Avebury ac yn y safle Neolithig cyfagos ar Windmill Hill; sefydlodd amgueddfa yn Avebury lle y gellid arddangos ac egluro'r pethau a ddôi i'r golwg ar y ddau safle.[10] Un peth a arddangoswyd oedd ysgerbwd plentyn a ddatgloddiwyd o glawdd allanol y pentref ar Windmill Hill, a phan welodd Waldo ef dywedwyd wrtho mai ysgerbwd merch ieuanc ddeuddeg oed ydoedd, a'i fod yn dyddio i tua 2500 C.C. Y mae'r ysgerbwd i'w weld yn yr Amgueddfa yn Avebury o hyd, ond y farn erbyn hyn yw mai rhyw bedair neu bum mlwydd oed oedd y plentyn pan fu farw, ac na ellir dweud yn bendant ai bachgen ynteu geneth ydoedd; fe'i dyddir bellach i tua 3000 C.C. O safbwynt y gerdd yr ydym yn ei thrafod y mae'r farn ddiweddarach hon, wrth reswm, yn gwbl amherthnasol.

7. Thomas Parry, 'Barddoniaeth Waldo Williams', *CMWW*, 271.
8. Gweler H. H. Thomas, 'The Source of the Stones of Stonehenge', *Antiquaries Journal*, 3 (1923), 239–60, a Stuart Piggott, *The Neolithic Cultures of the British Isles* (Cambridge, 1954), 409.
9. Pennar Davies, 'A'r Brwyn yn Hollti', *CMWW*, 187.
10. Isobel Foster Smith, *Windmill Hill and Avebury: Excavations by Alexander Keiller, 1925–1939* (Oxford, 1965), yn arbennig 136–40.

Fel y mae sawl beirniad wedi egluro'n barod,[11] fe gafodd gweld ysgerbwd y ferch ddeuddeg oed, fel y tybid ar y pryd, effaith ddofn ar Waldo. Daliai i alaru am Linda, ond am golled gynharach y câi ei atgoffa'n benodol gan yr ysgerbwd. Yr oedd yn un o bump o blant – tair merch a dau fachgen – a'r hynaf ohonynt oedd ei chwaer Morvydd. Yr oedd Morvydd yn ferch gwbl eithriadol o alluog, a hi'n amlwg oedd arweinydd y cwmni. Arferai'r plant dawnus hyn ymarfer cyfansoddi barddoniaeth gyda'i gilydd – yn Saesneg, wrth reswm, gan mai dyna oedd iaith y teulu. (Tybed nad dyma'r 'criw dringwyr' ar eu 'rhaffau cerdd' yn y gerdd enigmatig 'Cwmwl Haf'?) Morvydd a ddywedodd wrth y Waldo ifanc: 'Your poetry won't be any good until you get rid of your adjectives'.[12] Yr oedd ei cholli 15 Mawrth 1915, a hithau'n tynnu at ei phen-blwydd yn dair ar ddeg oed, yn ergyd anaele i'r teulu, ac yn arbennig i'w brawd. Yr ergyd hwn a deimlodd drachefn wrth syllu ar yr ysgerbwd crwm yn Amgueddfa Avebury. Ond prin y gellir amau na theimlai'r un pryd ergyd arall, nes ato o lawer: yr ergyd o golli Linda – 'Fy nawdd yn fy nau addef', fel y tystiodd yn ei gywydd coffa cynnil ond dyfnddwys iddi.[13]

Ym mhennill cyntaf 'Geneth Ifanc' y mae'r bardd yn cofnodi'n syml yr argraff a wnaeth yr ysgerbwd carreg arno – 'carreg' naill ai am fod yr esgyrn yn ymddangos fel pe baent wedi caregu, neu er mwyn awgrymu'r cysylltiad ag Oes Newydd y Cerrig. Yr oedd gweld yr ysgerbwd yn ei feddiannu – ei '[dd]al' – bob tro y gwelai ef. Yna y mae'n olrhain y broses o ddychwelyd yn ei ddychymyg i gynefin yr ysgerbwd, 'Ganrif am bob blwydd o'm hoedran'. Yr oedd Waldo'n dair a deugain oed ym 1947, ac felly âi'n ôl dair canrif a deugain, hyd at 2353 C.C., sy'n ddigon agos at 'Tua 2500 C.C.' y nodyn ar y gerdd yn *Dail Pren*.

Wedi cyrraedd cynefin yr ysgerbwd carreg, y mae'r bardd yn dychmygu sut fyd oedd hwnnw. Yma y mae diddordeb mawr Waldo mewn anthropoleg yn ei amlygu'i hun. Tra oedd yng Ngholeg Prifysgol Cymru, Aberystwyth yn ystod y 1920au yr oedd yr Adran Ddaearyddiaeth ac Anthropoleg yn ffynnu dan arweiniad yr Athro H. J. Fleure – er na wyddys i Waldo ddilyn yr un cwrs yn yr Adran yn ffurfiol.[14] Yn ystod ei flwyddyn gyntaf cyhoeddodd pedwar o raddedigion yr Adran lyfryn – *Gyda'r Wawr: Braslun o Hanes Cymru'r Oesoedd Cyntefig* – ac y mae'n fwy na thebyg i Waldo ei ddarllen; o leiaf, y mae'r ymadrodd 'chwedlau cain'[15] a geir ynddo yn ailymddangos

11. Gweler nodyn 3 uchod.
12. Nicholas, *Waldo Williams*, 9.
13. J. E. Caerwyn Williams (gol.), *Cerddi Waldo Williams* (Y Drenewydd, 1992), 43.
14. Gweler E. G. Bowen *et al.* (goln.), *Geography at Aberystwyth* (Cardiff, 1968), xix–xxxvi.
15. I. R. Dudlyke *et al.*, *Gyda'r Wawr: Braslun o Hanes Cymru'r Oesoedd Cyntefig* (Wrecsam, 1923), 58.

yn y gerdd dra arwyddocaol 'Cofio' (a orddibrisiwyd yn ddirfawr yn ddiweddar, yn fy marn i) yn y flwyddyn 1931. Meddai Waldo ar y ddawn i ymfudo drwy ei ddychymyg i'r oesoedd cynnar ac i ymuniaethu â'r bobloedd yno. Tueddai hefyd i weld yn yr oesoedd cynnar yr hyn y dyheai am ei weld yn ei oes a'i gymdeithas ef ei hun: pobl yn byw'n heddychlon â'i gilydd, yn cydamaethu (peth newydd yn y cyfnod Neolithig), yn meddwl yn greadigol am ddirgelion byw a bod. Câi ryw gymaint o gefnogaeth i'w syniadau yng ngwaith anthropolegwyr fel William James Perry (1868–1949), Grafton Elliot Smith (1871–1937) ac Arthur Maurice Hocart (1884–1939); y mae'n cyfeirio at y tri ohonynt yn ei ysgrifeniadau.[16] O'r tri, Perry oedd yr un mwyaf cydnaws o ddigon o safbwynt Waldo: yn ei lyfr *The Growth of Civilization* (1924), y mae'n cyfeirio at 'a Golden Age of Peace' cyn dyfod rhyfelwyr yr Oes Efydd.[17] Y mae'n sicr fod cyfnodau mwy heddychol na'i gilydd yng nghynhanes dyn, ac fe geir rhai anthropolegwyr o hyd yn dadlau bod parhad hir i rai o'r cyfnodau hyn: er enghraifft, fe genfydd Marija Gimbutas Hen Ewrop heddychol (a benywaidd) cyn i'r Indo-Ewropeaid o'r Dwyrain ddangos eu dannedd (mae'n sobr meddwl mai iddynt hwy yr ydym ni'n perthyn fel Cymry!).[18] Erbyn hyn, fodd bynnag, y mae anthropolegwyr at ei gilydd wedi hen ymwrthod â'r syniad o Oes Aur heddychol gynhanesyddol. Yng ngeiriau gofalus Alasdair Whittle:

> interpersonal violence of various kinds was presumably endemic in both hunter-gatherer and agricultural societies.[19]

Y mae cnwd o lyfrau diweddar ar ryfela cyntefig wedi profi'r pwynt y tu hwnt i bob amheuaeth resymol.[20] Yr un pryd, yr oedd gan Waldo'r adeg honno sail ddigonol dros gredu bod dynion unwaith wedi gallu cyd-fyw'n heddychol ar y ddaear – ystad y canfu adlais ohoni ym 'Mhreseli cu' ei fachgendod – ac yr oedd y gred honno'n dra phwysig iddo'n ddeallusol ac

---

16. *WWRh*, 308, 316 (ynghyd â nodiadau arnynt, 388, 390). Ceir teyrngedau i'r tri yn *Man*, 37 (1937), 51–3 (Smith); 39 (1939), 131, 146 (Hocart); a 50 (1950), 6–7 (Perry).

17. W. J. Perry, *The Growth of Civilization* (London, 1924), 193.

18. Ceir crynodeb o syniadau'r Athro Gimbutas yn ei phennod 'Old Europe in the Fifth Millennium B.C.' yn Edgar C. Polomé (gol.), *The Indo-Europeans in the Fourth and Third Millennia* (Ann Arbor, MI, 1982), 1–60.

19. Alasdair Whittle, 'Different Kinds of History', yn W. G. Runciman (gol.), *The Origin of Human Social Institutions* (Oxford, 2001), 44.

20. Gweler yn arbennig H. H. Turney-High, *Primitive War: Its Practice and Concepts* (Columbia, SC, 1971); L. H. Keeley, *War Before Civilization* (New York, 1996); John Carman ac Anthony Harding (goln.), *Ancient Warfare: Archaeological Perspectives* (Stroud, 1999).

yn emosiynol. Yn ail bennill 'Geneth Ifanc', y mae'r gred yn ei alluogi nid yn unig i ddelfrydu'r gymdeithas ar Windmill Hill (y darganfuwyd ymhlith ei holion, gyda llaw, dros drigain o bennau saethau callestr a cherrig, er nad oes llawer o dystiolaeth fod hela'n bwysig o safbwynt cynhaliaeth y gymdeithas),[21] ond hefyd i ailgonsurio awyrgylch y cartref ym Mynachlogddu, pan oedd Morvydd o hyd yn ei oleuo â'i hathrylith a'i hasbri.

Yn y trydydd pennill y mae'r bardd yn dyfalu sut y cyfarfu'r ferch – fel y tybiai – a gynrychiolir gan yr ysgerbwd carreg â'i diwedd a sut y'i rhoddwyd yn 'ei chwrcwd oesol'.[22] Syniai fod blynyddoedd y gymuned yn cael eu rhifo gan seremonïau croesawu'r haf ar ddechrau Mai (megis yng Ngŵyl Belltaine y Celtiaid yn ddiweddarach). Deuddeg tro'n unig y cafodd y ferch a ddaeth yn ysgerbwd Avebury gymryd rhan yn y seremonïau hyn; wedyn fe'i hawliwyd gan angau, a elwir gan y bardd '[y] cydymaith tywyll' (y syniad yw fod angau yn bresenoldeb bygythiol yn ymwybod dyn drwy gydol ei oes). Nid oes raid imi bwysleisio arwyddocâd y ffaith mai rhwng deuddeg a thair ar ddeg oed oedd y ferch yn marw, sef yr union oed y bu farw Morvydd. Fel y distawodd llais y ferch ar Windmill Hill, felly y distawodd llais Morvydd ar lethrau'r Preseli.

Eithr ni fynnai Waldo nad oedd yr 'eneth ifanc', fel Morvydd, wedi gadael ei hôl parhaol er gwell ar ei chymdeithas. Ffordd drosiadol o ddweud hynny oedd mynnu bod yr wybren yn ehangach ac yn lasach oherwydd iddi hi fyw: yr oedd ei phresenoldeb yn peri i'w chyd-ddynion weld y byd allanol mewn goleuni gwahanol a gwell. Cyfeiria Waldo at gadernid 'y tŷ anweledig a diamser'. Symbol o warineb a chlydwch, yn aml mewn amgylchiadau anffafriol, yw'r 'tŷ' i Waldo, ac yr oedd y ferch wedi peri bod y gymuned ar Windmill Hill, a chymunedau tebyg ar hyd y bryniau cyfagos, yn lleoedd mwy gwâr a chlyd oherwydd iddi hi fyw. Dyna hefyd a fynnai ei ddweud am Forvydd, fel y cofiai amdani draean canrif ynghynt.

Y mae un peth pellach i'w ddweud am y pennill olaf. Yr wyf yn tybio fy mod yn clywed ynddo eco gweddol eglur o gân serch gan y bardd o Sais, A. S. J. Tessimond, a fu farw ym 1962 heb lwyr gyflawni'r addewid yr oedd wedi'i hamlygu. (Bu'r arlunydd Ceri Richards a'i wraig, gyda llaw, yn gyfeillion triw iddo.) Y mae pennill olaf cerdd Tessimond, 'First Meeting (to Diane)', yn agor fel a ganlyn:

And the air was softer and the sounds were sharper
And colours were brighter and the sky was higher

21. Smith, *Windmill Hill and Avebury*, 103–8, 117, 145.
22. Gweler y ffotograff o'r ysgerbwd yn James Nicholas (gol.), *Bro a Bywyd Waldo Williams* (Cyhoeddiadau Barddas, 1996), 52.

And length was not measured by milestones and time was
not measured by clocks . . .[23]

Tybed a ddigwyddodd Waldo ddarllen y gerdd a gweld yn y llinellau hyn
awgrym sut y gallai yntau ddweud yr hyn a fynnai am yr ysgerbwd ar
Windmill Hill ac am y chwaer a gollasai'n ieuanc? Os felly, gan mai llinellau
o gân serch yw'r rhain, anodd meddwl nad oedd Linda hefyd yn bresennol
yn ei feddwl wrth iddo gyfansoddi'r gerdd. Trodd yr ysgerbwd yn Amgueddfa
Avebury, felly, yn symbol o golled ddwbl iddo, a'i alluogi – drwy wrth-
rychu'r golled honno a'i phellhau oddi wrtho i ryw raddau[24] – i ganu cerdd
o ddyfnder a dwyster anghyffredin.

23. Hubert Nicholson (gol.), *The Collected Poems of A. S. J. Tessimond* (Reading, 1985), 127.
Cyhoeddwyd y gerdd gyntaf yn John Lehmann (gol.), *The Penguin New Writing*, 21
(1944), 99–100.
24. Gweler sylwadau hynod awgrymog Norah Isaac yn 'Neuadd Fawr Rhwng Cyfyng Furiau',
CMWW, 76.

Waldo Williams:
'Holi'n Hir yn y Tir Tywyll'

M. Paul Bryant-Quinn

Yn Chwefror 1945, a diwedd yr Ail Ryfel Byd yn agosáu, daeth athro newydd i Ysgol Uwchradd Kimbolton, Swydd Huntingdon. Yn swyddogol, o leiaf, fe'i penodwyd i ddysgu Lladin:

> On February 1st the Masters were joined by Mr. W. G. Williams, B.A., as Latin Master to replace Miss D. E. Budd . . .[1]

O gofio mai Saesneg oedd ei bwnc gradd, erys union gymhelliad Waldo i ymgeisio am y swydd benodol honno yn gryn ddirgelwch, ac o ran hynny yn un o nifer o gwestiynau diddorol ynglŷn â'r cyfnod a dreuliodd Waldo yn Lloegr nad oes modd eu hateb yn foddhaol ar hyn o bryd. Ond nid yw'n annichonadwy mai William Ingram, prifathro Ysgol Kimbolton ar y pryd, a fuasai o leiaf yn rhannol gyfrifol am ddewis Waldo i fynd i Swydd Huntingdon. Cymro o Lanidloes oedd Ingram, ac yr oedd ei awydd i benodi Cymry eraill pan gâi gyfle i wneud hynny yn hysbys i'r sawl a'i hadwaenai.[2] Yn niffyg tystiolaeth amgenach, felly, fe all mai hyn a ddenodd Waldo Williams i gefn gwlad Lloegr ar gyfnod tywyll yn ei fywyd. Cafodd lety yn 'Sunnyside', tŷ gwraig o'r enw Mrs Topham, yn West Perry, pentref heb fod nepell o Kimbolton.[3] Er mai cwta flwyddyn

---

1. Cylchgrawn Ysgol Kimbolton, *The Kimbolton Magazine,* Mawrth 1945 ('School Notes'). Am grynodeb o hanes Kimbolton a'r pentrefi cyfagos trwy flynyddoedd yr Ail Ryfel Byd, gweler Mary Smout, 'Kimbolton and Nearby Villages in the Second World War', *Kimbolton Local History Journal,* 8 (Gwanwyn 2004), 13–21. Hoffwn ddiolch i Nora Butler, Cadeirydd Cymdeithas Hanes Lleol Kimbolton, am ei charedigrwydd a'i chymorth parod yn ateb ymholiadau ynglŷn â'r cyfnod y bu Waldo yn athro yno.
2. Dengys y cofnod yn *The Kimbolton Magazine* y cyfeiriwyd ato uchod ddarfod penodi 'Mr. O. Wynne Ellis, B.A. (Wales)' i staff Ysgol Kimbolton tua'r un adeg â Waldo. Bu William Ingram yn brifathro ar yr ysgol honno am ryw ddeng mlynedd ar hugain, a chyhoeddodd gyfrol hunangofiannol yn trafod cyfnod ei brifathrawiaeth, *The Power in a School* (London, 1951). Mewn llythyr ataf, nododd Nora Butler: 'Many of the staff [William Ingram] employed were Welsh. Some of them were still at the School in the mid 1960s'.
3. Gwesty yw'r tŷ hwn bellach. Bu Waldo yn gohebu â D.J. a Siân Williams oddi yno; gweler *WWRh*, 146–7.

academaidd y bu Waldo yn yr ysgol honno, nid ystyrid hynny'n beth anghyffredin ar y pryd: cyfnodau byrion yn unig a dreuliai nifer o athrawon yno yn ystod yr Ail Ryfel Byd.[4] Ar ôl gadael Kimbolton fe aeth Waldo rhagddo i ddysgu yn Lyneham, Wiltshire, yn Nhachwedd 1946.

Nid oes llawer ar ôl sy'n cofio am Waldo tra bu'n athro yn Kimbolton, a brith atgofion yn unig, ysywaeth, a geir ganddynt. Fe'i hystyrid ar y pryd yn gymeriad eithaf pellennig, onid yn echreiddig braidd (ymddengys fod ei ddull-ymadrodd yn benodol yn bur ddieithr i rai ohonynt). Sylwyd hefyd mai un ydoedd a garai'r encilion:

> A housemaster's wife, [then] in her mid 20s, vaguely remembers him. She thinks he was rather strange – a bit solitary, perhaps rather strangely or shabbily dressed . . . one Old Kimboltonian remembers a rather eccentric Welshman who regularly used the unusual expression 'suck it in with your eyes', and thinks it might have been Waldo. He said that he taught English rather than Latin.[5]

Ond os cafodd ambell un yn Kimbolton wybod paham yr oedd yr athro newydd yn ymddangos yn 'strange' neu'n 'solitary', ac mor ddiofal ohono ef ei hun, yn sicr ni chadwyd sôn am hynny ar gof gwlad. Hyd y gellir barnu, ychydig os neb yn y cylchoedd y bu Waldo yn troi ynddynt a wyddai am ei gefndir. Yn y nodiadau a rydd yng nghefn *Dail Pren* ar gyfer y gerdd 'Tri Bardd o Sais a Lloegr', dyfynna Waldo o'r gerdd *The Task* gan William Cowper: 'I was a stricken deer that left the herd'.[6] Y mae'n anodd peidio â meddwl bod Waldo yn ymuniaethu â'r profiad a fynegir gan Cowper, ond yn sicr nid oedd y rhesymau am hynny yn hysbys yng nghymdeithas yr ysgol nac ar y pryd na chwedyn. Ac ystyried mor dawedog ydoedd trwy gydol ei oes ynghylch yr hyn a'i blinai, buasai'n gwbl nodweddiadol o Waldo pe na fynegwyd union natur ei faich wrth neb yn y lle dieithr hwnnw.

---

4. Yn ôl tystiolaeth un gohebydd a holwyd ar fy rhan gan Nora Butler (gweler uchod, nodyn 2): 'Old Boys say that during the War there were lots of different teachers brought in for short periods'.

5. Diolchaf eto i Nora Butler am yr wybodaeth hon.

6. *DP*, 119; Cowper, *The Task*, Book III ('The Garden'), 108. Er na ellir anwybyddu cyfeiriad gobeithlon Cowper at 'one who had himself/Been hurt by th'archers . . ./. . . and bade me live' (III, 112–13, 116), fe ddichon y dylem ystyried hefyd y llinellau dilynol: 'Since then, with few associates, in remote/And silent woods I wander, far from those/My former partners of the peopled scene,/With few associates, and not wishing more' (III, 117–20); John D. Baird a Charles Ryskamp (goln.), *The Poems of William Cowper*, 3 cyfrol (Oxford, 1980–95), II, 165–6.

Gŵr a'i weddwdod eto'n newydd oedd Waldo pan benodwyd ef gan William Ingram yn aelod o staff Kimbolton School. Fel y nododd Anna Wyn Jones,[7] cafodd ei wraig Linda ei tharo'n wael yn gynnar ym 1943; a thrwy holl fisoedd ei hafiechyd marwol, bu'n rhaid i Waldo fwrw ymlaen â'i waith yn Ysgol Uwchradd Botwnnog orau a fedrai. Y mae'r rhai a oedd yn ddisgyblion iddo ar y pryd yn cofio'n dda am y straen a fu arno, ac fel y llethwyd ef pan fu Linda farw o'r diciâu ar 1 Mehefin 1943. Rhy fyr, felly, fuasai'r cyfnod y cyfeiriodd Waldo ato fel ei '[f]lynyddoedd mawr' (*DP*, 47):

> Hi fu fy nyth, hi fy nef,
> Fy nawdd yn fy nau addef,
> Ei chysur, yn bur o'i bodd,
> A'i rhyddid, hi a'u rhoddodd.
> Hi wnaeth o'm hawen, ennyd,
> Aderyn bach uwch drain byd.
> Awel ei thro, haul ei threm,
> Hapusrwydd rhwydd lle'r oeddem.
> Fy nglangrych, fy nghalongref,
> Tragyfyth fy nyth, fy nef.[8]

Y mae gennym dystiolaeth Euros Bowen ynghylch un agwedd ar arwydd-ocâd y 'tragyfyth' hwnnw gan Waldo:

> 'Roedd golwg bur ymwadol ar bethau o'i gwmpas, ac mi ddigwydd-ais ofyn iddo un bore a oedd wedi meddwl am briodi eilwaith. Mi edrychodd ym myw fy llygad, a minnau o ran hynny i fyw ei lygad yntau. Distawrwydd. Deall, heb iddo yngan gair. Ie, yn ei feddwl e 'roedd yn dal yn ŵr priod ac 'roedd Linda iddo fe'n fyw o hyd:

> > A'[th] adar cerdd a dail y coed
> > Yn canu o gylch fy Linda lon,
> > Cydganu â mi amdani hi
> > Yn dwyn y fraint o dan y fron.[9]

Ond er mor ingol oedd colli ei wraig, un yn unig o'r ergydion y bu'n rhaid i Waldo eu dioddef ar hyd ei fywyd oedd y brofedigaeth honno a'i

7. Gweler Anna Wyn Jones, 'Waldo', *CDW*, 39–41.
8. 'Linda'; J. E. Caerwyn Williams (gol.), *Cerddi Waldo Williams* (Y Drenewydd, 1992), 43.
9. Euros Bowen, 'Waldo a Chrynwriaeth', *CMWW*, 172–3.

gyrrodd, yn 'stricken deer', o Ben Llŷn i Loegr; fe gofir mai yno y bu am
bum mlynedd bron nes dychwelyd i Gymru a'i benodi'n athro ysgol yn Sir
Frycheiniog. Ond y mae'n debyg mai ychydig a wyddai'r cyhoedd Cym-
reig am y cyfnodau tywyll a brofai: un cyndyn oedd Waldo i ddatgelu ei
fywyd mewnol a'i drafod heb achos, ac fe'i hamddiffynnwyd, yn ystod ei
oes ac wedi ei farwolaeth, gan ei anwyliaid a'i gyfeillion. Gŵyr y sawl sydd
wedi ymchwilio i'w hanes a'i yrfa am anfodlonrwydd cwrtais y rhain i
drafod materion o natur wir bersonol iddo, hyd yn oed bymtheng mlyn-
edd ar hugain wedi ei farwolaeth. Ni ellir, wrth reswm, lai na pharchu'r
rhesymau dros y distawrwydd hwn – dyna, y mae'n debyg, fuasai dymun-
iad Waldo ei hun – ond fe ellid dadlau hefyd mai ef yw'r bardd Cymraeg
cyfoes pwysicaf y gwyddom leiaf amdano, ac y mae'r prinder gwybodaeth
hwnnw yn peri mai anodd bellach, onid amhosibl, fyddai llunio'r math o
gofiant cyflawn iddo y dymunid ei gael.[10]

Ond os gwir mai peth hanfodol breifat oedd cyfran helaeth o fywyd a
phrofiad Waldo, nid felly y farddoniaeth rymus a gyhoeddodd, hyd yn
oed yn ystod ei flynyddoedd mwyaf blin. Dengys y rhestr o gerddi a
luniodd Ned Thomas yn ôl eu trefn amseryddol mai ffrwyth cyfnod
Waldo yn Lloegr oedd rhai o'i gerddi mwyaf. Gellir cysylltu cynifer â
phump ar hugain o gerddi â'r blynyddoedd 1944–9,[11] a dyna gnwd go dda
o gerddi mwyaf y bardd. Ceir yn eu plith agweddau ar bob un o themâu
mawr barddoniaeth Waldo: rhyfel a heddwch; Cymru a'r Gymraeg;
cwlwm annatod y 'cwmwl tystion'; cyfrinach y gobaith a ganfyddir trwy
ddioddefaint. Ac er mor bersonol ac ingol y profiad a fynegir ganddo, neu
efallai *oherwydd* natur bersonol y profiad hwnnw, dewis bwriadol ar ran y
bardd ei hun oedd gwahodd y darllenydd i dreiddio i ystyr yr hyn a
welodd ac a brofodd. Neu, a'i rhoi hi fel arall, profiadau unigol oeddent,
gan gynnwys y profiadau anodd a thywyll, a drowyd yn farddoniaeth
ar gyfer eraill. Fel y nododd J. E. Caerwyn Williams wrth drafod ail bennill
y gerdd heb deitl sy'n dechrau 'Nid oes yng ngwreiddyn Bod . . .' (*DP*,
64):

---

10. Nid yw tystiolaeth y sawl a adwaenai Waldo yn gwbl gyson, nac yn gytûn hyd yn oed
    ynghylch manylion cronolegol ei fywyd a'i yrfa, ac y mae lle i ofni nad oes modd bellach
    lenwi'r holl fylchau yn hanes y dyn tra phreifat hwn.
11. Y cerddi yw: 'Y Plant Marw', 'Elw ac Awen', 'Y Sant', ac efallai 'Nid oes yng ngwreiddyn
    Bod' (1944); 'Cyfeillach' (1945); 'Cân Bom', 'Adnabod', 'Almaenes', 'Gwanwyn', 'Apologia',
    'Eu Cyfrinach', 'Yn y Tŷ', 'Preseli' (1946); 'Caniad Ehedydd', 'Cymru'n Un', 'Cymru a
    Chymraeg', 'Cwmwl Haf', 'Daear Cymru' (1947); 'Yr Heniaith', 'Y Geni', 'Anatiomaros',
    'Wedi'r Canrifoedd Mudan', 'Eneidfawr' (1948). Noda Ned Thomas: 'Mae lle i gredu . . .
    bod "Geneth Ifanc" a "Tri Bardd o Sais a Lloegr" yn perthyn i gyfnod 1946–49'; gweler
    Ned Thomas, *Waldo* (Caernarfon, 1985), 75, a J. Gwyn Griffiths, '*Dail Pren*: Y Cysodiad
    Cyntaf', *Taliesin*, 103 (Hydref 1998), 47.

Hawdd y gall Dr. John Rowlands fod yn iawn wrth awgrymu mai profiad personol oedd y tu ôl i'r gerdd hon, ond os felly, mae'n enghraifft odidog o wrthrychu teimlad unigolyn mewn delweddau sy'n ei wneud yn brofiad cyfoethog i bawb.[12]

Trwy gyfrwng ei ddelweddaeth farddol a'i ieithwedd hynod bersonol,[13] caniateir inni – hyd at ryw bwynt, beth bynnag – ganfod y bardd a dirnad yr hyn a'i hysbrydolodd ac a'i cynhaliodd; a hynny, yng ngeiriau 'Mewn Dau Gae', wrth iddo 'holi'n hir yn y tir tywyll'. Nodwedd ar y gerdd honno yw'r cyfochredd a'r cyferbyniad celfydd a geir ynddi rhwng goleuni a thywyllwch, dydd a nos. Heb y naill, ni fuasai'r llall yn ddealladwy iddo. Ar ôl i Waldo fod 'yn y tir tywyll' y bu iddo amgyffred y 'môr goleuni' a dyfodiad 'yr un a fu erioed'; ac nid heb fynd trwy'r tir tywyll hwnnw y daeth Waldo i lawn sylweddoli yr hyn yr oedd wedi ei ddirnad ynghylch y wedd honno ar frawdoliaeth a ddeuai'n ganolog i'w weledigaeth bersonol a'i yrfa farddol. Yn nhensiwn y paradocs y ceir gwreiddyn y mater.

Y mae lle i gredu bod Waldo yn gyfarwydd â'r 'tir tywyll' er yn lled gynnar yn ei fywyd. O dderbyn yr esboniad adnabyddus a roddir ganddo yn ei eglurhad ar 'Mewn Dau Gae', ymddengys fod Waldo yn llanc tua phedair ar ddeg neu bymtheng mlwydd oed pan ddaeth y profiad cofiadwy hwnnw iddo yn y bwlch rhwng y ddau gae:[14]

> Yn y bwlch rhwng y ddau gae *tua deugain mlynedd yn ôl* sylwedd-olais yn sydyn, ac yn fyw iawn, mewn amgylchiad personol tra phendant, fod dynion, yn gyntaf dim, yn frodyr i'w gilydd.[15]

Ac os ydym i ddeall fod yr hyn a ddywed yn y gerdd ei hun, ac yn ei eglurhad arni, yn llythrennol wir (fe all, wrth gwrs, mai at holl gyfnod ei fywyd hyd at oedran gŵr ac at ganu'r gerdd ei hun y cyfeiria 'Ar ôl imi holi'n hir . . .'), yna rhaid derbyn hefyd ei fod wedi hen ymhél, ac yntau

---

12. J. E. Caerwyn Williams, 'Yng Nghysgod *Dail Pren*', *CDW*, 136.
13. Fodd bynnag, gwaredai Waldo at yr awgrym fod ei gerddi y tu hwnt i'r darllenydd neu'n ddibynnol ar fath o iaith breifat. Wrth roi eglurhad ar 'Mewn Dau Gae', er enghraifft, maentumiodd na fyddai wedi ei chyhoeddi o gwbl pe credai ei bod yn 'dywyll'. At hynny, yr oedd Waldo yn ffyddiog iddo adael digon o 'switches' yn ei gerddi fel y deuai'r ystafell i gyd yn olau, ond i'r ymbalfalwr gyffwrdd ag un ohonynt; gweler 'Eglurhad ar "Mewn Dau Gae"', *WWRh*, 87, 89.
14. Ynglŷn â delwedd y 'bwlch', y mae'n ddiddorol nodi bod y diweddar J. E. Caerwyn Williams wedi ysgrifennu *bwlch yr argyhoeddiad* gyferbyn â'r llinell olaf ond un yn 'Mewn Dau Gae' yn ei gopi personol o *Dail Pren* (ceir y gyfrol honno bellach gyda'r casgliad o'i lyfrau a drosglwyddwyd i'r Ganolfan Uwchefrydiau Cymreig a Cheltaidd, Aberystwyth).
15. *WWRh*, 88; myfi piau'r italeiddio.

yn ei arddegau cynnar, â rhai o gwestiynau mawr bywyd. Os felly, nid Waldo fuasai'r glaslanc cyntaf, na'r olaf ychwaith, i deimlo'r rheidrwydd i wynebu dyfnder mawr ei fyw a'i fod; ond efallai fod ganddo fwy o reswm nag y byddid yn ei ddisgwyl dros yr 'holi hir' y cyfeirir ato yn 'Mewn Dau Gae'. Ym 1911, fel y gwyddys, bu'n rhaid i deulu Waldo symud o Hwlffordd i Fynachlog-ddu yng ngogledd Sir Benfro. Yr oedd y tad, J. Edwal Williams, wedi ei benodi'n brifathro'r ysgol gynradd yno; ond cesglir mai math o iselder ysbryd dros dro oedd y 'pwl o anhwyldeb' a barodd iddo 'chwilio am iechyd yn nhawelwch y bryniau'.[16] A brithir atgofion cyfeillion Waldo gan gyfeiriadau cynnil ato yn profi cyfnodau tebyg i'r hyn a flinai ei dad. Enghreifftiau yn unig a roddir yma:

> Cofiaf iddo gyrraedd ein tŷ ni ryw noson a golwg flinedig iawn arno, a gallwn weld fod tipyn o dyndra nerfol arno. Dywedodd wrthyf ar ôl swper nad oedd wedi cysgu ers yn agos i bythefnos.[17]

> Ni chroniclir byth y cymwynasau di-ri a wnaed â Waldo gan [Benni Lewis ac Elsi, ei wraig], yn enwedig pan oedd y bardd yn gyffredin ei iechyd ac yn isel ei ysbryd.[18]

> Brau ac ansicr oedd cyfran Waldo o'r adnoddau [corfforol a nerfol] hyn. O dan groesau adfydus bywyd pallai ei nerth yn arswydus dros dro; eto mynnai godi croesau eraill yng ngrym ei argyhoeddiad.[19]

Ar un wedd, ni cheir yn y dyfyniadau hyn ddim sy'n anghyffredin: diau y gŵyr y rhan fwyaf ohonom am gyfnodau pan fo'r ysbryd yn isel. Ond dyfnhawyd y boen a ddaeth i ran J. Edwal Williams a'i deulu gan farwolaeth y ferch hynaf, Morvydd Moneg, ym Mawrth 1915, a hynny'n fuan ar ôl iddynt symud o Fynachlog-ddu i Landysilio-yn-Nyfed. Parhaodd y golled honno yn rhan annatod o brofiad Waldo, a diau mai Morvydd hithau a gofir yn y gerdd 'Geneth Ifanc', a ganwyd tra oedd Waldo eto yn Lloegr:

---

16. Gweler B. G. Owens, 'Waldo Williams a'r Preseli', *CMWW*, 79. Nododd J. E. Caerwyn Williams yntau mai oherwydd afiechyd nerfol y symudodd J. Edwal Williams i ysgol Mynachlog-ddu, gan ychwanegu mai dyna hefyd oedd y rheswm paham y symudodd wedyn i ysgol Llandysilio; Williams, 'Yng Nghysgod *Dail Pren*', *CDW*, 151.

17. T. Llew Jones, 'Waldo', *CMWW*, 24.

18. W. R. Evans, 'Atgofion', ibid., 38.

19. J. Gwyn Griffiths, 'Waldo Williams: Bardd yr Heddychiaeth Heriol', ibid., 190.

Dyfnach yno oedd yr wybren eang[,]
Glasach ei glas oherwydd hon.
Cadarnach y tŷ anweledig a diamser
Erddi hi ar y copâu hyn.

(*DP*, 23)

Y mae dwy agwedd ar bersonoliaeth Waldo lle y ceir awgrym ynghylch yr effaith a gâi'r '[c]roesau adfydus' hyn arno. Yn gyntaf, fel y gwelir o'r hyn a ddigwyddodd iddo pan ddechreuodd y rhyfel yng Nghorea, y mae'n eglur bod Waldo yn *mewnoli'r* cyfrifoldeb a deimlai am yr erchyllterau a oedd ar gerdded. Golygai hynny nad oedd ei ymateb personol i dristwch y rhyfel yn un 'dirprwyol'. Ni allai, fe ymddengys, adael i'r amgylchiadau hyn aros yn allanol, yn gyfres o ddigwyddiadau y gellid rywsut 'ymwneud' â hwy mewn ffordd gytbwys ac amhersonol; nid oedd ganddo'r anian i'w hystyried yn llwyr wrthrychol:

> yn 1950 cefais brofiad a newidiodd fy agwedd at lawer o bethau a'm barddoniaeth yn un ohonynt. Profiad oedd hwnnw o euogrwydd personol, nid dirprwyol, mewn un modd, am erchyllterau Corea, am fy mod i, er cyfleustra imi fy hun, yn dygymod â gorfodaeth filwrol.[20]

Ceir awgrymiadau lled bendant yma a thraw yn yr atgofion a ddiogelwyd am Waldo, ac yn ei addefiadau cynnil ef ei hun, iddo ei chael yn anodd ar brydiau wrthrychu'r hyn a ddigwyddai o'i gwmpas. Yr oedd yn fater personol iddo, a theimlai'r bardd mai ef ei hun, rywsut, oedd yn gyfrifol, a hefyd fod cyfrifoldeb arno i wneud yr hyn a allai i unioni'r cam. Yn ail, fe nodwyd gan amryw i'r 'euogrwydd personol' y cyfeiriodd Waldo ato effeithio arno weithiau i'r graddau na allai roddi troed o'i dŷ, yn enwedig yn ystod rhyfel Corea. Hynny yw, hoffwn awgrymu bod y straen seicolegol wedi ei hamlygu trwy byliau o agoraffobia; ac fe'n temtir i feddwl hefyd nad dyna oedd yr unig adeg yn ei fywyd pan brofodd Waldo y fath gyflwr. Oni chorfforir atgofion am brofiad tebyg yn 'Cwmwl Haf', cerdd arall a ganwyd, fe gofir, yn ystod arhosiad y bardd yn Lloegr?

Unwaith daeth ysbryd cawr mawr i lawr
Trwy'r haul haf, yn yr awr ni thybioch,
Gan daro'r criw dringwyr o'u rhaffau cerdd,
Nid niwl yn chwarae, na nos yn chwarae,

---

20. 'Casglu *Dail Pren* Ynghyd', *WWRh*, 89–90.

Distawrwydd llaith a llwyd,
Yr un sy'n disgwyl amdanom,
Wele, fe ddaeth, heb ddod.
Caeodd y mynyddoedd o bobtu'r bwlch,
Ac yn ôl, yn ôl
Fel blynyddoedd *pellhaodd y mynyddoedd*
Mewn byd oed rhy fud i fyw.
Tyfodd y brwyn yn goed a darfod amdanynt
Mewn byd sy'n rhy fawr i fod.
Nid oes acw. Dim ond fi yw yma
Fi
Heb dad na mam na chwiorydd na brawd,
A'r dechrau a'r diwedd *yn cau amdanaf.*[21]

(*DP*, 48–9; italeiddiwyd er pwyslais)

Ochr yn ochr â'r adlais posibl o gerdd nodedig y Brawd Madog ap
Gwallter i eni Crist ('Cawr mawr bychan,/Cryf cadarn gwan,/gwynion
ruddiau'[22]), gwelir y bardd yn cyffelybu'r profiad y myfyria arno i ymddangos-
iad eschatolegol Mab y Dyn, 'yn yr awr ni thybioch', megis lleidr (gweler
Mathew 24:44 a chymharer Datguddiad 3:3). Wrth edrych yn ôl, y mae'n
deg gofyn a oedd y bardd yn ceisio dirnad presenoldeb Duw, ac felly
ryw lun ar ystyr, drwy wau delweddau crefyddol â'r digwyddiad ysgytwol
hwn. Oherwydd pwyslais y Crynwyr ar y gred bod ailddyfodiad tynged-
fennol Crist – y *Parousia* – eisoes wedi digwydd yng ngolau ffydd, gellid
dadlau dros weld yn y ddelwedd hon yn 'Cwmwl Haf' enghraifft gynnar
o ddiddordeb cynyddol Waldo yn nysgeidiaeth Cymdeithas y Cyfeillion,
er na wyddys pryd yn union y dechreuodd ystyried dod yn aelod ohoni.[23]
Ond hyd yn oed os daeth arswyd y 'cwmwl' yn fath o fan cyfarfod â Duw,
ni all fod unrhyw amheuaeth hefyd na chollwyd rhywbeth o bwys hanf-
odol i'r plentyn hwn – sef *diogelwch* – drwy arswydo rhag 'tŷ' yr awyr agored,

---

21. Cerdd yw hon gan Waldo, ac nid dadansoddiad seicolegol o'i gyflwr, wrth reswm; ond er
bod y ddelwedd o'r mynyddoedd, ac o'r dechrau a'r diwedd yn 'cau' amdano, yn awgrymu
clawstroffobia yn hytrach nag agoraffobia, fe all fod y gwahaniaeth yn un ymddangos-
iadol yn unig. Gwrthgyferbynnir hyfrydwch 'y tŷ sydd allan ymhob tywydd', a 'diogel-
wch' y tywydd hwnnw, yn rhan gyntaf y gerdd â'r profiad o fod 'Mewn byd sy'n rhy fawr
i fod' yn yr ail. Yn nelweddaeth y gerdd, gellid dadlau bod y lleoedd agored yn sydyn yn
fath o fagl neu drap i Waldo, yn cau amdano; a phrin y buasai'n chwilio am gael dianc
adref pe nad arwyddocâi hynny loches iddo.
22. Rhian Andrews *et al.* (goln.), *Gwaith Bleddyn Fardd ac Eraill o Feirdd Ail Hanner y
Drydedd Ganrif ar Ddeg* (Caerdydd, 1996), 359.
23. Am drafodaeth ar yr agwedd hon ar gred y Crynwyr, gweler Douglas Gwyn, *Apocalypse of
the Word: The Life and Message of George Fox (1624–1691)* (Richmond, IN, 1986).

y bydysawd llydan a fuasai gynt yn 'garedigrwydd' iddo; ac ni chafodd afael eto ar seiliau ei sicrwydd nes cyrraedd adref, er amau bellach a oedd hyd yn oed 'adref' yn bod iddo:

> Pwy wyf i? Pwy wyf i?
> Estyn fy mreichiau ac yno, rhwng eu dau fôn
> Arswydo meddwl amdanaf fy hun,
> A gofyn gwaelod pob gofyn:
> Pwy yw hwn?
> Sŵn y dŵr. Bracsaf iddo am ateb.
> Dim ond y rhediad oer.
>
> Trwy'r clais adref os oes adref.
> Swmpo'r post iet er amau,
> Ac O, cyn cyrraedd drws y cefn,
> Sŵn adeiladu daear newydd a nefoedd newydd
> Ar lawr y gegin oedd clocs mam i mi.
>
> (*DP*, 49)

Un wedd yn unig yw hyn, wrth reswm, ar y gerdd hynod gyfoethog hon, ac yn ddiau hefyd nid y wedd bwysicaf. Ond fe ŵyr y sawl sydd wedi profi agoraffobia, hyd yn oed pan fo hynny'n brofiad dros dro, pa mor ysgytwol y gall fod. Nid y peth lleiaf brawychus yn ei gylch yw nad oes modd gwybod pryd, nac o dan ba amgylchiadau, y daw'r arswyd yn ei ôl, os daw byth. Yn achos Waldo, wrth gwrs, ni ddylid gorbwysleisio hyn. Nid oedd ef yn agoraffobig yng ngwir ystyr y gair – gwyddys yn iawn nid yn unig am ei hoffter o fro ei febyd, ond hefyd am ei barodrwydd i'w chrwydro ddydd a nos, a hynny 'allan ymhob tywydd' – ond eto, fel y gwelwyd eisoes, fe'i llethwyd gymaint gan ddwyster ei straen seicolegol fel nad oedd hyd yn oed y fro ei hun yn ddiogel iddo mwyach, a gorfu arno aros yn gaeth i'w dŷ. Tybed nad yw meddwl am fardd mawr bro'r Preseli yn brwydro yn erbyn ofnau felly nid yn unig yn dwysáu'r cerddi, ond hefyd yn rhoi gwedd newydd ar arwyddocâd delweddau'r tŷ a'r ffenestr (a'r cysyniad o'r diffenestr) a geir mor aml ynddynt?

> Dyro i ni,
> Yr un wedd, yr hen addaw
> A thŷ llwyth nid o waith llaw.
>
> Hon oedd fy ffenestr, y cynaeafu a'r cneifio.

. . .
Mae rhu, mae rhaib drwy'r fforest ddiffenestr.

y tŷ sydd allan ymhob tywydd.
. . .
Caredigrwydd oedd y tŷ.

Yn y tŷ mae calon cwm;
Yn y tŷ diffeithia'r ffenestr.

Cadw tŷ
Mewn cwmwl tystion.

Pwy yw'r rhain . . . yn hedfan,
Yn dyfod fel colomennod i'w ffenestri?

Tŷ teilwng i'w dehonglreg! Ni waeth a hapio
Mae'n rhaid inni hawlio'r preswyl heb holi'r pris.[24]

Rhaid deall Waldo yn ei gyfanrwydd. O ddarllen drwy'r ysgrifau cof-iannol a luniwyd er pan fu farw, gwelir pwysleisio yn aml (ac, fe ellid dadlau, efallai'n rhy aml) yr hyn y dymunir ei weld ynddo. Pwysleisir ei anwyldeb, ei ddigrifwch, ei hoffter o blant, cryfder ei gariad at Gymru a'r Gym-raeg, ei brofiadau ysbrydol hynod, ei safiad dewr dros ei egwyddorion, ei '[g]ydymdeimlad maith' a gorchest ei gerddi ehangfryd, cynhwysfawr. A diau fod gwir yn hyn oll. Tystiodd lliaws o bobl y mae'n rhaid parchu eu barn i ddaioni cynhenid Waldo ac i gadernid unplyg ei gymeriad:

Talwn deyrnged heddiw i fywyd gŵr arbennig iawn, – cyfaill annwyl, bardd mawr, a dyn mawr. Yn wir dyma yn ddiau gennyf y dyn mwyaf y cefais i y fraint o'i adnabod.[25]

Ac nid gwiw gan y sawl na chafodd y fraint honno ddibrisio'r hyn a ddywed y llygaid-dystion. Ond fel y nododd Steffan Griffith yn Eisteddd-fod Genedlaethol Meifod 2003, prin y byddai hyd yn oed y rhai a oedd yn adnabod Waldo yn ei ganfod o'r darlun a roddir ohono heddiw. Pwys-

---

24. 'Tŷ Ddewi' (*DP*, 22); 'Preseli' (*DP*, 30); 'Cwmwl Haf' (*DP*, 48); 'Yn y Tŷ' (*DP*, 54); 'Pa Beth yw Dyn?' (*DP*, 67); 'Yr Heniaith' (*DP*, 95); 'Cymru a Chymraeg' (*DP*, 100).
25. James Nicholas, 'Teyrnged i Waldo a draddodwyd yn ei angladd, Mai 24, 1971', *CDW*, 11.

leisiodd fod rhaid cofio mai gŵr o gig a gwaed oedd Waldo, ac na ddylid colli golwg ar wead cymhleth ei bersonoliaeth. Breuder anghenus y plentyn ynddo a'i hynodai, yn ogymaint â'r weledigaeth lachar a oedd mor nod-weddiadol o'i gerddi. Canys os dewisodd Waldo ar brydiau adael ei fywyd mewnol ynghudd, fel y gwelwyd eisoes, dro arall fe'i ceir yn ei ddatgelu ei hun, gan gynnwys yr ochr dywyll ynddo, yn fyw iawn. Mewn ysgrif bwysig, soniodd John Rowlands am Waldo fel 'bardd y gobaith pryderus', a hawdd cytuno â hynny.[26] Ond fe ellid dadlau y byddai 'bardd y pryder gobeithiol' lawn mor addas fel disgrifiad ohono. Fe fu, yn sicr, gyfnodau pan aeth y pryder yn drech na'r gobaith ynddo, a bu'n rhaid iddo ddal yn dynn wrth yr hyn a gredai ac wrth ei egwyddorion. Y mae 'adfer', 'cadw', 'codi' a'u tebyg yn amlwg yng ngeirfa farddol Waldo; wrth geisio, trwy gyfrwng ei gerddi, amddiffyn yr hyn a garai ac ysbrydoli ei genedl, bu'n rhaid iddo ei amddiffyn ef ei hun yn ogystal. Bu iddo ddatgan ei ddal-iadau er mwyn cadarnhau gwreiddyn ei fod a sicrhau parhad ei ruddin. Y mae yna bethau tywyll iawn yng ngherddi Waldo; ac ni ddylid anghofio mai'r un bardd a ddewisodd *Dail Pren* yn deitl i'w gyfrol ag a ganodd am 'y pryf' a fygythiai ddinistrio'r cyfan:

> Distaw y mae fy meistr
> Yn datod cwlwm calon.
> Aruthr y deuaf i
> Yr olaf o'i weision.
>
> Ef yw'r pryf yn y prèn,
> Gwahanglwyf y canghennau.
> Mi a'u hysgubaf i dân
> Ecstasi angau.
>
> (*DP*, 86)

Y 'pryf yn y pren': fe all fod y cyplysiad o fyfyrdod ar y bom difaol a'r ddelwedd o natur yn cael ei llygru a'i dinistrio yn deillio o brofiad per-sonol. Y mae'n werth nodi bod meysydd awyr wedi eu hadeiladu ar bwys Kimbolton a Lyneham, Wiltshire; yn achos Kimbolton, cofnodwyd fel y bu dinistrio coedydd a gwrychoedd i wneud lle ar gyfer y maes glanio:

Airfields were being built all across East Anglia. Kimbolton was

26. John Rowlands, 'Waldo – Bardd y Gobaith Pryderus', *CDW*, 203–13.

chosen as one of the sites. Hedges were cut down and trees felled. Troublesome roots had to be blown up.[27]

Diau fod Waldo yn ymwybodol o'r dinistr hwn, a chan mai symbolau creiddiol iddo a ddifawyd, hawdd credu bod y difrod yn ingol arwyddocaol iddo. Os yw'n angenrheidiol gweld Waldo yn ei gyfanrwydd, gellid dadlau ei bod yr un mor bwysig ystyried *Dail Pren* ei hun yn gyfanwaith, a'r holl eitemau ynddi yn rhannau annatod o '[g]yflawn we'. Wrth i Waldo gasglu ei gerddi ynghyd ar gyfer eu cyhoeddi, ei obaith, yn ôl ei addefiad ef ei hun, oedd y byddent 'yn gymorth ymarferol i'm cenedl yn nyryswch yr oes hon'.[28] Y mae hwnnw, wrth gwrs, yn osodiad diddorol odiaeth, os problematig hefyd: ym mha ffordd, yn nhyb y bardd, y gallai ei gyfrol fechan o gerddi fod yn 'gymorth ymarferol' i'w genedl, a sut yn union y gellid ei defnyddio felly? Y mae amryw ddulliau o ddehongli amcan y bardd; ystyrier tri ohonynt.

(i) 'Y rhin o'ch mewn' (*DP*, 80)

Dywedwyd am T. A. Robertson o Shetland ('Vagaland', 1909–73), cyfoeswr i Waldo a bardd mawr ei werin yntau:

> His constant passion for maintaining the continuity of local tradition . . . was fixed by a real conviction, founded on personal experience, that the past revealed true insights into the art of living; that out of the lives of ordinary folk, engaged in their daily tasks and sustained by the warmth of close community ties, there emerged basic truths about the human situation. And his poems were evocations of that life and affirmations of those truths.[29]

O ran rhychwant a sylwedd eu gwaith, nid yw'n deg ystyried cynnyrch Vagaland ar y cyd ag eiddo Waldo Williams; ac eto, *mutatis mutandis,* tebyg iawn oedd gweledigaeth a chymhellion y ddau fardd hyn. Yr un oedd ymlyniad y ddau wrth froydd eu mebyd, eu cymunedau, a'r ieithoedd a fu'n gwlwm cof iddynt. Yr un hefyd oedd eu hawydd i fynegi yn eu barddoniaeth, a hynny ag angerdd, werth cynhenid y cymunedau

27. Gweler Smout, 'Kimbolton and Nearby Villages in the Second World War', 17. Yr wyf yn dra diolchgar i'r Golygyddion am dynnu fy sylw at arwyddocâd ehangach y dyfyniad hwn.

28. 'Casglu *Dail Pren* Ynghyd', *WWRh*, 90.

29. John J. Graham, yn M. Robertson (gol.), *The Collected Poems of Vagaland* (Lerwick, 1975), xviii.

bychain a chlòs a fu'n faeth ac yn ysbrydiaeth iddynt hwy ill dau. Ond nid hynny'n unig: credai'r ddau yn gryf, ac ailddyfynnu'r uchod, 'that out of the lives of ordinary folk, engaged in their daily tasks and sustained by the warmth of close community ties, there emerged basic truths about the human situation', ac ategodd bywyd a gwaith y ddau fardd yr hyn a gredent. Yn debyg i'w gilydd eto, nid bychan oedd y pris a dalodd Waldo a Vagaland am eu hymlyniad wrth eu hegwyddorion: dau oeddent 'a dalodd yr un doll' (*DP*, 90). Mater arall yw a ddylid ystyried ffydd Waldo (a Vagaland yntau, o ran hynny) yn naioni cynhenid y ddynoliaeth yn naïf; a diau y bydd llawer yn cyd-weld â barn Robert Rhys: 'Although many readers will not find Waldo's analysis and arguments persuasive, his tortured efforts to reconcile a naive belief in the goodness of man with the grim realities of wartime resulted in a body of moving and important poems'.[30] Edau gyfrodedd oedd safbwynt(iau) diwinyddol Waldo a'r weledigaeth gymdeithasol a goleddai. Ond os naïf ydoedd, yna yr oedd ei ddyled i gysyniadau creiddiol Mohandas K. Gandhi, *satyagraha* ac *ahimsa*, yn eglur:

> I believe all men to be brothers and to be humble partakers of the Divine Imagination that brought forth the world, and that now enables us to be born again into its own richness, by doing unto others as we would have others do unto us . . . I believe Divine Sympathy to be the full self-realisation of the Imagination that brought forth the world . . . It tells us that it would be wrong and therefore futile to seek even justice – even justice for others – through the slaughter and bereavement and mutilation and misery of multitudes of men, women and children. It tells us that oppression is not shortly to be eliminated from the world. It tells us that it is the Christian duty not to inflict such suffering, but if need be, to bear it patiently whereby it is transmuted from its passive state into an active principle in the fight of good against evil . . . the man who stands for universal and individual brother-hood – he is Liberty's truest friend.[31]

Ac i lygad y diwinydd, gellid dadlau mai ffurf ar eschatoleg gyflawnedig ('realised eschatology'), rhagor apocalyptiaeth fel y cyfryw, a fu'n faeth i ddelweddaeth gymdeithasol y Waldo aeddfed. O safbwynt diwinyddol, os

30. Robert Rhys, 'Poetry 1939–1970', yn Dafydd Johnston (gol.), *A Guide to Welsh Literature* (Cardiff, 1998), 97–8.
31. 'Statement', *WWRh*, 292, 293.

oedd gweledigaeth Waldo yn naïf, yna rhaid cydnabod mai dyna hefyd oedd naïfrwydd y Gwynfydau.

(ii) 'A thŷ llwyth nid o waith llaw' (*DP*, 22)
Awgrymwyd uchod fod i ddelwedd y 'tŷ' arwyddocâd cyfoethog, os cymhleth hefyd, ym mhrofiad Waldo ei hun. Ail agwedd ar y '[c]ymorth ymarferol' y bwriadai'r bardd i'w gyfrol ei gynnig yw symboliaeth yr annedd neu'r preswylfod, y 'tŷ' anweledig a diamser', a geir ganddo ar hyd yr *oeuvre*. Mewn cynhadledd a gynhaliwyd yn 2000 yn Coleraine, Gogledd Iwerddon, mentrais awgrymu hyn:

> Influenced probably by Saunders Lewis's article on the fifteenth-century poet Dafydd Nanmor, Waldo develops the concept of an invisible house of compassion. It is, as any house must be, the place to which things of worth are brought and kept; where all that is best in the human spirit might be nurtured . . . [I]n one of Waldo's greatest poems, 'Preseli', the *bro*, the very land itself, is depicted as being the place where this unseen house is formed. The mountains, Foel Drigarn, Carn Gyfrwy and Tal Mynydd, become the wall of the house; from Witwg to yr Efail he finds its floor. Another of Waldo's key words, *brawdoliaeth*, is itself the window through which he sees this new world, and it is this 'brotherhood', this instinctive sense of what the Vietnamese poet Thich Nhat Hanh has termed 'interbeing', that Waldo invokes with 'Fy Nghymru, a bro brawdoliaeth, fy nghri, fy nghrefydd,/Unig falm i fyd, ei chenhadaeth, ei her'. Waldo sees the summons to what he calls Brotherhood, to interrelating, as his people's primary mission and challenge in the world. However, the point is not that Waldo is somehow claiming that the agricultural communities of the Preseli mountains in Pembrokeshire are the paradigm of how human communities should be structured: he knew as well as any that destructive attitudes and behaviour can flourish in small rural communities just as they do everywhere else, and that the agricultural communities of the Preseli had no divine mandate to teach the rest of the world how to behave. I do believe, however, that he is saying that in his own *bro* he has glimpsed the Divine Imagination and its possibilities at work, and that from the depth of his own being, in a gap between two fields near Llandysilio, as a boy he intuited that all men and women *belong*, are intimately bound up with the good of each other. This is the bedrock of the eschatological house realised and built by kindness, and also its window onto the world.

As others have noted, Waldo's fundamental intuition is of living in such a way that relationships within humanity, and between humanity and the creation itself, may begin to be healed, so that the potential of each may be liberated for the good of all.[32]

Barddoniaeth hanfodol gynhwysol a geir gan Waldo, a holl elfennau'r greadigaeth yn rhannau annatod o'r undod cydymddibynnol y ceisir ei hyrwyddo yn ei gerddi.[33] At bwrpas y symbolaeth fwriadus hon, personolir pethau difywyd gan Waldo, megis yr wybren, y sêr, y gwynt; ond ceir symbolau byw hefyd, ac adar yn enghraifft dda ohonynt. Fel y gwelwyd eisoes, yn y cywydd byr a ganodd ar ôl marwolaeth Linda, cyffelybodd Waldo ei awen i 'aderyn bach' a fu, o'i herwydd hi, yn canu ennyd 'uwch drain byd'. Yn 'Tri Bardd o Sais a Lloegr', fe'i ceir fel petai yn ymuniaethu â'r 'adar cerdd' a gydganai ag ef amdani hi (DP, 47). Gwyddai Waldo yn dda am ddefnydd y Cywyddwyr yn eu cerddi serch o dechneg y llatai, gydag adar, wrth gwrs, yn negeswyr cyson; ond yn sicr nid dyna a geir ganddo yn y cerddi hyn. Nid cyfleu rhyw safbwynt neu genadwri yn unig a wna'r adar; y maent yn ymgorffori'r hyn a bortreedir. Yn 'Tŷ Ddewi', cyferbynnir swyddogaeth adar Rhiannon yr hen grefydd baganaidd â Cholomen Wen y Ffydd Gristnogol.[34] Math o herodr yw'r wennol a ddaw yn ôl i'w nyth, yn datgan cred (neu yn hytrach ddymuniad gobeithiol) y bardd na fydd y 'gaeaf' yn parhau (DP, 28–9); a herodr eto, fel drudwy Branwen, yw'r aderyn a gyflwynir yn 'Caniad Ehedydd'. Waldo ei hun, fe ymddengys, yw'r 'ehedydd' yn y gerdd hon:

> Ymrôf i'r wybren
> Yn gennad angen
> Fel Drudwy Branwen
> Yn nydd cyfyngder.
> Codaf o'r cyni
> A'm cân yn egni
> Herodr goleuni
> Yn yr uchelder.
>
> (DP, 94)

32. M. Paul Bryant-Quinn, 'Waldo Williams and the Healing of the Nations', The Celtic Literatures in the 20th Century/An litríocht sna Teangacha Ceilteacha san 20ú hAois, Coleraine, Awst 2000.
33. Am drafodaeth lawn ar symbolaeth y cerddi, gweler Hawys Davies, 'Symbolaeth yng Ngwaith Waldo'; traethawd PhD, Prifysgol Cymru, Aberystwyth (1993).
34. 'Dan Glomen Wen . . ./. . . Cipiant o galon y tonnau byddar/Hir wobrwy . . ./. . . Yn y newydd ffydd ni phaid/Hen degwch Brân Fendigaid./. . . Yn ei dranc bu fwyn dy ri. O'i galon/Adar Rhiannon roes i drueni.//Eithr fe gyfodes Iesu/O'r llwch a'i dywyllwch du' (DP, 12–13).

Yn y gyfundrefn symbolaidd hon, er bod adar i'w cysylltu gan mwyaf â'r agwedd bositif, gadarnhaol y dymuna'r bardd ei phwysleisio, nid yw heb arwyddocâd mai 'Yn nydd cyfyngder' y daw cennad y drudwy, ac mai 'uwch drain byd' yr ehedodd ei awen, yn debyg i aderyn bach. Gwrthgyferbynnir eiddilwch yr adar â chadernid y grymoedd sy'n difa gobaith. Yn 'Mewn Dau Gae', 'chwibanwyr' yw'r adar y mae Waldo yn eu clywed, megis cenhadon, ar ôl 'holi'n hir yn y tir tywyll'. 'Trwy oesoedd y gwaed ar y gwellt' a thrwy'r 'goleuni' a'r 'galar',[35] daw ato chwiban dirgel, cudd, 'nas clywai ond mynwes'. Y mae lle cryf i ddadlau fod y bardd, Waldo ei hun, yn bresennol yma ar ffurf y chwibanwr dihangol:

> y dihangwr o'r byddinoedd
> Yn chwiban adnabod, adnabod nes bod adnabod.[36]
> (DP, 27)

Gellir casglu, felly, mai symbol o barhad yw'r adar i Waldo – math o arwydd iddo o'r 'dydd y bydd mawr y rhai bychain' (DP, 68). Er mor ymddangosiadol ddi-rym ydynt, rhan o'u swyddogaeth yn ei farddoniaeth yw dynodi cymuned yr eschatoleg gyflawnedig a ddeuai, fe gredai, yng nghyflawnder yr amser: 'Gaeaf ni bydd tragyfyth./Daw'r wennol yn ôl i'w nyth' (DP, 29).

Oherwydd ymlyniad Waldo wrth Grynwriaeth, tueddir i feddwl amdano fel bardd Crynwrol. Cyfansoddodd 'Mewn Dau Gae' dair blynedd wedi iddo ymuno â Chymdeithas y Cyfeillion, ac yno y gwelir egluraf ar Waldo ddylanwad rhai o'r symbolau a gysylltir â'r Crynwyr. Dengys cymhariaeth rhwng y gerdd hon a Llyfr Disgyblaeth y Crynwyr fod Waldo wedi craffu'n bur ofalus ar ymadroddion unigol ac ar rythm ieithwedd y Crynwyr cynnar, a'i fod yn eu defnyddio'n grefftus at bwrpas ei fynegiant barddol:[37]

---

35. Credaf nad yw'r gystrawen yn y llinell hon yn ddamweiniol. Nid y gystrawen enidol ('trwy oleuni y galar') a geir yma, ond cymal enwol ('trwy'r goleuni[,] y galar . . .'). Yr oedd 'galaru' ('mourning') yn symbol pwysig yn nelweddaeth y Crynwyr cynnar, yn disgrifio'r cyflwr y buont ynddo oherwydd cael eu hargyhoeddi gan y Goleuni o'u hangen eschatolegol.

36. Yn 'Yr Heniaith' eto, fel adar y delweddir y rhai sy'n adfer urddas y Gymraeg: 'Pwy yw'r rhain trwy'r cwmwl a'r haul yn hedfan,/Yn dyfod fel colomennod i'w ffenestri?' (DP, 95).

37. Ymunodd Waldo â'r Crynwyr ym 1953. Yn unol â threfn disgyblaeth Cymdeithas y Cyfeillion, buasai disgwyl iddo fod wedi mynychu cyrddau addoli am gyfnod ystyrlon cyn cael ei dderbyn yn aelod o'r Gymdeithas. Disgwylid iddo hefyd fod yn gyfarwydd â phrif ddaliadau'r Crynwyr a'r hyn a elwir ganddynt yn 'Dystiolaethau'. Man hwylus ar gyfer hynny oedd y 'Llyfrau Disgyblaeth'. Yn y 1950au yr oedd tri ohonynt. Yn y llyfr cyntaf, sef Christian Life, Faith and Thought in the Society of Friends, ceir detholiad o ysgrifau'r Crynwyr o'r cyfnod cynnar ymlaen.

'Mewn Dau Gae' (*DP*, 26–7)	*Christian Life, Faith and Thought in the Society of Friends* (London, 1922)
O ba le'r ymroliai'r **môr goleuni** . . .	[t. 17] I saw . . . that there was an ocean of darkness and death, but an infinite **ocean of light** and life, which flowed over the ocean of darkness . . . (George Fox, *Journal*)[38]
Oedd [â]'i **waelod** ar Weun Parc y Blawd a Parc y Blawd?	[t. 18] In his testimony or ministry [Fox] much laboured to open truth to people's understandings, and to **bottom** them upon the principle and principal, Christ Jesus the **Light** of the World . . . (William Penn, 1691)
Tyst pob tyst, cof pob cof, hoedl pob hoedl . . .	[t. 18] In all things [Christ] did He aimed to please His Father, who is *God of gods, King of kings and Lord of lords* . . . (William Penn, *No Cross, No Crown*, 1669)
[t]rwy'r goleuni **y galar** . . . [Nodyn Waldo, *DP*, 119] *Datguddiad* 22:2. 'A **dail y pren** oedd i iacháu'r cenhedloedd.'	[tt. 19–21] I have been a man of sorrow and affliction from my childhood, feeling the want of the Lord and **mourning** after Him . . . almost ever since I could remember . . . (Isaac Pennington, 1681); I began to **mourn** and pray to a God I knew not where He was . . . my mind was kept in

38. Gweler hefyd nodyn Mihangel Morgan yn *Llên Cymru*, 22 (1999), 136–7.

	mournful estate where my greatest ease was in mourning to a God I knew not . . . my soul now feeds upon the Tree of Life, which I had so long hungered and thirsted after . . . (William Dewsbury, 1689)
Yr oedd yr heliwr distaw yn bwrw ei rwyd amdanom.	[t. 27] The Kingdom of Heaven did gather us and catch us all, as in a net . . . We came to know a place to stand in and what to wait in . . . (Edward Burrough, 1672)
Pa chwiban nas clywai ond mynwes?	[t. 18] They [y Crynwyr cynnar] were directed to the light of Jesus within them . . . a faithful and true witness and just monitor in every bosom . . . (William Penn, No Cross, No Crown, 1669)

Fel y gwelir, nid adleisiau uniongyrchol yw pob un o'r rhain gan Waldo, ond yn hytrach ysbardun i'w ddychymyg.[39]

(iii) '[C]ymryd gafael yn y llyfr' ('Casglu Dail Pren Ynghyd'; WWRh, 90) Dymuniad Waldo oedd y byddai Dail Pren yn 'gymorth ymarferol' i'w genedl. A derbyn bod trefn derfynol y cerddi fel y'u ceir yn y gyfrol yn

---

39. Cymharer hefyd y cyfeiriad cynnil at y llyfr apocryffaidd Doethineb Solomon a geir yn 'Yr Heniaith':

'Yr Heniaith' (DP, 95)	Doethineb Solomon (6:12, 16)
Disglair yw eu coronau yn llewych llysoedd/A thanynt hwythau.	Doethineb sy ddisglair, ac ni dderfydd: hawdd y canfyddir hi gan y rhai a'i hoffant, a hawdd y ceir hi gan y rhai a'i ceisiant.
yn crwydro . . ./Ar ddisberod . . ./Ac sydd yn holi . . ./Dros y rhai sy'n annheilwng o hon.	y mae hi yn myned o amgylch, dan geisio y rhai sy deilwng ohoni . . .

unol â dymuniad y bardd, gallem ystyried a fu yna strwythur bwriadol yn
y drefn honno. Yn argraffiad cyntaf *Dail Pren* ceir chwech a thrigain o
gerddi. Yr awdl ddiwygiedig 'Tŷ Ddewi' yw'r gyntaf, a'r gân 'Molawd
Penfro' yw'r olaf. Amgylchynir y cerddi a gynhwysir yn yr argraffiad hwnnw,
felly, gan ddau ddatganiad sy'n fynegiant eglur o bwysigrwydd ei fro
enedigol i'r bardd. Ar ôl 'Tŷ Ddewi', ceir un ar ddeg ar hugain o gerddi ac
yna 'Cyrraedd yn Ôl'. Yn nelweddaeth pennill cyntaf ac olaf y gerdd honno,
rhoddir y lle blaenaf i'r archangel Mihangel:

> Safed ym mwlch y berth
> Filwr Mihangel.
> Eirias uwch dwrn ei nerth
> Cleddyf yr angel.
>
> . . .
>
> Diau un Eden sydd –
> Heibio i'r angel.
> Gobaith i'n menter a rydd
> Cleddyf Mihangel.
>
> (*DP*, 70–1)

Yn ôl y bardd, gadael gardd Eden sy raid am well Eden y dyfodol. Ar ôl y
gerdd hon, ceir eto un ar ddeg ar hugain o gerddi, ac yna 'Medi'. Ceir
yn y gerdd honno gyfeiriad at bren sy'n awgrymu Pren y Bywyd, ac at
Fihangel unwaith yn rhagor:

> A rhwng tymhorau daear
> Ymrithia amgen wedd.
> Ynghanol oesol ryfel
> Mihangel y mae hedd.
>
> (*DP*, 114)

Rhwng y ddau begwn hyn ceir nifer o adrannau mwy neu lai thematig,
megis y cerddi er cof am deulu ac anwyliaid Waldo ac am eraill a gollwyd;[40]

---

40. 'Oherwydd ein Dyfod' (Linda; *DP*, 40); 'Y Tangnefeddwyr' (ei dad a'i fam; *DP*, 41–2);
'Angharad' (ei fam; *DP*, 43); 'Gyfaill, mi'th Gofiaf (Idwal Jones; *DP*, 44); 'Yr Hen Allt'
(lladdedigion y Rhyfel Byd Cyntaf; *DP*, 45); 'Tri Bardd o Sais a Lloegr' (Linda; *DP*,
46–7).

y cerddi am Gymru a'r Gymraeg a'r her sy'n wynebu'r genedl;[41] a'r adran lle
y ceir y cerddi 'ysgafn' a'r caneuon ffraeth.[42] Ond diau mai Waldo yn unig
a wyddai union arwyddocâd y drefn a ddewisodd ar gyfer *Dail Pren*, a
bwrw bod trefn benodol i'r cerddi. Fel yr awgrymwyd uchod, felly, rhaid
ystyried y gyfrol yn ei chyfanrwydd: nid un agwedd ar fywyd a geir, ond
llawer, fel petai'r bardd yn pwysleisio bod y *cyfan* yn bwysig. Myn rhai
beirniaid nad yw cerddi bach fel 'Mowth-Organ' (*DP*, 53) neu 'Y Ci
Coch' (*DP*, 101) yn teilyngu eu lle ochr yn ochr â 'Mewn Dau Gae'; ond
gellid dadlau bod y farn hon yn anwybyddu arwyddocâd a swyddogaeth y
cerddi hyn yn y gyfrol ar ei hyd. Gellid awgrymu mai yn y cyfochri ei
hun, a thrwy adael i'r cerddi oll greu eu heffaith drwy atseino â'i gilydd,
yn gyfanwaith, y gwelir o leiaf ran o'r '[c]ymorth ymarferol' a gynigiai'r
bardd i'w genedl.

    Gellir ystyried hyn yn fanylach. O fyfyrio ar gyfanswm a rhychwant y
cerddi a geir yn *Dail Pren*, ac ar arwyddocâd eu cynnwys, ceir awgrym bod
Waldo yn cyfleu mai trwy eu hystyried yn eu cyd-destun cyflawn – y cerddi
golau, gobeithiol ochr yn ochr â'r cerddi hynny lle na phetrusir rhag
wynebu ochr dywyll y ddynoliaeth a'i thueddiadau dieflig – y daw'r dar-
llenydd i deimlo, yng ngeiriau enwog y Crynwr Robert Barclay, 'the evil in
me weakening and the good raised up'.[43] Hyrwyddo lles ei genedl ei hun
oedd prif nod Waldo. Ar un wedd, gellid dadlau mai *oherwydd* ei bryderon
a'i ddioddefaint, ac nid er eu gwaethaf; *oherwydd* ei fod wedi 'holi'n hir yn
y tir tywyll' y ceisiodd Waldo ganfod o ba le'r ymroliai'r môr goleuni.
Dyna, yn ddiau, ran o'r hyn y myfyriodd y 'stricken deer' arno yn ystod y
cyfnod trist a chythryblus yn Lloegr; a dyna hefyd, efallai, ran o'i gymorth
ymarferol i ni ac i'n cenedl yn nryswch yr oes hon.

---

41. 'Bydd Ateb' (*DP*, 87); 'Anatiomaros' (*DP*, 88); 'Eneidfawr' (*DP*, 89); 'Wedi'r Canrifoedd
    Mudan' (*DP*, 90–1); 'Gŵyl Ddewi' (*DP*, 92); 'Cymru'n Un' (*DP*, 93); 'Caniad Ehedydd'
    (*DP*, 94); 'Yr Heniaith' (*DP*, 95); 'Yr Hwrdd' (*DP*, 96); 'Gwanwyn' (*DP*, 97); 'Rhodia,
    Wynt' (*DP*, 98–9); 'Cymru a Chymraeg' (*DP*, 100).
42. 'Y Ci Coch' (*DP*, 101); 'Byd yr Aderyn Bach' (*DP*, 102); 'Beth i'w Wneud â Nhw' (*DP*,
    103); 'Fel Hyn y Bu' (*DP*, 104–5); 'Yr Hen Fardd Gwlad' (*DP*, 106–7); 'Y Sant' (*DP*,
    108–9); 'Ymadawiad Cwrcath' (*DP*, 110–13).
43. Robert Barclay, *An Apology for the True Christian Divinity* (London, 1678), 240.

'Pa Wyrth Hen eu Perthynas?': Waldo Williams a 'Chymdeithasiad Geiriau'

Jason Walford Davies

I

Yn ei fonograff pwysig ar Waldo Williams, tyn Ned Thomas ein sylw at hoffter y bardd 'o eiriau sy'n tynnu pobl at ei gilydd'. Noda enghreifftiau megis 'cyflawn we', 'casglu', 'rhwyd' a 'rhwydwaith', ynghyd â'r rheini 'a ffurfir gyda'r rhagddodiad "cyd-" neu'i amrywiadau': 'cymod', 'cymdeithas', 'cyfannu', 'cyfannwr', 'cyfeillach', 'cymdogaeth', 'cydymdeimlad', ac ati. Ac y mae Ned Thomas yn llygad ei le wrth haeru na fu i'r un bardd Cymraeg arall '[f]ynd mor bell â Waldo yn ei ddefnydd creadigol o'r rhagddodiad i ffurfio categorïau syniadol newydd'.[1] Mynegiant yw hyn oll, wrth gwrs, o bwyslais Waldo ar y cysyniad o berthyn ac 'adnabod'. Chwedl Hugh Bevan yn ei ymdriniaeth â 'Mewn Dau Gae': 'Gorwedd hanfod dyn fel dyn, gellid meddwl, yn yr undod rhwng dynion a'i gilydd, oblegid y gynneddf neu'r rhinwedd y rhoddir bri arni yn y gerdd hon yw "adnabod, adnabod nes bod adnabod" . . . Yma . . . rhan o berthynas dyn â dirgelwch bod yw ei berthynas â dynion eraill'.[2] Waldo, heb os, yw 'bardd perthynas' *par excellence* y Gymraeg – bardd 'Adnabod', 'Cyfeillach', ac wrth gwrs, 'Brawdoliaeth' (*DP*, 62–3, 72–3, 79). Yr hyn y byddir yn ei archwilio yn yr ysgrif estynedig hon yw defnydd helaeth, soffistigedig ac unigolyddol Waldo, nid o ragddodiaid, ond yn hytrach o arddodiaid – yr ymgorfforiadau gramadegol ymddangosiadol ddibwys hynny o wahanol fathau o berthynas. Dwg fy nheitl ynghyd ddau ddyfyniad o waith Waldo – y naill o'r cywydd mawr 'Y Tŵr a'r Graig', a'r llall o adolygiad ganddo ym 1965 ar un o gyfrolau Bobi Jones.[3] Cafodd 'geiriau mawr' Waldo, wrth gwrs, gryn dipyn o sylw gan feirniaid. Ymhlith y rhain y mae gor-nith y bardd, Siwan

---

1. Ned Thomas, *Waldo* (Caernarfon, 1985), 38.
2. Hugh Bevan, 'Barddoniaeth y Cae Agored', *CMWW*, 259.
3. *DP*, 35; 'Ei Ddelweddau'n Ddiludded', *WWRh*, 204.

Richards, sy'n mynd i'r afael yn ei herthygl, 'Waldo: Rhai o'i Eiriau Mawr', â'r defnydd yn y farddoniaeth o dermau megis 'adnabod', 'goleuni', 'brawd-oliaeth', 'teulu', 'tŷ' ac 'awen'.[4] Ond beth felly am ei 'eiriau bach'? Ac nid cyfeirio'r wyf yn y fan hon at 'eiriau bach hen ieithoedd diflanedig' y ganig 'Cofio', ond at y geiriau bychain hynny, yr arddodiaid, y mae eu grym cydgysylltiol, cyfannol sylweddol yn hydreiddio holl waith Waldo.

Nid yw'r arddodiaid hyn wedi derbyn y sylw beirniadol estynedig y maent yn ei deilyngu. Ambell gyfeiriad yma a thraw at rai enghreifftiau o arddodiaid awgrymog yng ngwaith Waldo a gafwyd gan feirniaid hyd yma. Yn ei ysgrif ragorol ar y gerdd 'Gwanwyn', er enghraifft (astudiaeth sy'n ddigymar o ran dadlennu'r cyfoeth sydd i chwarae geiriol y bardd o fewn y gerdd unigol), medd John FitzGerald ynghylch trydedd linell gystwyol Waldo, 'Na'ch twyller â'ch medr ymadrodd na'r hir amynedd' (DP, 97): 'rhai sy'n "medru ymadrodd" a rybuddir rhag eu twyllo â'r medr hwnnw (ag ef, sylwer, nid ganddo; nid awgrymir fod na'r medr ei hun na phob defnydd ohono fel y cyfryw'n dwyllodrus – ergyd gynnil gywir)'.[5] Y mae ergyd y beirniad hwn hithau'n un gynnil gywir. Cyrhaeddgar hefyd yw datganiad R. M. Jones wrth drafod cymynrodd fywiocaol, ryddhaol beirdd a llenorion y blynyddoedd 1902–36: 'Hebddynt hwy, ac oni bai iddynt gladdu'r Bardd Newydd, tybed a fuasai'r gofodau ofnadwy a chyffrous sydd ynglŷn â "rhwng" a "dan" ac "i mewn" yng ngwaith Waldo wedi bod yn bosibl?'.[6] A da y pwysleisiodd Derec Llwyd Morgan nad 'gwrando ar leisiau' a wna'r iaith Gymraeg grwydrol a thlawd ar ddechrau 'Yr Heniaith', ond rhywbeth mwy dirgelaidd a chyfriniol o lawer, sef 'ymwrando â lleisiau' – 'fel pe bai'n gwrando ar rannau ohoni hi'i hun': 'Ond nid harddach na hon/Sydd yn crwydro gan ymwrando â lleisiau/Ar ddisberod o'i gwrogaeth hen' (DP, 95).[7] Fel y gwelir, y mae'r rhain yn bwyntiau unigol sy'n dyfnhau ein dealltwriaeth o ddyfeisgarwch Waldo drwy bwysleisio manylder ei brosesau barddonol a thrwy amlygu eurwe gysyniadol gweadwaith ei linellau. Ond daeth yn amser bellach inni ehangu cwmpas y drafodaeth hon, a chynnig astudiaeth lawn sy'n mynd i'r afael â'r amryfal swyddogaethau sydd i arddodiaid ym meddwl a dych-ymyg bardd Cymraeg mwyaf yr ugeinfed ganrif – a hynny drwy graffu ar y defnydd ohonynt yn ei helaethrwydd syfrdanol yn ogystal ag yn ei

4. Siwan Richards, 'Waldo: Rhai o'i Eiriau Mawr', yn J. E. Caerwyn Williams (gol.), *Ysgrifau Beirniadol XXIII* (Dinbych, 1997), 241–62.
5. John FitzGerald, 'Trosiad a Delwedd', yn J. E. Caerwyn Williams (gol.), *Ysgrifau Beirn-iadol XV* (Dinbych, 1988), 229.
6. R. M. Jones, *Llenyddiaeth Gymraeg 1902–1936* (Cyhoeddiadau Barddas, 1987), 572.
7. Derec Llwyd Morgan, 'Y Bardd Cenedlaethol', *Y Traethodydd*, CXXVI, 540 (Hydref 1971), 273.

fanylder rhyfeddol. Cyn gwneud hynny y mae'n rhaid wrth *caveat* hynod bwysig. Na feddylied neb mai ymdrin â manion yr ydys wrth ymhél â geiriau o'r fath. Gall 'geiriau bach' fel y rhain fod yn bethau tyngedfennol – fel y dangosodd B. F. C. Atkinson, er enghraifft, yn ei astudiaeth *The Theology of Prepositions* (1944), a Margaret M. Bryant yn ei chyfrol *English in the Law Courts* (1930) – astudiaeth o'r rôl ganolog y mae rhannau ymadrodd megis arddodiaid a chysyllteiriau wedi'i chwarae mewn achosion cyfreithiol.[8] Fel y byddir yn dangos, yr oedd arddodiaid i Waldo Williams yn adnoddau aruthrol bwysig, ac yn wir, yn adnoddau aruthr ar brydiau.[9]

Afraid dweud ar y dechrau fel hyn fod dyfeisgarwch wrth ymdrin â rhannau ymadrodd megis arddodiaid yn grefft y bydd pob bardd o safon yn ymhyfrydu'n naturiol ynddi. Meddylier, er enghraifft, am ddiweddglo cerdd T. H. Parry-Williams, 'Y Diwedd', lle y disgrifir corff yn cael ei daflu i'r dwfn oddi ar fwrdd llong: 'fe aeth hen ŵr at ei Iôr/Mewn sachlen wrth haearn trwy waelod y môr'.[10] Ond yn achos Waldo, nid oes unrhyw amheuaeth nad yw ei ymdriniaeth soffistigedig ag arddodiaid yn ffenomen ynddi'i hun ac yn ôl bys barddonol. Ef, fe gofir, yw'r bardd a gyhoeddodd, ar ddiwedd ei ddatganiad mawr, 'Pam y Gwrthodais Dalu Treth yr Incwm' (1956): 'Nid oes dim a'n rhyddha ond yr ymateb rhwng personau'.[11] Y mae'n naturiol, felly, fod yr arddodiad – yr ymgorfforiad hwnnw o berthynas, fel y nodwyd – wrth wraidd ei ymwybyddiaeth lenyddol. Ac agwedd bellach ar ddiddordeb greddfol Waldo yn y rhan ymadrodd hon yw'r ffaith fod yn y Gymraeg y fath beth, wrth gwrs, ag arddodiaid rhediadol – y rheini y mae eu ffurfiau rhediedig yn cyfleu personau: 'Fy nghuddio â'th gyfrinach heb ei rhoddi,/A minnau ynddi ac amdani'n glaf' ('Cân imi, Wynt');[12] 'Ti yw'r deifwynt i'r rhwysg amdanom./. . . Ti yw'r tywysog sy'n aros ynom' ('Adnabod'; *DP*, 63); 'A thrwyddynt, rhyngddynt, amdanynt ymdaenai/Awen yn codi o'r cudd, yn cydio'r cwbl' ('Mewn Dau

---

8. B. F. C. Atkinson, *The Theology of Prepositions* (London, 1944); Margaret M. Bryant, *English in the Law Courts: The Part that Articles, Prepositions and Conjunctions Play in Legal Decisions* (New York, 1930). Diddorol hefyd yn y cyd-destun presennol yw erthygl fer Alfred Bammesberger, 'Where Did Hrothgar Deliver His Speech?', *English Studies*, 83, 1–6 (2002), 1–5.

9. Byddir yn dilyn yn yr astudiaeth hon y diffiniadau o arddodiaid a geir yn *Geiriadur Prifysgol Cymru*.

10. *Casgliad o Gerddi T. H. Parry-Williams* (Llandysul, 1987), 24. Yng ngeiriau R. Gerallt Jones yn ei gofiant i'r bardd: '[Y mae'r] llinell olaf . . . yn gorymdeithio'n araf ac urddasol i'w therfyn, ond gyda thro annisgwyl yn y gair "trwy" yn lle'r disgwyliedig "i", sy'n rhoi dimensiwn pellach i'r holl gerdd'; *T. H. Parry-Williams* (Caerdydd, 1999), 135.

11. *WWRh*, 318.

12. Cyhoeddwyd y gerdd yn wreiddiol yn *Taliesin*, 3 (1962), 76, a'i chynnwys yn J. E. Caerwyn Williams (gol.), *Cerddi Waldo Williams* (Y Drenewydd, 1992), 96.

Gae'; *DP*, 27).[13] Yr hyn a geir mewn enghreifftiau megis y rhain yw dramateiddiadau, ar lefel adeiladwaith yr iaith ei hun, o bwysigrwydd 'cadw rhwymau teulu dyn' i Waldo Williams (a dyfynnu o'i gerdd 'Geneth Ifanc'). Y mae athroniaeth a bydolwg y bardd hwn, gellid dweud, yn fewnosodedig yn ei ramadeg, yn ymhlyg yn ei arddodiaid. Y mae ei werthoedd – ac aralleirio un o linellau'r gerdd 'Brawdoliaeth' – ynddynt yn gudd. Mewn gair, gweledigaeth arddodiadol yw gweledigaeth y bardd hwn. Ac na thybied neb fod defnydd Waldo o'r rhan ymadrodd arbennig hon wedi'i gyfyngu i ambell ddisgrifiad byr neu i glystyrau o linellau neu benillion hwnt ac yma. I'r gwrthwyneb: y mae'n drawiadol cymaint o gerddi cyfain ganddo sydd wedi eu seilio ar arddodiaid. Gellid nodi ar hap gerddi megis 'Dan y Dyfroedd Claear', 'Pa Beth yw Dyn', a 'Cymru'n Un'. Yn yr olaf, caiff ymgais ddyfal Waldo i ganfod hunaniaeth bersonol ac i'w leoli ei hun yn ddiwylliannol (ei 'holi hir', a defnyddio ymadrodd o 'Mewn Dau Gae') ei mynegi drwy gyfrwng y llu o arddodiaid gwibiog ac ymholgar: 'Ynof . . . drwy . . . o . . . trwy . . . dros . . . uwch . . . ymhlith . . . i . . . i . . . inni' (*DP*, 93). Yn achos 'Pa Beth yw Dyn?', strwythurir yr atebion diffiniol i gwestiynau'r bardd – a hynny yn y gerdd ar ei hyd – gan yr arddodiaid egnïol: 'Beth yw byw? Cael neuadd fawr/Rhwng cyfyng furiau./Beth yw adnabod? Cael un gwraidd/Dan y canghennau' (*DP*, 67). Neu meddylier am aflonyddwch yr arddodiaid yn y disgrifiad o William Cowper yn 'Tri Bardd o Sais a Lloegr' – 'Ac o'r tawelwch, wrtho ei hun,/Heriodd â'i gerdd anwaraidd gôr,/A'i freuder dros frawdoliaeth dyn/Trwy ddirgel ffyrdd yr Arglwydd Iôr' (*DP*, 47) – a'u prysurdeb ymchwilgar hyd yn oed yn un o rannau mwyaf adfyfyriol cerdd fwyaf Waldo, 'Mewn Dau Gae': 'Am hyn y myfyria'r dydd dan yr haul a'r cwmwl/A'r nos trwy'r celloedd i'w mawrfrig ymennydd' (*DP*, 27). Ac y mae'n werth oedi am ennyd gyda'r gerdd 'Oherwydd ein Dyfod', lle y mae'r gyfres o arddodiaid yn y pennill cyntaf yn arwyddo proses ddirgelaidd-bersonol o gyrraedd ac ymadael:

Oherwydd ein dyfod i'r ystafell dawel,
Yn yr ogof ddiamser yr oedd,
A'n myned allan i fanfrig gwreiddiau
Ac i afalau perllannoedd;

---

13. Tra diddorol yw awgrym R. M. Jones fod Waldo yn y llinellau olaf hyn yn 'isymwybodol gofio . . . [c]ymal Morgan Llwyd: "Pan fo dyn yn y goleuni yn adnabod cariad Duw ato, ynddo, a thrwyddo, mewn nerth a heddwch ryfedd"'; *Cyfriniaeth Gymraeg* (Caerdydd, 1994), 221. Y mae R. M. Jones yn mynd rhagddo i ddyfynnu o ddadansoddiad Hugh Bevan o arwyddocâd yr arddodiaid 'hynod weithgar' yng ngwaith Morgan Llwyd; gweler ymhellach gyfrol Bevan, *Morgan Llwyd y Llenor* (Caerdydd, 1954), *passim*.

A'n myned allan trwy'r wythïen dywyll
I oleuni yr aelwydydd
A mi'n dilyn y galon gynnes
Seren fy nos a rhin fy nydd . . .

(*DP*, 40)

Yn ei ysgrif sensitif ' "Oherwydd ein Dyfod": Cais ar Ddehongliad', y mae R. Geraint Gruffydd yn crynhoi cynnwys y pennill cyntaf hwn drwy ddweud bod Waldo yn 'adrodd am Linda yn ei arwain o'r ogof, drwy'r "wythïen dywyll" a thrwy "fanfrig gwreiddiau", allan i berllan o goed afalau a chyrraedd yn y diwedd aelwydydd golau'.[14] Yn sicr, '*Trwy* fanfrig gwreiddiau' yw'r union beth y byddem wedi'i ddisgwyl, eithr 'A'n myned allan *i* fanfrig gwreiddiau' a ysgrifennodd Waldo (fy mhwyslais i). Y mae'r gwreiddiau, gan hynny, yn gyrchfan annisgwyl ynddynt eu hunain; ond nid annisgwyl ychwaith, o gofio bod gwraidd/gwreiddyn yn un o symbolau mawr, cadarnhaol y bardd hwn. At hyn, y mae'r 'i' hwnnw gan Waldo yn esgor ar gyfuniad cyrhaeddgar a chyfrin o'r mewnol a'r allanol. Yr hyn y byddaf yn ei gynnig yn yr ysgrif hon, felly, yw ymdriniaeth â helaethrwydd gweledigaeth Waldo o fewn 'cyfyng furiau'r' gair unigol – yr arddodiad (y mae hynny, wrth gwrs, yn baradocs nodweddiadol Waldoaidd). Yn wir, nid gormod fyddai dweud bod y pwyslais a rydd y bardd ar y rhan ymadrodd dan sylw – y gwaith pwysig y mae'n ei ymddiried iddi yn ei farddoniaeth a'i ryddiaith fel ei gilydd – yn un o'i nodau diffiniol fel bardd.

II

Ffaith arwyddocaol yn y cyswllt hwn yw bod Waldo, wrth iddo roi cynnig ar ddiffinio barddoniaeth a chloriannu gwaith beirdd eraill, yn gwneud hynny – yn drawiadol o gyson – mewn termau arddodiadol. Caiff diffiniad arddodiadol enwog T. S. Eliot yn 'Tradition and the Individual Talent', er enghraifft, le blaenllaw ganddo ar ddechrau ei ysgrif 'The Function of Literature' (1953): 'Poetry is not a turning loose of emotion, but an escape from emotion; it is not the expression of personality, but an escape from personality'.[15] Craffer wedyn ar agoriad arddodiadol ei adolygiad ar gyfrol Bobi Jones, *Y Gân Gyntaf*, ym 1957:

Dyma farddoniaeth i orfoleddu amdani fel y mae hithau'n gor-

---

14. R. Geraint Gruffydd, ' "Oherwydd ein Dyfod": Cais ar Ddehongliad', *CMWW*, 134.

15. *WWRh*, 151. Diddorol hefyd yw adeiladwaith arddodiadol y frawddeg hon gan Waldo yn yr un ysgrif: 'Coleridge derived from Kant his own idea of the kinship of the energy of literature with that of life'; ibid., 153.

foleddu am fywyd. Adnewyddu bywyd y mae, trwy rinweddau plentyndod, gwreiddioldeb a diffuantrwydd a brwdfrydedd, yn doreth o ddelweddau, yn tarddu o'r teimlad, yn ymsaethu i olau'r dychymyg, yn syrthio i'w lle ar wyneb y deall.[16]

Ac mewn ymdriniaeth â barddoniaeth Euros Bowen ym 1961, dywed am y bardd hwnnw: 'Gan mwyaf, fe â â ni hyd lannau afonydd a thros weirgloddiau a chreigleoedd, trwy goedwigoedd ac i ogofeydd ei ddychymyg, a than ei asur a'i gymylau ac ar yr holl deithiau hyn, prin y gwelwn ddyn wrth ei waith nac yn picio i dŷ ei ffrind'.[17] Arwyddocaol iawn yw'r ffaith fod Waldo yn yr un ysgrif, wrth drafod gwendidau'r gyfrol *Cerddi Rhydd*, yn tynnu sylw penodol at duedd Euros Bowen i 'wneud i un arddodiad weithio yn lle un arall' – gwendid sydd ym marn Waldo 'yn creu aneglurdeb, anuniongyrchedd a dieithrwch dibwrpas'.[18] Gwelwn sylw Waldo unwaith eto yn cael ei ddenu gan ddefnydd llenor arall o arddodiaid yn ei adolygiad ym 1959 ar *Anadl o'r Uchelder* Pennar Davies, lle y noda, wrth restru enghreifftiau o ymadroddion chwithig ac anidiomatig yn y gwaith hwnnw: 'Gwelais . . . ambell frawddeg a barodd imi feddwl eto am y gwahaniaeth rhwng deuoedd fel "oedd" a "bu", "o" ac "oddi wrth", "rhai a "rhywrai", "nes eu bod yn gwneud" a "nes iddynt wneud"'.[19] Dro arall, serch hynny, gwelir elfen gref o chwaraegarwch yn sylwadau Waldo ynghylch arddodiaid – yn enwedig felly pan fanteisia ar bosibiliadau mwyseiriol y treigladau y mae arddodiaid yn esgor arnynt. Mewn llythyr anghyhoeddedig o Bontsenni, Sir Frycheiniog at D. J. Williams a'i wraig Siân, dyddiedig 14 Tachwedd 1949, a hynny wedi i Waldo ddychwelyd o Fro Gŵyr, tyr sangiad ysmala – lle y chwaraeir â'r ymadrodd Cymraeg 'ar wŷr' ('cam', 'gwyrdroëdig' neu hyd yn oed 'anonest') – ar draws llif y frawddeg: 'Ar ol [*sic*] dod yn ôl o wŷr (ydi hynny'n iawn D.J.? Roeddech chi ddim yn disgwyl imi ddweud imi fod am fis ar wŷr oeddech chi? . . .)'.[20]

---

16. 'Canu Bobi Jones', ibid., 165.
17. 'Awen Euros ac Awen Pennar', ibid., 188.
18. Ibid., 189. Perthnasol yw nodi bod hon yn ysgrif sy'n archwilio sawl math o berthynas yng ngwaith y ddau fardd dan sylw: rhwng haniaeth a diriaeth, natur a dyn, 'y byd gweledig a'r byd anweledig', a'r llenor a'i gynulleidfa.
19. Adolygiad ar *Anadl o'r Uchelder*, ibid., 181.
20. Casgliad D. J. Williams, Abergwaun, Llyfrgell Genedlaethol Cymru, Bocs 20, P2/35/30. Er nad treigladau yn sgil arddodiad sydd dan sylw mewn llythyr gan Waldo at yr un cyfaill ym 1928, y mae'n werth nodi ei sylwadau ffraeth yn y cyswllt hwn: 'Yr wyf eisoes wedi prynu copi o *Caniadau Mafonwy* . . . Tybiais ei bod hi'n well plygu ar unwaith i'r anorfod hyn, ond pe gwybuaswn cyn ei brynu fod yr hyglod aelod o Orsedd y Beirdd wedi camsillafu Clynderwen yn Glynderwen (neu a ddylwn i weud yn Lynderwen?), credaf y brwydraswn dipyn yn rhagor cyn gildio'; llythyr dyddiedig 30 Tachwedd 1928, *WWRh*, 78. Ceir y camgymeriad yn englyn Mafonwy, 'Merch Fach', yn *Caniadau Mafonwy* (Caerdydd, 1924), 7.

Awgrymog iawn yw'r hyn a geir gan Waldo mewn llythyr anghyhoeddedig arall at D. J. Williams a'i wraig Siân, dyddiedig 29 Gorffennaf 1955, o 'Glocca Morra, Spidéal' (lle'r aethai Waldo i ddysgu Gwyddeleg). Yn y llythyr sonia'r bardd am drafodaeth a gafodd un noson â neb llai nag Éamon de Valera ynghylch agwedd arbennig ar y berthynas ieithyddol rhwng y Gymraeg a'r Wyddeleg – cyfarfyddiad tra arwyddocaol o gofio sylw Waldo, mewn sgyrsiau â Bobi Jones (1958) ac â T. Llew Jones (1965), mai cân am Wrthryfel y Pasg, 1916 oedd ei gerdd Gymraeg gyntaf.[21] Â Waldo rhagddo yn y llythyr i ddweud hyn ynghylch yr Wyddeleg: 'Rwy'n leicio siap yr iaith[,] mae hi'n gynnil. Byw ymysg cerrig a'u mynegu [sic] eu hunain trwy arddodiad mae pobl y Gaeltacht'.[22] (Gallai'r ail frawddeg hon fod yn ddisgrifiad o Waldo yntau.) Diddorol tu hwnt yw nodi mai'r hyn a ysgrifennodd y bardd yn wreiddiol yn y fan hon oedd y ffurf luosog 'arddodiaid'. Bu i Waldo roi llinell drwy'r gair hwnnw a chynnig 'arddodiad', yr unigol, yn ei le – newid sy'n cryfhau (trwy ddistylliad, megis) ergyd y pwynt gramadegol-farddonol y mae'r bardd yn ei wneud yn y fan hon, ac sy'n caniatáu i ystyr arall frigo, sef 'arddodiad' yn golygu 'pwyslais', a 'phwyslais lleisiol' yn arbennig.

III

Mewn erthygl nodweddiadol graff ar ddefnydd Wordsworth o arddodiaid (a diau nad amherthnasol yw'r ffaith fod Wordsworth yn ddylanwad nid bychan ar feddwl a gwaith Waldo), medd Christopher Ricks:

> If as a poet you seek the simplest and most permanent forms of language, you are bound to give special importance to prepositions and conjunctions – those humble fundamentals, *in*, *up*, *and*, *but*, *of*, and so on. If as a poet you are concerned above all with relations and relationships, you are bound to give special importance to those words which express relationships: prepositions and conjunctions.[23]

21. *WWRh*, 91, 98. Y mae ymweliadau Waldo ag Iwerddon yn un o'r pynciau a drafodir gan T. Llew Jones yn ei ysgrif 'Waldo', *Fy Mhobl I* (Llandysul, 2002), 120–2. Perthnasol hefyd yw sylwadau James Nicholas yn ei ragair i'r flodeugerdd *Cerddi '71*: 'Yn niwedd Mehefin 1955 aeth Waldo draw i Iwerddon i le o'r enw Spideal, ger Galway, gyda'r bwriad o ddysgu Gwyddeleg yno. Bu yno drwy fis Gorffennaf a dysgodd Wyddeleg yn ddigon da i'w darllen. Dyma'r adeg y cyfarfu â De Valera, oherwydd yr oedd ŵyres [sic] fach i'r gŵr mawr hwnnw yn yr un dosbarth â Waldo yn Spideal yn dysgu Gwyddeleg'; James Nicholas (gol.), *Cerddi '71* (Llandysul, 1971), 11.
22. Casgliad D. J. Williams, Abergwaun, Llyfrgell Genedlaethol Cymru, Bocs 20, P2/35/35.
23. Christopher Ricks, 'William Wordsworth: "A Sinking Inward into Ourselves from Thought to Thought"', *The Force of Poetry* (Oxford, 1995), 120.

Medd Ricks ymhellach: 'Wordsworth's poetry was to be "important in the multiplicity and quality of its moral relations" (*Preface* to *Lyrical Ballads*). His commitment was to an exploration of all the most important relationships of man: man to nature, man to family, man to God. The humbly essential medium for all such relationships is the preposition'.[24] Dyma derminoleg sydd, heb os, yn ymgysylltu'n greadigol ar draws y canrifoedd, ac ar draws ffin ieithyddol, â gwaith Waldo Williams. Yn ei erthygl, rhydd Ricks enghreifftiau o ddefnydd soffistigedig Wordsworth o arddodiaid, gan gyfeirio ein sylw, er enghraifft, at y llinellau yn 'Tintern Abbey' lle y cyferchir y 'spirit' hwnnw 'Whose dwelling is the light of setting suns,/ And the round ocean and the living air,/And the blue sky, and in the mind of man'. Dywed Ricks:

> The spirit's dwelling is light, sea, air and sky; its dwelling is in the mind of man. One has only to replace 'Whose dwelling is' by 'Which dwells in' – wording which would occlude any such distinction – to see the narrow limits within which a crucial distinction may thrive. Crucial, and mysterious, since the spirit's dwelling place *in* the mind of man remains unspecified and perhaps unspecifiable: it doesn't dwell there, it dwells in there, as if the mind of man were the darkest and deepest of continents.[25]

Dwg hyn i gof yn syth un o linellau Waldo ei hun, o'r gerdd dywyll 'Gwanwyn' – 'Poethi bleiddieist blwng yn nhywyll-leoedd y galon' (*DP*, 97). Ac y mae'r cyfeiriadau hyn at eangderau arswydus meddwl a chalon dyn yn eu tro yn ein tywys yn ôl at enghraifft arall o ddefnydd unigolyddol o arddodiaid gan Wordsworth yn yr un gerdd – ac yn ôl hefyd at Waldo ei hun. Dyma Ricks eto: 'Take a famous line from "Tintern Abbey" and imagine it as a puzzle for the compositor. "Felt in the . . . and felt along the . . ." To be slotted in are the words *heart* and *blood*'. Y drefn ddisgwyliedig, wrth gwrs, fyddai 'Felt in the heart, and felt along the blood', 'since the heart is static and the blood is diffused', chwedl Ricks.[26] Ond yr hyn a ysgrifennodd Wordsworth oedd 'Felt in the blood, and felt along the heart'. Fel y noda Ricks:

> The unobtrusive surprise of the prepositions is a matter of our

---

24. Ibid.
25. Ibid., 122.
26. Ibid., 121.

being tacitly aware of how they might have been expected to figure: deploying them this way round then enables Wordsworth to challenge the presupposition that the heart is simply a place and the blood simply diffused; the relationship between the heart and its blood is seen to be more intimate, more mysterious, and more reciprocal than that. The heart has no blood that is not coming from and going to; the blood's coming and going are dependent upon the heart; and this reciprocity . . . can be subtly and touchingly signalled by interchanging their prepositions.[27]

Dyma awgrymusedd barddonol a fyddai, heb os, wedi bod wrth fodd calon Waldo – yn arbennig felly gan mai perthynas – perthynas symbiotig wyrthiol – yw'r union bwnc a archwilir yn yr achos hwn drwy gyfrwng y defnydd dyfeisgar o arddodiaid. Yn wir, diddorol odiaeth yw sylwi bod Waldo ei hun yn archwilio cysyniadau tebyg iawn i'r hyn a geir gan Wordsworth (a ellir awgrymu mai dylanwad uniongyrchol o du'r bardd hwnnw a welir yma?) ym mhennill olaf ei gerdd 'Y Dderwen Gam', lle y disgrifir y llanw yn nyfrffordd Aberdaugleddau 'Yn codi'r haul ac yn tynnu'r eigion/Trwy'r calonnau gwyrdd dros y ddwylan lom'.[28] Y mae'n ddiddorol nodi bod *frisson* y ddelwedd ryfeddol hon o'r môr yn cael ei dynnu 'Trwy'r calonnau' ac yna 'dros y ddwylan lom' (sylwer ymhellach ar y symud nodweddiadol Waldoaidd o'r mewnol i'r allanol) wedi diflannu yng nghyfieithiad Tony Conran o'r gerdd. Yn ei drosiad ef caiff yr eigion ei dynnu 'To the green heart between bare banks'[29] – cyfieithiad sydd nid yn unig yn tymheru'r arallrwydd creadigol sydd i fynegiant arddodiadol y gwreiddiol, ond sydd hefyd yn cyfnewid ehangder y ffurf luosog honno, 'calonnau', am gyfyngder y ffurf unigol. Y wers yn hyn o beth yw y gall ystyried cyfieithiadau megis yr enghraifft hon gan Conran (sydd, fel arall, dylid nodi, yn drosiad rhagorol) fod yn fodd i ganolbwyntio ein sylw ar nodweddion diffiniol y gwreiddiol ac ar yr hyn sy'n unigolyddol, yn arbennig – yn wir, yn rhyfedd yn ogystal ag yn rhyfeddol – yn ei gylch.

Defnyddiais yr ymadrodd 'arallrwydd creadigol' uchod i ddisgrifio defnydd Waldo o arddodiaid, a hanfodol bwysig cyn mynd ati i ystyried yn fanylach yr agwedd greiddiol hon ar ei waith yw nodi bod elfen gref

27. Ibid. Cyd-dery'r dadansoddiad hwn yn drawiadol ag eiddo Hugh Bevan yn achos gwaith Morgan Llwyd; gweler *Morgan Llwyd y Llenor*, 63.
28. Gwilym Rees Hughes ac Islwyn Jones (goln.), *Cerddi '69* (Llandysul, 1969), 72. Gweler hefyd Williams (gol.), *Cerddi Waldo Williams*, 101.
29. Tony Conran (cyf.), *Waldo Williams: The Peacemakers* (Llandysul, 1997), 177.

iawn o ddieithrwch yn nodweddu'r rhan ymadrodd hon yn *oeuvre* y bardd. Nid y 'dieithrwch dibwrpas' hwnnw a nododd Waldo wrth drafod arddodiaid Euros Bowen mohono, eithr hynodrwydd cyffrous, lluosog ei awgrymiadau. Drwyddo gwelir Waldo yn adfywhau ystrydebau, yn aildanio idiomau ac yn ehangu posibiliadau'r iaith Gymraeg ei hun. Pa beth, ynteu, sy'n gyfrifol am yr arallrwydd hwn? Canolog yn y cyd-destun, wrth reswm, yw'r pwyslais llywodraethol hwnnw yng ngwaith Waldo ar berthyn a pherthynas, ond hoffwn yn y fan hon awgrymu'n gyflym ddwy elfen bellach sydd, yn gymwys iawn, yn dwyn perthynas uniongyrchol â'i gilydd ac sydd, mi gredaf, â rhannau pwysig i'w chwarae yn achos y cefndir bywgraffyddol yn y cyswllt hwn. Yn y lle cyntaf, y ffaith mai ail iaith, yn gronolegol o leiaf, oedd y Gymraeg i Waldo. Egyr rhagair i lawlyfr Cymraeg diweddar ar arddodiaid â'r geiriau hyn: '"Wrth eu harddodiaid y'u hadnabyddir hwy." Dyma . . . un ffordd i adnabod siaradwr brodorol rhagor na dysgwr iaith'.[30] Afraid dweud bod Waldo wedi meistroli'r Gymraeg yn gynnar – ac yn llwyr. Ond wrth ddatgan hyn, ni ddylid, mewn ymdriniaeth fanwl â hynodrwydd (odrwydd?) arddodiaid Waldo – gan ystyried hefyd hynodrwydd ei ddefnydd o'r Gymraeg yn gyffredinol – golli golwg ar effaith ffurfiannol, ddofn y blynyddoedd Saesneg cynnar hynny (ynghyd â phwnc ei radd, a'r cyfnodau estynedig a dreuliodd yn Lloegr, wrth gwrs) ar ei ymwybod â phosibiliadau('r) iaith. Gellid haeru bod yr elfen honno o brofi'r Gymraeg o'r tu allan wedi cyd-daro'n ysblennydd yn achos Waldo ag unigolyddiaeth farddol reddfol, lachar – a maentumio, ymhellach, fod ei gefndir di-Gymraeg yn un o'r ffactorau a sicrhaodd mai ef oedd bardd Cymraeg mwyaf yr ugeinfed ganrif. Y mae'n werth cofnodi yma eiriau tra arwyddocaol Waldo, mewn llythyr anghyhoeddedig at ffrind iddo, Megan Humphreys, ddwy flynedd cyn ei farwolaeth, ynghylch ei brofiad o ddysgu Cymraeg ym Mynachlog-ddu (wedi i'w deulu symud yno o Hwlffordd yn haf 1911):

Wel mae troeon bywyd yn rhyfedd. Gwnaeth Mynachlogddu fi'n Gymro. Cymerais at y Gymraeg fel hwyaden at ddŵr. Saesneg yn y tŷ o hyd. Roeddwn i mor swil yn y tŷ. Yn 1921 fe enillais wobr yn Eisteddfod Llungwyn Horeb Maenclochog am gerdd ar Horeb Mynydd Duw, ac fe redodd hanner dwsin o fechgyn a fuasai gyda mi ym Mynachlogddu 1911–1915 – y rhai y dysgais Gymraeg wrth dreio siarad â nhw – i fyny i'r llwyfan i'm llongyfarch. Sut un fyddwn i pe baem wedi aros yn Hwlffordd? A fyddai

---

30. D. Geraint Lewis, *Pa Arddodiad?: A Check-list of Welsh Prepositions* (Llandysul, 2000), 9.

Cymraeg gennyf o gwbl? Doedd dim gair gennyf yn mynd i Fynach-logddu.[31]

Fe'n harweinir yn naturiol gan y dyfyniad hwn at yr ail ffactor yr wyf am ei grybwyll yng nghyswllt dieithrwch creadigol arddodiaid Waldo, sef ei ddaearyddiaeth farddol, a natur drothwyol Sir Benfro fel tiriogaeth. (Yng nghyswllt hoffter y bardd o dde Saesneg y sir a'i drigolion, diddorol yw tystiolaeth ei nith, Eluned Richards, yn ddiweddar – mewn erthygl y mae ei theitl, 'Perthyn i Waldo', yn arwyddocaol yn y cyd-destun hwn – y byddai 'acen Waldo'n newid wrth iddo ddisgyn o'r bws yn Hwlffordd'.[32]) Perthnasol yma yw tynnu sylw at y modd y dramateiddir deuoliaethau daearyddol-ieithyddol y sir gan Waldo mewn englyn Saesneg a dyr ar draws y cypledau cywydd Cymraeg yn ei gerdd anghasgledig, 'Priodas Aur' (i'r clocsiwr Tomi James a'i wraig).[33] Yn arwyddocaol, englyn tra phrysur ei arddodiaid ydyw:

> 'Gaf i 'nawr, heb gau fy nhôn[,]
> Sisial er mwyn y Saeson?
> Fifty years' love above the bog, – they made
> The most of Pebidiog;
> How did they thrive in Sgeifiog?
> Mid the clay he made the clog.[34]

'Waldo Williams's background', medd Ned Thomas, 'may well have given him a heightened sense of pluralism and solidarity across boundaries',[35] a gellir ychwanegu yn y cyswllt hwn fod arddodiaid ymhlith ei gyfryngau pwysicaf fel bardd wrth iddo sefydlu, meithrin ac archwilio llinynnau cyswllt ar draws ffiniau daearyddol-ddiwylliannol.

31. Llythyr dyddiedig 22 Rhagfyr 1969 ym meddiant yr awdur presennol. Dyfynnir ohono â chaniatâd caredig Mr Gareth Pritchard. Yn achos dyddiad yr eisteddfod, cf. B. G. Owens, 'Casglu Gweithiau Waldo Williams', *CMWW*, 206. Trafodir y gerdd dan sylw – cerdd gyhoeddedig gyntaf Waldo, dylid nodi – gan Robert Rhys yn *Chwilio am Nodau'r Gân: Astudiaeth o Yrfa Lenyddol Waldo Williams hyd at 1939* (Llandysul, 1992), 60–2.

32. Eluned Richards, 'Perthyn i Waldo', *Yr Angor*, 271 (Tachwedd 2004), 9. Ceir ar y tudalen dilynol deyrnged i gyfaill Waldo, B. G. Owens (1909–2004).

33. Ceir ffotograff o'r ddau yn James Nicholas (gol.), *Bro a Bywyd Waldo Williams* (Cyhoedd-iadau Barddas, 1996), 82.

34. W. Rhys Nicholas (gol.), *Beirdd Penfro* (Llandysul, 1961), 157.

35. Ned Thomas, 'Waldo Williams – In Two Fields', yn Hans-Werner Ludwig a Lothar Fietz (goln.), *Poetry in the British Isles: Non-Metropolitan Perspectives* (Cardiff, 1995), 255.

IV

Y mae'r mynd a dod hwn ar draws ffiniau o'r fath yn rhan o broses ehangach yng ngwaith Waldo – yn rhan o'r symud di-baid hwnnw rhwng amrywiol gyflyrau y mae sawl beirniad wedi tynnu sylw ato: rhwng y lleol a'r cenedlaethol, y personol a'r cymdeithasol, y bydol a'r ysbrydol, y daearol a'r cosmig, y mewnol a'r allanol.[36] Yng nghyswllt y pâr olaf, diau fod arddodiaid wedi magu arwyddocâd pellach i Waldo yn sgil ei benderfyniad i ymuno â'r Crynwyr ddechrau'r 1950au. Ac o ystyried hyn oll, nid yw'n anodd gweld paham yr oedd yr arddodiaid 'yn' a 'mewn' – y naill yn cyfeirio at enwau pendant, y llall at rai amhendant – o gryn bwys i Waldo fel bardd y berthynas rhwng y mewnol a'r allanol, y penodol a'r cyffredinol. Y mae geiriad y ddau ateb a roddir i gwestiynau'r bardd ym mhumed pennill 'Pa Beth yw Dyn?' gan hynny'n dra arwyddocaol, a gwelir Waldo yma, wrth gyfosod y ddau arddodiad, yn ein hannog i feddwl o'r newydd am y berthynas fywiol rhyngddynt: 'Beth yw bod yn genedl? Dawn/Yn nwfn y galon./Beth yw gwladgarwch? Cadw tŷ/Mewn cwmwl tystion' (*DP*, 67). At hyn, dylid nodi mai un o nodweddion mwyaf trawiadol gwaith Waldo yng nghyd-destun y symud parhaus hwnnw rhwng cyflyrau y cyfeiriwyd ato yw amlder ei ddefnydd o'r parau 'o . . . i' ac 'i . . . o', ac o amrywiadau arnynt. Yn y gofod rhwng y pwyntiau daearyddol a chysyniadol hyn ceir gan Waldo yn gyson sawl *via* a llu o ddargyfeiriadau. Daw i'r meddwl agoriad y gerdd 'Almaenes': 'O'i boncyff tŷ, tros asglod tref,/Yn drigain oed, trwy'r gwyll i'w gwaith' (*DP*, 75). (Yr ydym am i'r 'yn' hwnnw – 'Yn drigain oed' – am ennyd, fod yn arddodiad.) Yn nwylo Waldo gall y cyfuniadau hynny, 'i . . . o', 'o . . . i', ynghyd ag amrywiadau'r bardd arnynt, esgor ar effeithiau tra amrywiol. Ystyrier, er enghraifft, hiwmor y rhyngweithio rhwng teitl ac is-deitl – 'I'r Hafod (*Trwy "Bant Corlan yr Ŵyn*")' (*DP*, 59); uniongyrchedd ergydiol

---

36. Wrth osod gwaith Waldo yn erbyn cefndir y beirdd Rhamantaidd, medd Ned Thomas, er enghraifft: 'Mae rhyw ehangder mawr yn agor mewn barddoniaeth Ramantaidd, mae'r ymwybyddiaeth yn ymestyn. Wedi chwilio'r byd gweledol a chwrs amser, mae'r meddwl yn troi'n ôl arno'i hun gan wybod mai trosiadau o'i wneuthuriad ei hun yw'r cwbl, ond estynnwyd y gofod mewnol. A dyma i mi un o nodweddion hyfrytaf llawer o gerddi Waldo, sef eu bod yn dangos yr ymwybyddiaeth yn ymestyn . . . [M]ae symud rhwng cyfyngder ac ehangder; mae'r gair *maith* yn ymddangos yn gyson; mae cwrs amser a phellter gofodol yn drosiadau sy'n cyfateb i ddyfnder yr ymwybyddiaeth fewnol'; Thomas, *Waldo*, 46, 47. Y mae Alan Llwyd yntau'n sôn am y symud yng ngwaith Waldo o 'un pwynt daearyddol cyfyngedig' i'r 'ehangder eithaf'; gweler 'Waldo Williams: "O Bridd" Gyda Golwg ar Rai Cerddi Eraill', *Rhyfel a Gwrthryfel: Brwydr Moderniaeth a Beirdd Modern* (Cyhoeddiadau Barddas, 2003), 377–8. At hyn, tyn Alan Llwyd sylw penodol at y symud 'o dywyllwch a chwerwedd tuag at oleuni a gorfoledd' yn y gwaith; ibid., 371–7.

'A'm llawr o'r Witwg i'r Wern ac i lawr i'r Efail' (*DP*, 30);[37] y pwyslais – â chymorth coma hollbwysig sy'n cadarnhau grym yr arddodiaid – ar lafurwaith arwrol, cosmig yn 'Ac yn estyn yr haul i'r plant, o'u plyg' (*DP*, 30);[38] a'r ymwybod trist â llwybrau'n croesi, ac yn mynd i gyfeiriadau gwahanol, mewn llinellau megis 'Daw'r wennol yn ôl i'w nyth,/O'i haelwyd â'r wehelyth' (*DP*, 28). (Y mae'r cyfosod arddodiadol noeth yn y cwpled hwn wedi gorfodi Tony Conran fel cyfieithydd i ychwanegu cysylltair esboniadol: 'The swallow will find her nest,/But kinship leaves the fireside'.[39] Yn aml iawn, dylid nodi, ni cheir gan Waldo ben siwrnai penodol i'r teithio di-baid hwn yn ei waith, ond yn hytrach rywbeth mwy amwys, amhendant ac awgrymog o lawer. Meddylier, er enghraifft, am y llinellau hyn o'r gerdd 'Y Geni' – 'A'u cipio ysbaid i'r llawenydd glân/Tu hwnt i ardderchogrwydd chwedl a chân' (*DP*, 74) – neu am ddiweddglo 'Oherwydd ein Dyfod': 'A dyfod y byd i'r dyfnder dedwydd/O amgylch swn troed fy eurferch' (*DP*, 40). Diddorol hefyd yw gweld Waldo yn archwilio amryfal ystyron yr *un* arddodiad. Er enghraifft, yn ei awdl 'Tŷ Ddewi', fe'i gwelir, o fewn cwmpas byr, yn manteisio ar sawl un o ystyron yr arddodiad 'am': 'Nos Duw am Ynys Dewi', 'Hiraeth am y fro ar y gro a'r graean', 'Ymleda'r glas am Lydaw' (*DP*, 9, 11). Dyma symudiad o fewn llonyddwch un arddodiad.

Gwelir pethau diddorol yn digwydd wrth inni symud, nid o'r naill bwynt i'r llall o fewn cerdd, ond rhwng gwahanol fersiynau o gerddi unigol gan Waldo. 'Un funud fach cyn elo'r haul o'r wybren,/Un funud fwyn cyn delo'r hwyr i'w hynt' yw llinellau agoriadol 'Cofio' yn yr argraffiad cyntaf o *Dail Pren* (*DP*, 78), ac 'o'r wybren . . . i'w hynt' hefyd (*pace* yr hyn a ddywed Euros Bowen mewn erthygl ar *Dail Pren* ym 1957) yw'r dilyniant yn y fersiwn cyhoeddedig cyntaf o'r gerdd.[40] Cafodd y dilyniant nodweddiadol Waldoaidd hwnnw ei ddisodli gan 'i'w orwel . . . i'w hynt', serch hynny, yn y fersiwn o'r gerdd a gynigiwyd gan T. H. Parry-Williams yn ei *Elfennau Barddoniaeth* (1935)[41] – newid a gythruddodd y bardd, fe ymddengys,[42] ac un a welir hefyd yn fersiwn Thomas Parry yn

37. 'A'm llawr, o'r Witwg i'r Wern, ac i'r Efail' yw ffurf y llinell yn y fersiwn o'r gerdd a ymddangosodd yn *Baner ac Amserau Cymru*, 20 Tachwedd 1946, 1.

38. Yng nghyfieithiad Waldo ei hun o'r gerdd, y mae mwysair cyfoethog – 'still' – yn weithredol yn y fan hon: 'And they toss the sun to their children as still they bend'. Cynhwyswyd y cyfieithiad hwn yng nghyfrol James Nicholas, *Waldo Williams* (Cardiff, 1975), 8–9.

39. Conran (cyf.), *The Peacemakers*, 79.

40. *Y Ford Gron*, 1, 11 (Medi 1931), 6. Ceir y sylw perthnasol gan Euros Bowen yn '*Dail Pren*: Cerddi gan Waldo Williams', *CMWW*, 294.

41. T. H. Parry-Williams, *Elfennau Barddoniaeth* (Caerdydd, 1935), 64.

42. Gweler sylwadau Bobi Jones, 'Adolygiadau Hwyr' (15), *Barddas*, 285 (Tachwedd/Rhagfyr 2005–Ionawr 2006), 8.

The Oxford Book of Welsh Verse (1962).[43] (Yn wir, aeth Euros Bowen, yn yr erthygl honno ar waith Waldo y cyfeiriwyd ati, mor bell â chynnig 'i orwedd' ar gyfer y llinell gyntaf: 'Buasai hynny'n ateb yn addasach i'r syniad o gofio', honnodd.[44]) Ond gellir ymdeimlo eto â grym Waldoaidd y dilyniannau 'i . . . o' ac 'o . . . i' o ystyried y dylanwadau posibl ar un o'i linellau enwocaf, sef llinell agoriadol ei gerdd bwysicaf, 'Mewn Dau Gae'. Y mae a wnelom yma â dilyniant arddodiadol rhwng un o weithiau Waldo a cherdd gan fardd arall. Tystia Eirian Davies fod llinell o awdl golegol ganddo ar y testun 'Yr Afon' wedi gwneud argraff neilltuol ar Waldo: 'daeth ataf yn gyffro i gyd a dweud "Ma' lein wedi stico yn 'y meddwl i. Wy'n ffaelu cael gwared arni"'.[45] Y llinell honno o eiddo Eirian Davies oedd 'Ymrolio i fôr â mawr leferydd' – llinell y mae modd clywed yn glir adlais ohoni yn agoriad eiconaidd 'Mewn Dau Gae': 'O bla le'r ymroliai'r môr goleuni . . .?' (*DP*, 26). Ochr yn ochr â'r adlais posibl ei hun, dad-lennol yng nghyswllt yr agwedd arbennig ar arddodiaid Waldo y buwyd yn ei thrafod yma yw'r newid cyfeiriad a phersbectif hwnnw sy'n digwydd yn y bwlch rhwng y ddwy linell: 'Ymrolio i fôr', 'O ba le'r ymroliai'r môr . . .?'.

Un o strategaethau pwysicaf Waldo yn achos ei ddefnydd o arddodiaid yw ei hoffter o chwarae â disgwyliadau ei ddarllenwyr o ran eu hymateb i'r rhan ymadrodd hon. Ystyrier, er enghraifft – a hynny yng nghyd-destun y pwyslais cyson a rydd y bardd yn ei gerddi ar y dilyniant arddodiadol 'o . . . i' hollbwysig – y llinellau allweddol hynny ar ddiwedd y trydydd pennill a dechrau'r pedwerydd yn 'Mewn Dau Gae', lle y symudir o'r unigol i'r lluosog ac o'r personol i'r cymdeithasol:

> Tyst pob tyst, cof pob cof, hoedl pob hoedl,
> Tawel ostegwr helbul hunan.

> Nes dyfod o'r hollfyd weithiau i'r tawelwch . . .
>
> (*DP*, 26)

Yr ydym ar fin gofyn beth neu pwy (dyna yw'r union gwestiynau a holir gan y bardd ei hun yn hanner cyntaf y gerdd, wrth gwrs) sy'n dod o'r hollfyd i'r tawelwch, ond sylweddolwn ar amrantiad wrth ddarllen y llinell ddilynol, 'Ac ar y ddau barc fe gerddai ei bobl', nad y dilyniant Waldoaidd

43. Thomas Parry (gol.), *The Oxford Book of Welsh Verse* (Oxford, 1962), 503.
44. Bowen, '*Dail Pren*: Cerddi gan Waldo Williams', *CMWW*, 294. Ar yr amryfal fes;ynau o 'Cofio', gweler Huw Walters, '*Cofio*: Nodyn', *Taliesin*, 103 (Hydref 1998), 61–7.
45. Eirian Davies, 'Gair Eto am "Y Gerdd Fach Seml"', *Barddas*, 147–8 (Gorffennaf/Awst 1989), 2.

arferol, 'o . . . i', a geir yma ond y gystrawen (hynafol bellach) yn y Gymraeg sy'n mynegi'r gweithredydd â dibeniad i'r arddodiad 'o'.[46] Fel y dywedodd Waldo ar ddiwedd llythyr at J. E. Caerwyn Williams ddechrau 1969: 'Trist oedd marw o Gwenallt'.[47] (Y mae llinell enwog Parry-Williams yn 'Moelni' yn enghraifft dda o'r gystrawen: 'Nes mynd o'u moelni i mewn i'm hanfod i'.[48]) Y mae'n dra chymwys, yng nghyd-destun y symud cosmig sy'n nodweddu'r gerdd, fod y gystrawen yn y rhan hon o 'Mewn Dau Gae' (ffwlcrwm y gerdd mewn gwirionedd) hithau, am ennyd, yn hylifol. Cyd-dery'r sioc fach gystrawennol a brofwn â'n syndod wrth geisio amgyffred aruthredd y ddelwedd a rydd Waldo inni yn y fan hon, sef darlun o'r ddynolryw yn troedio'r ddau gae. A chyfoethogir ein hymateb ymhellach o glywed adlais (arddodiadol) i'r llinellau 'Tawel ostegwr helbul hunan.//Nes dyfod o'r hollfyd weithiau i'r tawelwch' yn 'Paham yr Wyf yn Grynwr', y sgwrs radio honno a ddarlledwyd fis yn unig wedi ymddangosiad cyntaf 'Mewn Dau Gae': 'Profiad sydd yn dod imi weithiau, ar ôl imi ddod allan o'm hanfodlonrwydd â mi fy hun i'r tawelwch, yn dod allan o'r tawelwch wedyn i ganol rhyw ymsymud mawr'.[49] Sefydlir yn y modd hwn ddialog arddodiadol a chystrawennol (gwelir mai'r dilyniant cyfarwydd 'o . . . i' a geir gan Waldo yn y darn hwn o 'Paham yr Wyf yn Grynwr') rhwng y rhyddiaith a'r farddoniaeth. Dyma 'gymdeithasiad geiriau' yn wir.

Mynegiant pellach o'r chwarae hwn â'n disgwyliadau gramadegol yw'r esiamplau niferus hynny yng ngwaith Waldo lle y mae'r bardd yn cyfosod yr 'o' arddodiadol â'r 'O!' ebychiadol-gyfarchol.[50] Yn sgil hyn, esgorir ar ddialogau mwyseiriol diddorol rhwng y rhannau ymadrodd dan sylw. Noder, er enghraifft, sut yr ydym yn ein cael ein hunain, am ennyd, yn y bwlch rhwng dwy gystrawen wrth symud o'r ail linell i'r drydedd yn y dyfyniad a ganlyn (sef diweddglo'r gerdd 'Cyfeillach'):

> Cod ni, Waredwr y byd,
> O nos y cleddyfau a'r ffyn.
> O! Faddeuant, dwg ni yn ôl,
> O! Dosturi, casgla ni ynghyd.
> A bydd cyfeillach ar ôl hyn.
>
> (*DP*, 73)

---

46. Ar hyn, gweler Peter Wynn Thomas, *Gramadeg y Gymraeg* (Caerdydd, 1996), 425–6, 514.
47. Llythyr dyddiedig 19 Ionawr 1969; *WWRh*, 105.
48. *Casgliad o Gerddi T. H. Parry-Williams*, 41.
49. *WWRh*, 321.
50. Diddorol yn y cyd-destun yw sylwadau Robert Rhys yn 'Barddoniaeth Waldo Williams, 1940–2' ynghylch y 'symud o'r ebychiadol i'r cyfanerchol' sy'n nodweddu defnydd Waldo o'r ebychair 'O!' yn y gerdd 'Ar Weun Cas' Mael'; gweler uchod, 44.

Ac y mae'n werth dyfynnu hefyd yn y fan hon esgyll englyn anghasgledig gan Waldo (1954) ar dorch a osodwyd ar golofn Llywelyn ap Gruffudd yng Nghilmeri: 'O'r graith fawr, daw'r gwŷr o'th fôn,/O Dywysog, dy weision'.[51] Ond yr esiampl fwyaf trawiadol yn hyn o beth – yn rhannol gan fod y bardd wedi gollwng yr ebychnodau, ac yn sgil hynny wedi cymylu'r ffin rhwng yr ebychair a'r arddodiad ymhellach – yw'r gerdd 'O Bridd'. Bu i Alan Llwyd ein hatgoffa'n ddiweddar mai Genesis 2:7 yw ffynhonnell yr ymadrodd a ddefnyddia Waldo fel teitl: 'A'r Arglwydd Dduw a luniasai y dyn o bridd y ddaear'.[52] Ond ebychiadol-gyfarchol ac nid arddodiadol yw'r 'o' yn llinell agoriadol y gerdd: 'Hir iawn, O Bridd, buost drech/Na'm llygaid' (*DP*, 84). Dyna ydyw'r 'o' ar ddechrau'r ail adran hefyd, ond caiff ein profiad o symud yn sydyn rhwng ystyron a goslefau ei ymestyn a'i ddwysáu ymhellach yma – a chawn ein tynnu, am eiliad, yn ôl i fyd yr arddodiad – o ganlyniad i'r ffaith mai llythyren fach a roddir i'r enw yn *Dail Pren* yn yr ail achos hwn: 'O bridd, tua phegwn y de' (*DP*, 84).[53] (Tra diddorol yw'r ffaith mai 'Pridd' – yn noeth fel yna – oedd y teitl a roddwyd i'r gerdd yn y cysodiad cyntaf o *Dail Pren*.[54]) Ac y mae'n werth tynnu sylw yma at foment arall, y tro hwn yn y rhyddiaith, pryd y teimlwn ein bod ar y ffin rhwng dau bosibilrwydd, rhwng dwy ran ymadrodd – sef pan ddywed Waldo yn 'Pam y Gwrthodais Dalu Treth yr Incwm' (1956), 'Ddwywaith y syrthiodd y bom atom'. Cynigir inni, am ennyd yn unig, 'atom' fel arddodiad yn ogystal ag fel enw/ansoddair – argraff a gryfheir gan ymadroddi arddodiadol ail hanner brawddeg Waldo: 'ac aeth ysgryd trwy bawb ohonom'.[55]

51. Ar dorch Sir Benfro yr oedd englyn Waldo. Cafwyd englynion hefyd gan E. Llwyd Williams (ar dorch Sir Gaerfyrddin) a chan T. Llew Jones (ar dorch Ceredigion). Gweler 'Englynion Llywelyn', *Baner ac Amserau Cymru*, 6 Hydref 1954, 1. Ymddangosodd yr englynion hefyd yn *Y Ddraig Goch*, XXVI, 2 (Tachwedd 1954), 4, dan y teitl 'Englynion Cilmeri'. Fel hyn, y mae'n ddiddorol nodi, yr argraffwyd esgyll englyn Waldo yno: 'O'r graith fawr daw'r gwŷr o'th fôn,/O dywysog dy weision'.

52. Alan Llwyd, 'Waldo Williams: "O Bridd"', 380.

53. Dehongla Bobi Jones y newid 'O Bridd . . . O bridd' yn nhermau'r hyn a wêl fel y newid yn agwedd Waldo tuag at y pridd fel yr â'r gerdd rhagddi; gweler 'Adolygiadau Hwyr' (9), *Barddas*, 279 (Medi/Hydref/Tachwedd 2004), 10, a 'Waldo'r Cwymp a'r Farn', 70, uchod. Newidiwyd yr 'O bridd' hwnnw sydd ar ddechrau'r ail adran yn *Dail Pren* i 'O Bridd' yng ngolygiad J. E. Caerwyn Williams; *Cerddi Waldo Williams*, 80. Y mae ymdrin-aeth Damian Walford Davies â ffynonellau eraill posibl yr ymadrodd 'O bridd' yn dra pherthnasol i'r drafodaeth hon ar arddodiaid; gweler ' "Cymodi â'r Pridd": Wordsworth, Coleridge, a Phasg Gwaredol Waldo Williams', 103–5, uchod.

54. Gweler Llsgr. LlGC 23706C, 3–4, 35–6; B. G. Owens, 'Gweithiau Waldo Williams', *CDW*, 228, 243.

55. *WWRh*, 312.

V

Mynych y gwelir Waldo yn gosod ei stamp ei hun ar idiomau Cymraeg ac ar gyfeiriadaeth lenyddol neu Feiblaidd drwy gyfrwng ei ddefnydd dyfeisgar o arddodiaid. Er enghraifft, gwelir y bardd yn chwarae â'r idiom 'fel haul haf' yn y disgrifiad o 'ysbryd cawr mawr' yn disgyn 'Trwy'r haul haf' yn y gerdd 'Cwmwl Haf' (*DP*, 48) – gan beri bod ei adluniad o'r idiom yn ffurfio yn ei gyd-destun wrthgyferbyniad trawiadol i ysbryd (os goddefer y mwysair) yr idiom honno. Hynny yw, fe gofir mai 'yn araf' yw ystyr 'fel haul haf', eithr 'yn yr awr ni thybioch', yn ddirybudd, y daw'r 'cawr mawr i lawr'. Ac yn y cyswllt hwn, dadlennol yw'r ffaith fod Waldo wedi ffeirio'r 'fel' cyntaf hwnnw a geir yn Eseia 60:8 – 'Pwy yw y rhai hyn a ehedant fel cwmwl, ac fel colomennod i'w ffenestri?' – am 'trwy' wrth adleisio'r adnod yn llinellau clo 'Yr Heniaith': 'Pwy yw'r rhain trwy'r cwmwl a'r haul yn hedfan,/Yn dyfod fel colomennod i'w ffenestri?' (*DP*, 95).[56] Ac y mae'r ddwy enghraifft a nodwyd yn fodd i dynnu ein sylw at y rôl ganolog a roddir i arddodiaid yn y disgrifiadau nodweddiadol Waldo-aidd hynny lle y try paramedrau daearol yn sydyn yn ddimensiynau cosmig dramatig. Meddylier am linellau megis 'Awel rhwng yr awelon[,]/Haul o'r tu hwnt i'r haul', o'r gerdd 'Yr Eiliad' (*DP*, 76), neu 'Mae'r haul rhwng y muriau hyn', o'r awdl 'Tŷ Ddewi' (*DP*, 20). A phriodol yn hyn o beth yw dwyn i gof esiampl megis 'Digon o le rhwng y gorwelion i ymestyn at Anfeidroldeb' – llinell dra Waldoaidd ei defnydd o arddodiaid o waith William Williams, 'Gwilamus', ewythr Waldo ar ochr ei dad.[57] (Neu efallai mai cywirach fyddai dweud bod y llinellau o waith Waldo a ddyfynnwyd yn y cyswllt hwn yn rhai nodweddiadol Gwiliamusaidd.) Yn achos y llinell o 'Tŷ Ddewi' a nodwyd uchod – 'Mae'r haul rhwng y muriau hyn' – diau mai'r brif ergyd yn y cyd-destun (sef disgrifiad o'r gadeirlan adfeiliedig) yw bod pelydrau'r haul yn disgleirio'n uniongyrchol ar lawr yr eglwys gan nad oes iddi do, neu, wrth gwrs, fod y pelydrau'n tywynnu drwy'r muriau drylliedig: 'The sun shines through these walls' yw trosiad Dafydd Johnston yn ei gyfieithiad o'r awdl.[58] (Perthnasol yma, er bod ei natur fel delwedd ychydig yn wahanol, yw disgrifiad cofiadwy R. S. Thomas yn ei gerdd gynnar 'The Welsh Hill Country': 'The houses stand empty at Nant-yr-

---

56. Camgofio yr oedd Waldo pan ddywedodd, mewn llythyr pwysig at Anna Wyn Jones ym 1967 mai Llyfr Jeremeia oedd ffynhonnell y llinellau; gweler *WWRh*, 104, a nodyn y golygydd, 353.

57. Gweler 'Mêl Gwyllt' yn D. Owen Griffiths (gol.), *Meillion a Mêl Gwyllt o Faes Gwilamus* (Aberhonddu, dim dyddiad), 23. Ar William Williams, gweler Bobi Jones, 'Ei Ewythr Gwilamus', *CMWW*, 98–102.

58. Conran (cyf.), *The Peacemakers*, 203 (cynhwyswyd trosiad Dafydd Johnston fel atodiad i'r gyfrol).

Eira,/There are holes in the roofs that are thatched with sunlight'.[59]) Ond rhan o ddrama llinell Waldo hefyd, bid sicr, yw'r awgrym fod yr haul – yn ei holl faintioli a'i gyflawnder cosmig – *rhwng* muriau'r gadeirlan: 'Mae'r haul rhwng y muriau hyn'. 'Pan ddisgrifia'r bardd hwn dŷ neu ystafell neu aelwyd', medd Hugh Bevan mewn perthynas â 'Cwmwl Haf', 'ei duedd yw gwthio'r muriau draw ymhell oddi wrth ei gilydd gan roi i'r fangre ehangder agored y ddaear ei hun'.[60] Gellid ychwanegu bod Waldo yn y llinell hon o 'Tŷ Ddewi' yn rhoi i 'dŷ' Dewi, y gadeirlan, ehangder agored y *bydysawd* ei hun – a hefyd yn rhoi gwedd gosmig ar y cysyniad creiddiol hwnnw o 'neuadd fawr/Rhwng cyfyng furiau' (*DP*, 67). O graffu ar y copi cynnar o'r awdl 'Tŷ Ddewi' a geir yng Nghasgliad D. J. Williams yn Llyfr-gell Genedlaethol Cymru (ac sydd yn llaw Waldo), gwelir bod arbrofi ag arddodiaid yn nodwedd amlwg o'r broses greadigol yn achos y bardd hwn. Er enghraifft, ymhlith y fersiynau cynnar o'r llinell dan sylw, 'Mae'r haul rhwng y muriau hyn', ceir 'A'r haul uwch y muriau hyn'; a phrototeip 'Mae ei wyrdd yn y murddyn', llinell flaenorol yr awdl (*DP*, 20), oedd, yn ddiddorol, 'Rhoes ei wyrdd trwy dy furddyn'.[61]

Ni ddylid anghofio ychwaith am arwyddocâd arbennig yr enghreifftiau hynny lle y gwelir Waldo yn *hepgor* arddodiaid. Tynnodd John FitzGerald ein sylw at enghraifft gelfydd tu hwnt ar ddiwedd y llinell gyfoethog honno o'r gerdd 'Gwanwyn', 'Na'ch twyller â'ch medr ymadrodd na'r hir amynedd' (*DP*, 97),[62] a gellir cyfeirio at esiamplau trawiadol eraill, megis y llinell 'Y brwyn lu yn breuddwydio'r wybren las' yn 'Mewn Dau Gae' (*DP*, 26). Awgrymodd Bedwyr Lewis Jones fod Waldo yn y fan hon yn chwarae â'r idiom 'breuddwydio'r dydd',[63] ac fel y nododd Gwyn Thomas, y mae'r ymadrodd 'breuddwydio'r wybren las' yn awgrymu 'fod y brwyn, trwy freuddwydio, yn peri i'r awyr las ddod i fod'.[64] Ond y mae'n hanfodol bwysig ychwanegu fod y llinell hon o 'Mewn Dau Gae' yn un sydd hefyd yn ein cymell i ystyried yn benodol y gwahaniaeth rhwng 'breuddwydio'r wybren' a'r ymadrodd disgwyliedig, 'breuddwydio *am* yr wybren' (fy mhwyslais i). Ac y mae gwneud hynny'n mynd â ni at wraidd y berthynas yng ngherdd Waldo rhwng yr arferol a'r beunyddiol ar y naill law a'r

59. R. S. Thomas, *Collected Poems 1945–1990* (London, 1993), 22.
60. Hugh Bevan, 'Barddoniaeth y Cae Agored', *CMWW*, 256.
61. Casgliad D. J. Williams, Abergwaun, Llyfrgell Genedlaethol Cymru, P7/1, 'Barddoniaeth Waldo Williams'.
62. Gweler FitzGerald, 'Trosiad a Delwedd', 230–1.
63. Bedwyr Lewis Jones, '"Mewn Dau Gae"', *CMWW*, 151–2. Gweler hefyd Dafydd Elis Thomas, '"Mewn Dau Gae"', ibid., 161, lle y cyfeiria at 'grynoder y gystrawen' yn llinell Waldo.
64. Gwyn Thomas, '"Mewn Dau Gae" Waldo Williams', *Dadansoddi 14* (Llandysul, 1984), 56. Gweler hefyd Bevan, 'Barddoniaeth y Cae Agored', *CMWW*, 259: '[t]ry'r wybren yn freuddwyd y brwyn'.

trosgynnol a'r gweledigaethol ar y llall. At hyn, un o nodweddion mwyaf trawiadol y llinell 'Y brwyn lu yn breuddwydio'r wybren las' yw'r modd y mae'r weithred o hepgor yr arddodiad, yn baradocsaidd – gan mai dyma'r union ran ymadrodd sy'n dynodi perthynas – wedi esgor ar gyswllt dyfnach o lawer (neu 'uwch' efallai?) rhwng y brwyn a'r wybren na hwnnw y byddai 'breuddwydio am' wedi'i arwyddo. Dyma'r math o baradocs yr ymhyfrydai Waldo ynddo – un sydd, yn wir, yn cymryd ei le yn naturiol ymhlith y llu o baradocsau y mae'r bardd yn eu harchwilio, ac yn eu cysoni, yn 'Mewn Dau Gae' ar ei hyd. A chan aros gydag arwyddocâd hepgor arddodiaid yn achos y gerdd hon, dadlennol yw gweld mai'r hyn a gafwyd yn y trydydd pennill pan ymddangosodd y gerdd am y tro cyntaf, yn *Baner ac Amserau Cymru*,[65] oedd 'Yr oedd cân y gwynt *â* dyfnder fel dyfnder distawrwydd' (fy mhwyslais i) – arddodiad a ddisodlwyd yn *Dail Pren* gan y cysylltair 'a'. Y mae'r 'â' hwnnw'n *felix culpa* yn wir (os *culpa* hefyd), gan fod yr arddodiad yn grymuso'r paradocs creiddiol yn narlun Waldo – yn yr ystyr nad cydfodoli yn syml y mae'r ddeubeth gwrthgyferbyniol hynny, 'cân y gwynt' a 'dyfnder fel dyfnder distawrwydd' (neu sŵn a thawelwch, cyffro a llonyddwch), yn y fersiwn cyhoeddedig cyntaf hwn o'r gerdd. Yma, y maent, yn hytrach, wedi eu cyfuno a'u huniaethu â'i gilydd, wrth i'r arddodiad awgrymu bod i gân y gwynt ei hun ddyfnder fel dyfnder distawrwydd. Dyma enghraifft arbennig iawn o'r cysoni hwnnw ar baradocsau y cyfeiriwyd ato – proses sydd yn y cyswllt hwn yn digwydd nid o fewn cerdd unigol yn unig, ond hefyd yn y bwlch rhwng gwahanol argraffiadau ohoni. At hyn, dylid cofio mai amryfusedd teipograffyddol a esgorodd ar un o ddelweddau enwocaf a dwysaf 'Mewn Dau Gae', wrth i ddiawl – angel? – y wasg droi'r hyn a ysgrifennodd Waldo, sef 'dafnau', yn 'dagrau': 'Yr oedd rhyw ffynhonnau'n torri tua'r nefoedd/Ac yn syrthio'n ôl a'u dagrau fel dail pren' (*DP*, 27).[66]

Yn y cyd-destun hwn, buddiol fyddai craffu ar y gwaith tra chaled, ac amrywiol, y mae'r arddodiaid yn ei gyflawni yn y tri fersiwn a geir o'r soned 'Gwenallt'. Yn y fersiwn a gyhoeddwyd yn y flodeugerdd *Cerddi '69*, disgrifir dylanwad Gwenallt ar yr iaith Gymraeg ei hun, ac ar ei ddarllenwyr, fel hyn: 'Rhoes angerdd dan ei bron a nerth i'w braich/A gosod difrod yn y meddwl mwyth'.[67] Ond yn y fersiwn a ymddangosodd yn *Y Traethodydd* yr un flwyddyn, 'arwrgerdd' yw'r hyn y mae Gwenallt yn ei roi 'dan ei bron', a 'dirfod' a osodir ganddo 'yn y meddwl mwyth'.[68]

---

65. *Baner ac Amserau Cymru*, 13 Mehefin 1956, 7.

66. Trafodir y newid, a'i benderfyniad i'w ddiogelu, gan Waldo ei hun yn ei esboniad ar 'Mewn Dau Gae' yn *Baner ac Amserau Cymru*, 13 Chwefror 1958, 5; gweler *WWRh*, 88–9.

67. Hughes a Jones (goln.), *Cerddi '69*, 71.

68. *Y Traethodydd*, CXXIV, 531 (Ebrill 1969), 53.

A cheir cyfuniad pellach o feichiau i'r arddodiaid eu cynnal (tra chymwys yw llinell nesaf y soned: 'Gwrolodd y Gymraeg i godi ei baich'[69]) yn y fersiwn a argraffwyd yng nghasgliad J. E. Caerwyn Williams o gerddi Waldo ym 1992: 'angerdd . . . dirfod'.[70] Diawl y wasg eto, yn sicr ddigon – ac achos sy'n tystio'n huawdl i'r angen am olygiad diffiniol o gerddi Waldo Williams.[71] Purion, ond diddorol odiaeth yw'r *nexus* o gysylltiadau a chyfatebiaethau testunol cyfoethog a ffurfir gan yr amrywiadau hyn (meddylier, er enghraifft, am gydberthynas 'difrod' a 'dirfod' – yn arbennig felly drwy gydweddiad â 'dirfodaeth'). Ac yn y cyd-destun hwn, perthnasol yw tynnu sylw at y modd y bu i feirniaid hepgor, cyflenwi ac adfer arddodiaid wrth ymdrin â gwaith Waldo. Er enghraifft, 'Chwilio am Nodau i'w Gân' oedd y teitl a ddefnyddiodd Robert Rhys ar gyfer cyfres o erthyglau o'i eiddo ym 1990 ar brentisiaeth farddonol Waldo;[72] ond ddwy flynedd yn ddiweddarach, pan gyhoeddodd ei ymdriniaeth lawn â gyrfa'r bardd hyd at 1939, y teitl a ddewisodd oedd *Chwilio am Nodau'r Gân*. Y mae 'môr goleuni', wrth gwrs, yn un o ddelweddau pwysicaf a mwyaf cofiadwy'r bardd. Er gwaetha'r ffaith fod y ffurf ar yr ymadrodd hwn a ddewiswyd fel teitl i rifyn arbennig o bapur bro'r Preseli, *Clebran* – 'Môr o Oleuni'[73] – ac a ddefnyddiwyd gan Gwyn Thomas yn ei gerdd 'Lliw Gwyn' – 'A rhywfodd fe fu iddo ymgysylltu/Â'r canu hwnnw, mynd yn rhan ohono/Ac yn rhan o'r môr o oleuni'[74] – ar un wedd yn gwanhau'r uniaethiad a'r ymdoddi elfennol a geir gan y bardd yn 'Mewn Dau Gae', nid oes amheuaeth na fyddai ymrolio llafarog yr arddodiad a ychwanegwyd wedi apelio'n gryf at Waldo.[75]

---

69. Rhydd fersiwn *Y Traethodydd* amrywiad testunol pellach yn y fan hon: 'Gwrolodd y Gymraeg i godi ei braich'.

70. Williams (gol.), *Cerddi Waldo Williams*, 100.

71. Gweler ymhellach sylwadau Waldo mewn llythyr at Islwyn Jones, dyddiedig 8 Mai 1969 (cyfeirio y mae at y fersiwn o 'Gwenallt' a ymddangosodd yn *Y Traethodydd*): 'Roedd dau wall argraffu yn y soned yn i [*sic*] Gwenallt. Dylai fod "Rhoes angerdd yn ei bron a nerth i'w braich" a "Gwrolodd y Gymraeg i godi ei baich"'; Casgliad Gwilym Rees Hughes ac Islwyn Jones, Gwaith Awduron Cyfoes, 1968–75, Pecyn *Cerddi '69*, Llyfrgell Genedlaethol Cymru.

72. Robert Rhys, 'Chwilio am Nodau i'w Gân', *Barddas*, 159–60 (Gorffennaf/Awst 1990), 26–34 (Rhan I), ac ibid., 161 (Medi 1990), 17–19 (Rhan II).

73. *Clebran*, 328 (Rhifyn Canmlwyddiant Geni Waldo Williams, Awst 2004).

74. Gwyn Thomas, *Y Pethau Diwethaf a Phethau Eraill* (Dinbych, 1975), 39.

75. Arddodiad a mae'n rhaid ei alltudio o waith Waldo, a hynny oherwydd gofynion y gynghanedd, yw hwnnw ar ddechrau'r llinell 'Dan eira'n harddwch o dan Drwyn Hwrddyn', o drydydd caniad yr awdl 'Tŷ Ddewi' (*DP*, 18). Awgryma J. E. Caerwyn Williams y cywiriad 'Daw['r]'; *Cerddi Waldo Williams*, 105–6. 'Daw eiry'n ei harddwch i Drwyn Hwrddyn' yw'r darlleniad yn y copi o 'Tŷ Ddewi' yn llaw Waldo a geir yng Nghasgliad D. J. Williams, Abergwaun, Llyfrgell Genedlaethol Cymru, P7/1, 'Barddoniaeth Waldo Williams'.

VI

Afraid bellach yw pwysleisio hoffter y bardd o dynnu elfennau ac endidau gwrthgyferbyniol ynghyd ac archwilio eu cydberthynas. Ond y mae gofyn tynnu sylw manwl at un categori creiddiol o arddodiaid yn ei waith – dosbarth sy'n cyflawni swyddogaeth hanfodol bwysig. Ni raid aros yn hir wedi inni agor *Dail Pren* cyn dod ar draws un o'r enghreifftiau gorau o'r defnydd canolog hwn o arddodiaid, oherwydd fel hyn yr egyr cerdd gyntaf y gyfrol, 'Tŷ Ddewi':

> Nos Duw am Ynys Dewi.
> Daw hiraeth llesg i draeth lli.
> Llif ar ôl llif yn llefain
> Ymysg cadernid y main.
> Araith y cof yw hiraeth y cyfan,
> Hiraeth am y fro ar y gro a'r graean.
> Mae hun fawr ym Mhen y Fan – a thrwyddi
> Mae hiraeth am weilgi ym Mhorth Moelgan.
>
> (*DP*, 9)

Fel y gwelir, dyma agoriad sy'n frith o arddodiaid diorffwys, terfysglyd hyd yn oed (ffaith sy'n ffurfio gwrthbwynt trawiadol i'r sôn yn y llinellau hyn am 'hiraeth llesg' a 'hun fawr'). Dylid craffu'n fanwl ar yr hyn sy'n digwydd yn y bedwaredd linell – 'Ymysg cadernid y main' (lle y mae 'main' yn golygu 'meini'/'cerrig') – gan fod yma ryw ystyr hud. Yr hyn yr ydym yn naturiol yn ei ddisgwyl yn union wedi'r arddodiad hwnnw, 'ymysg', wrth gwrs, yw enw lluosog – ac enw lluosog diriaethol at hynny: 'ymysg y main/meini', dyweder. Yn wir, fe rydd Waldo 'Ymysg y graean' inni ar ddiwedd y paragraff dilynol ('Ymysg y graean cymysg o grïau'; *DP*, 9); ac fe gofir disgrifiad y bardd o bobl y Gaeltacht – eu bod yn 'Byw ymysg cerrig'. Neu, a dyfynnu cwpled o gywydd brud a briodolir i Ddafydd Llwyd o Fathafarn: 'Taro 'mysg y tyrau main'.[76] Popeth yn dda – ond yr hyn a geir gan Waldo ar ddechrau 'Tŷ Ddewi' yw'r cyflwr annisgwyl a dirgelaidd o fod 'ymysg cadernid'. (Diddorol yw sylwi sut y mae cystrawen y Saesneg, yng nghyfieithiad Dafydd Johnston o'r llinell – '[A]midst the stones' solidity' – yn tymheru'r arallrwydd (dyna'r gair hwnnw unwaith eto) drwy ysgaru'r 'cadernid' oddi wrth yr arddodiad.[77]) Ymadrodd goludog

76. W. Leslie Richards (gol.), *Gwaith Dafydd Llwyd o Fathafarn* (Caerdydd, 1964), 73.
77. Conran (cyf.), *The Peacemakers*, 183.

ei arwyddocâd yw 'ymysg cadernid' – un sy'n ein tywys, heb inni sylwi bron, i diriogaeth nodweddiadol Waldoaidd.

Llwydda'r cyfuniad ymddangosiadol ddisylw hwn o arddodiad ac enw i gyfleu, mewn ffordd dra chynnil a chywasgedig, brofiad a archwilir yn gyson yng ngwaith y bardd, ac a ddramateiddir yn fwyaf cofiadwy efallai yn 'Mewn Dau Gae' – sef yr argraff o symudiad o fewn llonyddwch: 'Dygai i mi y llonyddwch mawr.//Rhoddai i mi'r cyffro lle nad oedd/Ond cyffro meddwl yr haul yn mydru'r tes' (*DP*, 26). Ond mwy pwysig na hyn yw'r swyddogaeth arall sydd i'r cyfuniad – a dyma un o brif dechnegau neu strategaethau defnydd Waldo o arddodiaid – sef fel modd i ddiriaethu haniaeth: 'ymysg cadernid'. A gellir cydio'r haniaeth ddiriaethedig hon wrth linell gyntaf trydydd caniad awdl 'Tŷ Ddewi', lle y manteisia Waldo ar un o ystyron eraill, diriaethol, y gair 'cadernid', sef 'cadarnle': 'Ar gadernid Carn Llidi/Ar hyd un hwyr oedwn i' (*DP*, 18). (Gellid hefyd nodi yn y cyd-destun – er bod deinameg wahanol ar waith yma – y cwpled hwn o nawfed caniad 'Y Tŵr a'r Graig': 'Nac i bôr nac i'w beiriant/Ni phlyg cadernid ei phlant' (*DP*, 37).[78]) Heb os, greddf farddonol gadarn a sicrhaodd mai 'Ymysg cadernid y main' oedd ffurf pedwaredd linell yr awdl yn *Dail Pren* – yn hytrach na'r ffurf arni yn y copi cynnar o'r awdl a ddiogelwyd gan D. J. Williams, sef 'Ar hyd ewynnog y rhain'.[79] Dylid pwysleisio bod y dyfeisgarwch geiriol hwn yn fynegiant arddulliol o un o themâu mawr yr awdl 'Tŷ Ddewi', sef y berthynas rhwng diriaeth a haniaeth, sylweddau a chysyniadau, a rhwng 'yr allanolion' a'r 'hanfodion'.[80] Yn wir, o fewn pedair llinell i'r enghraifft yr ydym newydd ei thrafod, ceir y disgrifiad canlynol o'r sant:

> Yn weddus a gosgeiddig
> Daw i'w draeth o dŷ ei drig.
> Araf ei sang, i'w dangnef
> O'i uchel waith dychwel ef.
>
> (*DP*, 9)

---

78. Yn achos yr ail linell, cf. Ecclesiasticus 38:18, 'Oblegid o dristwch y daw marwolaeth; a thristwch calon a blyga gryfder', a hefyd linell olaf ail bennill 'Preseli': 'Ac yn estyn yr haul i'r plant, o'u plyg' (*DP*, 30). Fe welir o gymharu'r gwahanol enghreifftiau hyn o'r gair 'cadernid' mor fywiog yw'r berthynas a sefydlir gan Waldo rhwng esiamplau o air penodol wedi'i ddefnyddio mewn amrywiol gyd-destunau hwnt ac yma yn ei waith. A gwelir hefyd fod hyn yn galluogi'r bardd yn y cyd-destun hwn i archwilio'r amryfal weddau diriaethol a haniaethol sydd i'r gair unigol dan sylw.

79. Casgliad D. J. Williams, Abergwaun, Llyfrgell Genedlaethol Cymru, P7/1, 'Barddoniaeth Waldo Williams'.

80. Yng nghyswllt y pâr olaf mewn perthynas â delwedd y tŷ yn yr awdl, gweler R. M. Jones, *Llenyddiaeth Gymraeg 1936–1972* (Llandybïe, 1975), 38.

Yma defnyddir un o'r cyfuniadau arddodiadol hollbwysig hynny y galwyd sylw atynt eisoes, 'i . . . o', i gyfosod, cloriannu a chydbwyso, yng nghyswllt disgrifiad o rodio myfyrdodus y sant ar dir Sir Benfro, ddwy ddiriaeth ('traeth', 'tŷ' yn y cwpled cyntaf) a dwy haniaeth ('tangnef', 'uchel waith' yn yr ail). Ceir amrywiad diddorol ar hyn ymhen rhai llinellau: 'O'i ofal daw fel y daeth/I dywod ei feudwyaeth'. Gwelir Waldo yma – y tro hwn â chymorth y cyfuniad arddodiadol arall hwnnw a welir yn gyson yn ei waith, 'o . . . i' – yn lleoli'r cyfosodiad o fewn un cwpled, gan symud oddi wrth haniaeth ('gofal') at ddiriaeth ('tywod'), a chan wneud y cylch yn grwn drwy symud yn ôl at haniaeth drachefn ('meudwyaeth').

Y mae i'r modd y defnyddia Waldo arddodiaid i ddiriaethu haniaethau sawl ffurf wahanol. Gan aros gyda'r awdl hon, craffer ar y llinellau canlynol o'r drydedd adran, lle y clyw'r sawl sy'n siarad sŵn y crefftwyr canoloesol wrth eu gwaith o godi cadeirlan Tyddewi:

> Ar rith yr awyr weithion
> Clywaf dincial dyfal donc
> A chrefftwyr taer uwch yr hoffter terwyn
> Yn mynnu ceinder o'r meini cyndyn.
>
> (*DP*, 20)

(Gwych, wrth fynd heibio, yw'r ymadrodd hwnnw, 'mynnu ceinder', sy'n cyfleu, drwy gyfrwng cyfuniad sy'n ymylu ar fod yn ocsimoron, y llafur caled a roddodd fod i fireinder yr adeilad, ac sy'n dwyn i gof y disgrifiad yn 'Geneth Ifanc' (cerdd a osodwyd gan Waldo yn syth wedi 'Tŷ Ddewi' yn *Dail Pren*) o aelodau'r gymdeithas gynnar yn 'prynu cymorth daear â'u dawn' (*DP*, 23)). Defnyddia Waldo 'hoffter' yn y dyfyniad uchod o'r awdl yn yr ystyr 'hyfrydwch'/'harddwch', ac 'angerddol'/'tanbaid' (sylwer ei fod yn epithed sydd wedi'i adleoli) yw ystyr 'terwyn'. Darlunnir yr adeiladwyr, felly, yn llafurio uwch yr harddwch sy'n ymffurfio o ganlyniad i'w dawn fel crefftwyr. Ond y tu ôl i'r gair 'hoffter' (ynddo, yn wir) – a'r tu ôl i gyfatebiaeth gynganeddol y llinell – clywir hefyd (y mae'n fwy na mater o *ymglywed â*) y gair 'offer'. Uwch eu hoffer y gwargryma'r crefftwyr canoloesol, ac y mae'r chwarae mwyseiriol â 'hoffter'/'offer' – chwarae a gaiff ei gynnal a'i reoli gan yr 'uwch' hwnnw – yn cyfuno'n ddeheuig y ddiriaeth a'r haniaeth, y llafurwaith maith a'r artistwaith gorffenedig ac arhosol. Caiff y chwarae hwn ei gadarnhau a'i ddramateiddio gan yr hyn a ddisgrifir yn y llinellau dilynol, a hefyd ar ddechrau'r pennill sy'n dilyn, lle y gwelir Waldo yn mynd ati i enwi'r union offer hynny:

> A chrefftwyr taer uwch yr hoffter terwyn
> Yn mynnu ceinder o'r meini cyndyn.
> Harddu camp eu gordd a'u cŷn drwy eu hoes
> I'r Awen a'u rhoes ar weun y Rhosyn.
>
> Aeddfed fedr i'r Ddyfed fau!
> Hirfaith oedd tinc eu harfau . . .[81]
>
> (*DP*, 20)

Buddiol fyddai oedi yn y fan hon er mwyn dangos bod cydberthynas diriaeth a haniaeth yn un o'r pynciau y dychwel Waldo ato'n gyson yn ei ysgrifau ar weithiau llenorion eraill. 'Oni ddywedech ar y cyntaf, ambell waith, mai dadfarddoni y mae', meddai Waldo wrth drafod *Cerddi Rhydd* Euros Bowen, 'troi'r ddiriaeth yn haniaeth? Dywed am yr onnen, er enghraifft, y gwisgir ei chynnwrf gan nodd ei llonyddwch, ond pan welwn drwy'r geiriau hyn y gwraidd a'r brigau a'r dail, fe'u gwelwn yn gliriach'.[82] Canmolir 'cyfriniaeth' Pantycelyn yn ei emyn 'Anweledig, 'rwy'n dy garu' gan Waldo ar sail ei natur '[dd]iriaethol a thelynegol'.[83] Ond barn y bardd ynghylch pryddest S. B. Jones, 'Y Gorwel', oedd 'nad oedd hi'n ddigon diriaethol', ac â rhagddo i sôn am ymdriniaeth y gerdd â phrofiad y 'cymeriad dychmygol' a geir ynddi (sylwer ar yr ymadroddi arddodiadol yn y fan hon):

---

81. Y mae'n werth dyfynnu yn y fan hon o ddadansoddiad Christopher Ricks o enghraifft yng ngwaith Wordsworth o chwarae mwyseiriol mewn un llinell yn cael ei gadarnhau gan eiriad y llinell ddilynol: '"Three years she grew in . . ." The ordinary pressures of "to grow in . . ." should lead one half-consciously to expect the line to end with qualities: "Three years she grew in loveliness, goodness, femininity." But the line selects a different destination: "Three years she grew in sun and shower." A perfectly natural sequence; what she grew *in* was not qualities but circumstances. Perfectly natural; yet the poem's effect depends upon a sense of the other perfectly natural sequence which the line could well have followed . . . Wordsworth's line echoes down a passage which it did not, in the event, take. Yet we have no sooner put, however fleetingly, before ourselves some such possibility as "Three years she grew in loveliness", than a form of the word *lovely* surfaces in the next line:

> Three years she grew in sun and shower,
> Then Nature said, "A lovelier flower
> On earth was never sown . . ."

Are we about to speak of the qualities in which she grew, or of the circumstances in which she grew? The eventfulness of language makes its choice, but with quiet surprise, and with the sense of the alternative; moreover, we are then urged back into considering the relationship between qualities and circumstances. For is it not circumstances that foster qualities?'; Ricks, 'William Wordsworth', 122–3.
82. 'Awen Euros ac Awen Pennar', *WWRh*, 187.
83. 'Tri Emynydd', ibid., 214.

nid oedd amgylchiadau'r cymeriad wedi eu gosod yn ddigon pendant a llawn, ac eithrio tua'r diwedd. Dim digon o wahân oedd rhwng y bardd a'i greadur fel y gallai ymdaflu allan ohono'i hun ac i mewn iddo yntau'n iawn.[84]

Galwodd amryw feirniaid sylw at y pwyslais arbennig yng ngwaith Waldo ar bŵer y ddiriaeth a'i allu nodedig i ddiriaethu haniaethau. 'Rhan o wyrth y bardd hwn', medd John Rowlands, 'yw iddo allu sôn am egwyddorion haniaethol fel petaent yn sylweddau',[85] a chyfeiria Hugh Bevan yn benodol at arfer Waldo o ddiriaethu gweledigaeth 'drwy osod y naturiaethol yn gyfeiliant iddi'.[86] Ni sylweddolwyd, serch hynny, mor bwysig yw'r *arddodiaid* i Waldo yn ei 'syched am ddiriaeth' (diffiniad cofiadwy'r bardd o 'afael yr artist ar fywyd' mewn ysgrif ar D. J. Williams ym 1965),[87] ac yn ei ymgais barhaus i archwilio'r berthynas rhwng diriaeth a haniaeth.

Y mae'n werth pwysleisio eto mor niferus ac amrywiol eu natur yw'r enghreifftiau o ddefnyddio arddodiaid i ddiriaethu haniaethau yng ngwaith Waldo. Yn achos 'Y Tŵr a'r Graig', er esiampl, noder y modd cynnil y diriaethir y gwynt gan yr 'ar hyd' yn y llinell 'O, aed gwaedd ar hyd y gwynt' (*DP*, 38): ie, 'ar hyd' – nid 'ar' ar ei ben ei hun, sylwer. 'Rhad Duw wyd ar hyd daear,/. . . Hydoedd y byd a hedy', medd Dafydd ap Gwilym am y gwynt yn ei gywydd enwog (cywydd a adleisir gan Waldo yn ei gerdd 'Rhodia, Wynt' (*DP*, 98–9), fel y mae'n digwydd);[88] gellid dweud bod i'r gwynt yn y llinell a ddyfynnwyd o 'Y Tŵr a'r Graig', yn sgil defnydd Waldo o'r 'ar hyd' hwnnw, ei 'hydoedd' ei hun. Trewir ar enghraifft bellach, ddramatig o ddefnyddio arddodiad i ddiriaethu haniaeth yn 'Eneidfawr', cerdd a gyfansoddwyd wrth i Waldo ddychwelyd i Lyneham o Lundain, lle y bu iddo fynychu cwrdd coffa Gandhi.[89] Un o ddelweddau mwyaf cofiadwy'r gerdd yw'r darlun o Gandhi yn y bedwaredd linell – 'A throed-noeth trwy'u cyfraith y cerddodd i ymofyn halen o'r môr' (*DP*, 89) – cyfeiriad at ei *satyagraha* yn erbyn penderfyniad y llywodraeth i osod treth

84. 'Barddoniaeth S. B. Jones', ibid., 201.
85. John Rowlands, 'Waldo Williams – Bardd y Gobaith Pryderus', *CDW*, 206.
86. Bevan, 'Barddoniaeth y Cae Agored', *CMWW*, 258. Y mae'n werth dyfynnu yn y fan hon hefyd ddisgrifiad cofiadwy Tony Conran o'r llinell 'Hwsmonaeth cymdogaeth Duw' ym marwnad Waldo i'w gyfaill Llwyd: '*cynghanedd sain* positively clattering through the dear abstractions into the open water of the mystery'; *The Peacemakers*, 43.
87. 'Braslun', *WWRh*, 259.
88. *Gwaith Dafydd ap Gwilym* (Caerdydd, 1963), 309, 310.
89. Nodyn y bardd yn ei 'Sylwadau' yng nghefn *Dail Pren* (*DP*, 120). Diddorol, yn arddod-iadol, yw'r gwall argraffu yn nyfyniad J. E. Caerwyn Williams o'r nodyn hwn gan Waldo: '"Canwyd y gân hon ar y ffordd adref *o* Lyneham . . ."' (fy mhwyslais i); *Cerddi Waldo Williams*, 110.

ar halen ym 1930, pryd y gorymdeithiodd Gandhi 241 o filltiroedd i bentref arfordirol Dandi. A dyfynnu Bhikhu Parekh: 'With the consummate show-manship of a great political artist, he picked up a palmful of salt in open defiance of the government's ban. Along India's sea-coast and in its numerous inlets, thousands of people, mainly the peasants, followed his example and made salt illegally'.[90] Yr hyn y byddem wedi disgwyl ei gael yn y gerdd yw rhyw ddisgrifiad megis 'A throednoeth trwy'r *pentrefi* y cerddodd'. At hyn, yng nghyswllt y gair 'cyfraith', cyfarwydd yw'r ym-adrodd 'sefyll wrth gyfraith' ('to abide by the law'); ond cerdded 'trwy'u cyfraith' a wna Gandhi yn nheyrnged Waldo, gyda'r arddodiad cyhyrog a heriol hwnnw'n diriaethu'r haniaeth – cyfraith atgas y Raj – er mwyn i Gandhi ei chwalu'n sarn ar ei daith tua'r môr. A chryfheir yr ergyd gan y ffaith fod Waldo (ac y mae hyn yn nodwedd gyson o'i ddefnydd o arddod-iaid) yn chwarae'n athrylithgar yma ag idiom – yn wir, yn ei thanseilio a'i gwyrdroi yn y fan hon – sef 'trwy('r) gyfraith' ('yn ôl y gyfraith', 'by law': idiom a ddefnyddir yn y ffurf honno gan Waldo fan arall, y mae'n ddiddorol gweld[91]). Pwerus hefyd yw'r modd y ffieiddir ac y bychenir y Llywodraeth Brydeinig drwy gyfrwng y dryll hwnnw o ragenw sy'n crogi ar yr arddodiad. Gwelir felly nad disgrifiad yn unig o brotest Gandhi yn erbyn y gyfraith aliwn yn India a gynigir gan Waldo yn 'Eneidfawr', ond dramateiddiad ohoni yng ngweadwaith arddodiadol yr iaith ei hun.

Testun canolog arall yn y cyswllt hwn yw 'Die Bibelforscher', cerdd y mae'r arddodiaid yn arbennig o weithgar ynddi. Craffer, er enghraifft, ar y disgrifiad o Dystion Jehofa yng ngwersylloedd crynhoi'r Natsïaid ('Cawsant gynnig mynd yn rhydd ond iddynt gydnabod Hitler yn ffurfiol', fe'n hatgoffir[92]) yn 'Sefyll rhwng cieidd-dra a'r pared' (*DP*, 66). Cyfetyb y disgrifiad, o ran ei effaith, i idiomau megis 'rhwng y diawl a'i gynffon', 'between the devil and the deep blue sea', 'between a rock and a hard place'. Ond yn hytrach na llibrwydd ymadroddion o'r fath, yr hyn a geir yma yw mynegiant o annynoldeb sefyllfa'r Bibelforscher drwy gyfrwng arddodiad sy'n cyfosod ac yn cynnal yr haniaeth fwystfilaidd, 'cieidd-dra' – haniaeth a ddiriaethwyd gan yr arddodiad – a'r ddiriaeth ddi-syfl, 'pared'. At hyn, dyfnheir y drasiedi gan y dimensiwn ychwanegol sydd i'r chwarae difrifddwys â'r geiriau 'pared' a 'rhwng' – hynny yw, gan eironi'r sylwedd-oliad ein bod gan amlaf yn synio am 'bared' fel rhywbeth a saif ei hun *rhwng* dau beth arall. Ac fe'i dyfnheir ymhellach, yn wir, gan y llais

---

90. Bhikhu Parekh, *Gandhi* (Oxford, 1997), 20–1.
91. Yn Llsgr. LlGC 20867B, wrth ddisgrifio Arthur, un o'r 'Tri Chryfion', dywed Waldo: 'Ac ef yn lôwr cymrodd [*sic*] fantais o'r un flwyddyn o ŵyl mewn saith a roddir iddo trwy'r gyfraith i drafaelu'r byd'; gweler Rhys, *Chwilio am Nodau'r Gân*, 221–2.
92. Nodyn y bardd yn ei 'Sylwadau' yng nghefn *Dail Pren* (*DP*, 120).

ystrywgar hwnnw a glywir rywle yn y cefndir yn y fan hon yn sibrwd,
'Rhyngoch chi a fi a'r pared . . .'. Cymar i'r 'rhwng' trymlwythog hwn yw'r
'trwy' yn y cwpled 'Trwy falais a chlais a chlwy/Gwrit y Brenin a
ddygasant hwy' ym mhennill cyntaf yr un gerdd (*DP*, 66). Ar y cyd â'r
gynghanedd sain ergydiol, cyflwyna'r arddodiad y tair elfen 'malais', 'clais'
a 'chlwy' ar gyfer ein sylw, gan ein cymell i'w cymharu â'i gilydd ac i
asesu'r berthynas rhyngddynt. O wneud hyn, gwelir bod yr elfennau wedi
eu dethol yn ofalus, gyda'r un gyntaf honno, 'malais', yn haniaeth, yr ail,
'clais', yn ddiriaeth (ac, yn dra diddorol, yn sgil y cyfosodiad â 'trwy', yn
dwyn i gof y llinell 'Trwy'r clais adref os oes adref' yn 'Cwmwl Haf' (*DP*,
49), lle y'i defnyddir yn yr ystyr fwy lleol, 'ffos'/'nant'),[93] a'r drydedd,
'clwy(f)', yn troedio'r ffin rhwng diriaeth a haniaeth ('archoll', 'gweli'/
'clefyd', 'haint'). Arwyddocaol yng ngoleuni hyn yw gweld Waldo yn galw
sylw at wahanol ystyron 'clwyf' wrth ymdrin â llinellau Morgan Rhys, 'Â
pob *gwahanglwyf* ymaith,/Glân fuddugoliaeth mwy':

> Italeiddiodd yr awdur . . . [y] gair . . . *gwahanglwyf.* Yr oedd e am i
> ni glywed yr holl dryseinedd sydd yn y gair, mae'n debyg – sef â'r
> clwyf sy'n golygu clefyd; â'r clwyf sy'n golygu'r archoll yn y rhyfel
> (ac felly 'glân fuddugoliaeth mwy' . . .); ac ar ben hynny, y gwahân
> rhyngom a Christ yn y bywyd hwn.[94]

Gwelir bod y defnydd o arddodiaid i gynnal cyfuniadau cyrhaeddgar o
ddiriaethau a haniaethau yn 'Die Bibelforscher' wrth wraidd ymgais Waldo i
gyfleu dyfnder ac ehangder dioddefaint y bobl hyn, ac i'n cynorthwyo i
amgyffred – ac addasu term a geir gan Waldo fan arall – argyfwng eu
marwolaeth.[95] Megis yn achos 'Tŷ Ddewi', cyd-dery hyn oll, dylid nodi, â
mater 'Die Bibelforscher'; y mae'r cydadweithio rhwng diriaeth a haniaeth,
rhwng y tymhorol a'r tragwyddol, yn brif thema yma yn ogystal ag yn
wedd arddulliol greiddiol. Yng ngeiriau'r bardd ar ddiwedd ail bennill y
gerdd (a noder unwaith eto y defnydd o'r arddodiad 'trwy'): 'Pur trwy
ffieidd-dra'r ffald/Oedd eu tystiolaeth hwy yn Buchenwald'(*DP*, 66).

---

93. Ac y mae'r gwrthwyneb yn wir hefyd. Hynny yw, y mae R. M. Jones i'm tyb i yn llygad ei
le pan haera fod presenoldeb yr ystyr 'ysigfa'/'briw' i'w deimlo y tu ôl i'r ystyr flaenaf,
'ffos', ar ddiwedd 'Cwmwl Haf': 'Trwy'r clais, ie'r ffos (clais clawdd, medden nhw), adref:
trwy glais arall hefyd, clais cyfarwydd i'r sawl a fu'n ymaflyd codwm rywbryd fel Jacob
gynt'; *Cyfriniaeth Gymraeg*, 234.
94. 'Tri Emynydd', *WWRh*, 216. Defnyddiwyd y gair 'gwahanglwyf' yn drawiadol gan Waldo
ei hun, wrth gwrs: 'Ef [yr Angau] yw'r pryf yn y pren,/Gwahanglwyf y canghennau' ('Cân
Bom'; *DP*, 86).
95. Defnyddir y term ganddo yn yr ysgrif 'Tri Emynydd', *WWRh*, 216.

Dimensiwn ychwanegol, ond un sydd yn amlwg yn dwyn perthynas
fywiol â'r drafodaeth uchod ar ddefnydd Waldo o arddodiaid i ddiriaethu
haniaethau, yw ei hofter o fanteisio ar bosibiliadau ystyron llythrennol a
throsiadol arddodiaid.

Ceir enghraifft ysmala ganddo mewn cerdd ysgafn
ac iddi'r teitl 'Cân Wrth Fyned i'r Gwely', lle y dwysfyfyria ar gamp y sawl
a 'ddyfeisiodd' y gwely ac ar y ffaith fod dimensiynau ei greadigaeth yn
berffaith ar gyfer dal dau: 'Ac weithiau dalith ragor/Ac weithiau dalith
lai[;]/Os na bydd neb o gwbwl arno/Wel, nid arno fe mae'r bai'.[96] O
fwriad y dyfynnwyd yma o un o gerddi doniol (a chynnar) y bardd, a
hynny er mwyn llifoleuo'r pwynt allweddol mai buddiol fyddai synio am
ddefnydd Waldo o arddodiaid – ac yr wyf yn meddwl hefyd am y cerddi
'mawr' yn hyn o beth – ar un wedd, ac mewn ystyr dra phwysig, fel
mynegiant o arabedd y bardd (gan gofio yn y cyswllt hwn am ddefnydd
cellweirus R. S. Thomas o fwyseiriau yn ei gerddi dwysaf[97]). Yn yr un
modd, gellid dweud bod ysgafnfrydedd a chwaraegarwch arddodiadol
Waldo yn y cerddi 'ysgafn', doniol yn tystio'n huawdl i ymlyniad o-ddifrif-
calon y bardd wrth ddyfeisgarwch geiriol. (Y mae hyn, wrth gwrs, yn
wedd bellach ar weledigaeth gyfannol Waldo fel y'i mynegir drwy gyfrwng
ei arddodiaid – gwedd sy'n ein cymell i beidio ag ymagweddu mor begynol
yn feirniadol wrth bwyso a mesur yr amrywiaeth farddonol a welir rhwng
cloriau *Dail Pren.*) Un o'r esiamplau gloywaf o fywiogrwydd a dwyster y
bardd yn achos ei ddefnydd o ystyron llythrennol a throsiadol arddodiaid
yw honno yn ail bennill 'Odidoced Brig y Cread':

> Fry o'm blaen yn sydyn neidiodd
> Seren gynta'r nos i'r nen,
> [Â]'i phelydriad pur ni pheidiodd
> Rhwyll i'm llygaid yn y llen.
> O! ddisgleirdeb, fel eiriolaeth,
> Dros y pererinion blin
> Ac anwyliaid eu mabolaeth
> Yn ymrithio yn ei rin.
>
> (*DP*, 82)

---

96. Ceir y gerdd yn Llsgr. LlGC 20867B, 87–9. Fe'i cyhoeddwyd yn Rhys, *Chwilio am
Nodau'r Gân*, 195–6.

97. Yn y cyswllt hwn, gweler Damian Walford Davies, '"Double-entry Poetics": R. S. Thomas
– Punster', yn *Echoes to the Amen: Essays After R. S. Thomas* (Cardiff, 2003), 149–82,
ynghyd â'r bennod '"From the Welsh": Cyfieithiadau, Mwyseiriau' yn Jason Walford
Davies, *Gororau'r Iaith: R. S. Thomas a'r Traddodiad Llenyddol Cymraeg* (Caerdydd, 2003),
89–125.

Yr hyn sy'n ddiddorol yma yw bod 'Dros' yn y chweched linell yn gwas-anaethu 'disgleirdeb' ac 'eiriolaeth' yn y llinell flaenorol ill dau, ond bod natur y berthynas yn wahanol yn y ddau achos. Yng nghyswllt 'disgleirdeb . . . dros', llythrennol a gofodol yw'r ystyr: y mae'r seren yn pelydru dros/uwchben y 'pererinion blin'. Ond ar draws y coma, a thros (yn gym-wys iawn) ochr y llinell, ymdeimlir hefyd ag ystyr ffigurol, drosiadol, ysbrydol: 'eiriol(aeth) dros'. Dyma enghraifft bellach o arddodiad unigol yng ngwaith Waldo yn gweithredu fel mynegiant distylledig-rymus o hanfod thematig y gerdd – sef, yn yr achos hwn, y gwrthgyferbyniad rhwng y bydol a'r ysbrydol, y llythrennol a'r trosiadol, y tymhorol a'r tragwyddol, 'brig y cread' a'n 'cleiog lwybr', ynghyd â'r modd y mae esiampl y seintiau'n gyfrwng i bontio rhwng y cyflyrau cyferbyniol hyn.[98] Dyfnheir arwyddocâd yr hyn a gyflawnir gan yr arddodiad 'dros' yn y fan hon yn 'Odidoced Brig y Cread' gan y ffaith fod i'r llinellau dan sylw ffurf wahanol yn y copi o'r gerdd a geir yn llaw'r bardd yn Llyfrgell Genedlaethol Cymru – copi sy'n rhan o gasgliad o ddeuddeg o gerddi holograff a gyflwynodd Waldo i J. Gwyn Griffiths fel rhan o'r broses o baratoi *Dail Pren*.[99] Y darlleniad yn y copi hwn yw 'O! ddisgleirdeb fel eiriolaeth/Ar y pererinion blin'[100] – heb y comas (y mae'r rheini hefyd yn chwarae eu rhan) a chydag 'Ar' yn hytrach na 'Dros' – darlleniad tlotach o lawer, heb os, na'r fersiwn y penderfynodd Waldo ei gynnwys yn *Dail Pren*. Y mae'r ffaith mai ffrwyth ailfeddwl ac adolygu oedd ffurf gyhoeddedig y llinellau – 'O! ddisgleirdeb, fel eiriolaeth,/Dros y pererinion blin' – yn tystio ym-hellach i'r pwysigrwydd allweddol sydd i arddodiaid yng ngolwg y bardd.

VII

Dangoswyd yn glir, fe hyderir, mor amrywiol yw'r swyddogaethau cyd-gysylltiol a gyflawnir gan yr arddodiaid yng ngwaith Waldo Williams. Ac y mae'r wedd gydgysylltiol hon yn magu ystyr ddyfnach eto pan ystyriwn

---

98. Perthnasol yma yn thematig, a hefyd o ran y defnydd o arddodiaid, yw llinellau clo 'Plentyn y Ddaear': 'Tosturi, O sêr, uwch ein pennau,/Amynedd, O bridd, dan ein traed' (*DP*, 68). Ar y ddelwedd o'r sêr fel seintiau, a pherthynas 'Odidoced Brig y Cread' â'r gerdd 'Wedi'r Canrifoedd Mudan', gweler Alan Llwyd, 'Waldo Williams: "O Bridd"', 373–5.

99. Ar y cerddi hyn, gweler J. Gwyn Griffiths, '*Dail Pren*: Y Cysodiad Cyntaf', *Taliesin*, 103 (Hydref 1998), 42–60, ac yn arbennig 50–5.

100. Gweler Llsgr. LlGC 23706C.

gategori pellach o arddodiaid yn y farddoniaeth a'r rhyddiaith, sef yr
achosion hynny lle y defnyddia Waldo arddodiaid yn eu ffurfiau rhediedig
yn safle un o'r cyfryngau cysylltiol grymusaf – odl (boed honno'n odl
gyflawn neu beidio). Wrth reswm, nid oes dim anarferol ynghylch odli â'i
gilydd arddodiaid yn eu ffurfiau rhediedig. Y mae, bid sicr, yn hen arfer
(ac weithiau'n hen drawiad), yn arbennig felly mewn cwpled o gywydd,
am resymau amlwg: '[Ei] gloi, a rhoi'n galar rhôm,/[Ein] calonnau'n cloi
ynom' (Tudur Aled).[101] Ond yng ngoleuni'r ffaith fod arddodiaid yn cael
eu breintio i'r fath raddau ganddo, y mae'r dechneg yn magu arwyddocâd
newydd yng ngwaith Waldo Williams, a dylid pwysleisio yn y fan hon nad
yw ei ddefnydd o ffurfiau arddodiadol rhediedig o'r fath yn safle'r odl byth
yn fater o gyfleustra neu ddiogi barddonol. Drwy gyfrwng y ffurfiau hyn
ar ddiwedd (ac weithiau ar ganol) llinell, archwilia'r bardd y cysyniad o
berthyn o sawl persbectif ar yr un pryd. Meddylier yn y cyswllt hwn
am agweddau megis cyfatebiaethau seiniol yr odlau, y dialogau rhwng y
personau sydd wedi eu hymgorffori yn y ffurfiau rhediedig, ynghyd â'r
dimensiwn cysylltiol ychwanegol hwnnw, yn achos canu caeth y bardd, a
grëir gan gyfatebiaethau cynganeddol. Cymerwn, er enghraifft, y cwpled
'Mae rhos lle gwylia drosom/Y glas rhith sy'n eglwys rhôm' o'r awdl 'Tŷ
Ddewi' (*DP*, 14). Yn ogystal â'r amryfal agweddau ar y cysyniad o berthyn
yr ydym newydd eu nodi, sylwer bod yma rym pellach ar waith – grym
sy'n sicrhau bod y broses honno o gyfannu a thynnu ynghyd yn un bur
fanwl a thrwyadl yn y cyswllt hwn. Hynny yw, fe welir mai 'yn ein plith',
yn hytrach na 'rhyngom', 'between us', yw prif ystyr y ffurf gryno honno,
'rhôm', yn ail linell y cwpled – ffurf ac ystyr a ddefnyddia Waldo eto tua
diwedd ei awdl: 'A darn trech na dyrnod drom/Yr angau, ei air rhyngom'
(*DP*, 21). Hawdd yw deall paham yr oedd yr arddodiad 'rhwng' a'i
ystyron 'among(st)' a 'between' – ystyron gwrthgyferbyniol, ar un wedd, y
mae'n ddiddorol nodi – yn apelio mor gryf at Waldo Williams fel bardd
brawdoliaeth. Dro arall, gwelir Waldo yn mynd gam ymhellach eto, ac
yn cryfhau'r ymwybod â chyfannu ac â '[ch]adw rhwymau teulu dyn'
(*DP*, 23) drwy odli â'i gilydd ffurfiau rhediedig ar yr *un* arddodiad. Ym
mhumed adran y cywydd 'Y Tŵr a'r Graig', tyn y bardd 'rhyngom' â
'rhôm' ynghyd:

> Oer angen ni ddôi rhyngom
> Na rhwyg yr hen ragor rhôm

---

101. T. Gwynn Jones (gol.), *Gwaith Tudur Aled*, 2 gyfrol (Caerdydd, Wrecsam a Llundain,
1926), I, 323.

Pe baem yn deulu, pob un,
Pawb yn ymgeledd pobun . . .

(DP, 33)

Unwaith eto, nid yw odli 'rhyngom' a 'rhôm' *per se* yn anarferol. I'r gwrth-wyneb, y mae'n odl naturiol ar lawer ystyr. A dyfynnu Tudur Aled unwaith eto: 'Amodau, rhwymau oedd rhôm,/Eithr angeu a aeth rhyngom!'.[102] Ond yn achos gwaith bardd sy'n ymhyfrydu i'r fath raddau ym mhosibil-iadau'r 'rhwydwaith dirgel' sy'n 'cydio pob dyn byw', chwedl y gerdd 'Brawdoliaeth' (DP, 79), y mae i odlau fel y rhain – lle y mae'r geiriau eu hunain fel petaent yn closio at ei gilydd ('rhyngom . . . rhôm') – arwydd-ocâd dyfnach: y maent yn ddramateiddiadau hyglyw o'r weledigaeth Waldoaidd gyfannol, ac yn enghreifftiau pwysig ar lefel arddulliol o'r 'we' Waldoaidd ar waith (a dychwelyd at ddelweddaeth 'Brawdoliaeth'). Yng nghyswllt y dyfyniad o 'Y Tŵr a'r Graig', fe gydweithia arddodiaid yr odl i wrthsefyll grym dinistriol y 'rhagor' hwnnw – gair a arferir yn enwol yma i olygu 'gwahaniaeth': 'canys y mae rhagor rhwng seren a seren mewn gogoniant' (1 Corinthiaid 15:41).[103] A sicrheir cyfatebiaeth bellach, a chefnogaeth ychwanegol yn y frwydr yn erbyn 'rhwyg yr hen ragor' (nid term o anwyldeb, bid sicr, yw'r 'hen' hwnnw gan Waldo), drwy gyfrwng y defnydd o'r un dechneg gyfannol yn safle'r odl yn y cwpled dilynol: 'pob un . . . pobun'.[104] Profwn unwaith eto y grym sydd i 'gymdeithasiad geir-iau' yng ngwaith Waldo, ac ymdeimlir yn gryf drwy gyfrwng yr odlau yn y ddau gwpled dan sylw ag arwyddocâd y llinell ddengar o syml honno yn 'Mewn Dau Gae': 'Mor agos at ei gilydd y deuem'. A diddorol yw gweld

---

102. Ibid., II, 484.

103. Fel y dywed Waldo yn 'Pam y Gwrthodais Dalu Treth yr Incwm': 'Pa ragor sydd, felly, rhwng gweriniaeth a dictaduriaeth o ran ei hymwneud â chenhedloedd eraill – yr agwedd bwysicaf ar ei hymarweddiad, y mae'n bosibl, yn y byd sydd ohoni?'; *WWRh*, 312. (Ai gormod fyddai honni bod Waldo, yn y llinellau o 'Y Tŵr a'r Graig', yn chwarae â rhagor/agor yn ogystal?)

104. Gan gyfeirio at gwpled clo ail bennill 'Brawdoliaeth' – 'Er holl raniadau'r byd –/Efe'n cyfannu'i fyd' (DP, 79), medd J. E. Caerwyn Williams: 'Temtir dyn i ddarllen "Efe'n cyfannu'i fryd" . . . fel na bo *byd* yn odli â'i gilydd' (diddorol, gyda llaw, yw'r modd y geiriwyd y sylw olaf hwnnw; y mae'n bur Waldoaidd o ran ei natur gywasgedig-gyfannol); gweler *Cerddi Waldo Williams*, 106. Ond pwysig yw nodi bod darlleniad *Dail Pren* yn cyd-daro â'r hyn a geir yn *Baner ac Amserau Cymru*, 29 Mai 1940, 4, lle'r ymddangosodd y gerdd hon gyntaf, a hefyd fod yr ailadrodd hwn ar ddiwedd llinellau clo'r pennill – 'byd . . . cyfannu'i fyd' – yn ddramateiddiad, drwy gyfrwng yr odl, o'r union beth – y 'cyfannu' – a ddethlir gan Waldo yn y fan hon ac yn y gerdd ar ei hyd. Enghraifft bellach, ac un sy'n fynegiant crefftus o'r cyfannu sy'n sail thematig i'r holl gerdd, yw'r adleisio dathliadol a glywir yn nheitl a llinell gyntaf 'Cymru'n Un': 'Ynof mae Cymru'n un' (DP, 93; fy mhwyslais i).

bod y llinell hon o gerdd fwyaf Waldo hithau'n chwarae ei rhan yn y broses hollbwysig o sefydlu llinynnau cyswllt odlog, arddodiadol: 'Neu'r tynnu to deir draw ar y weun drom./Mor agos at ei gilydd y deuem –/Yr oedd yr heliwr distaw yn bwrw ei rwyd amdanom' (*DP*, 27).[105]

Os ehangwn y darlun ychydig yng nghyd-destun y technegau cydgysylltiol arddodiadol ym marddoniaeth Waldo, fe welwn fod y bardd hefyd, yn bur aml, yn defnyddio arddodiaid mewn modd sy'n cydio ynghyd adrannau a phenillion o fewn cerddi, ac yn wir gerddi cyfain hefyd, gan ffurfio llinynnau cyswllt a chanddynt rym cyrch-gymeriadol. Dylid pwysleisio nad at rywbeth mor syml (a damweiniol?) ag ymadrodd olaf 'Plentyn y Ddaear' – 'dan ein traed' – yn arwain yn syth at deitl a llinell gyntaf y gerdd ddilynol yn *Dail Pren*, 'Dan y Dyfroedd Claear' (*DP*, 68, 69), y cyfeirir yma. Yn hytrach, ymdrin yr ydys â chyfatebiaeth gyfoethocach o lawer, megis honno a sefydlir ym mhennill agoriadol 'Tŷ Ddewi' drwy gyfrwng y defnydd idiomatig o 'trwy' a 'hun':

> Mae hun fawr ym Mhen y Fan – a thrwyddi
> Mae hiraeth am weilgi ym Mhorth Moelgan.[106]
>
> (*DP*, 9)

Cofiwn mai ystyr yr ymadrodd 'trwy (ei) hun' yw 'yn ei gwsg' neu 'mewn breuddwyd'. Llinellau yw'r rhain sy'n edrych tua'r dyfodol hyd yn oed wrth hiraethu am a fu (dyma 'gof ac arwydd' yn wir), oherwydd o gyrraedd pennill agoriadol ail adran yr awdl, trewir ar chwaer-ymadrodd i 'trwy hun': 'Dyma hafod Mehefin,/Lonydd haf trwy lonydd hin'. Gwelir yma sut y caiff y gyfatebiaeth eiriol ei chynnal gan yr arddodiaid, a sut y llwyddir yn y modd hwn i dynnu adrannau'r awdl ynghyd drwy sefydlu cyfochredd (a chan hynny sicrhau elfen o unoliaeth yn achos cerdd hir fel hon).

105. '[*E*]*in* y dylid ei ddarllen nid *ei*', medd Dafydd Elis Thomas yng nghyswllt yr ail linell a ddyfynnir yma; '"Mewn Dau Gae"', *CMWW*, 164. Y mae'r darlleniad yn *Baner ac Amserau Cymru*, 13 Mehefin 1956, 7 (y man cyhoeddi gwreiddiol) o blaid hyn: 'Mor agos at ein gilydd y deuem'. Ond ni ddylid ychwaith golli golwg ar y ffaith fod y tro cam gramadegol (nid wyf am ddweud 'camgymeriad') yn y llinell fel y'i ceir yn *Dail Pren* ar lawer ystyr yn cyd-daro'n berffaith â'r cysyniad o gyfannu – o ddwyn y 'ni' ('deuem') a'r 'nhw' ('ei gilydd') ynghyd – yn y rhan hon o 'Mewn Dau Gae'. (Diogelwyd yr 'ei' yng ngolygiad J. E. Caerwyn Williams; *Cerddi Waldo Williams*, 67.) Y drws nesaf i 'Mewn Dau Gae' yn y rhifyn hwnnw o *Baner ac Amserau Cymru*, ceir pennawd sydd yntau'n cyd-daro ag ysbryd – ac yn wir â geiriad – cerdd Waldo: 'Closio at ei Gilydd: Y Methodistiaid a'r Presbyteriaid'.

106. Ar yr enwau lleoedd hyn, gweler y cywiriadau a nodir gan James Nicholas yn *Bro a Bywyd Waldo Williams*, 28, a'r sylw o'i eiddo a ddyfynnir gan Tony Conran yn *The Peacemakers*, 212. Gweler hefyd B. G. Charles, *The Place Names of Pembrokeshire*, 2 gyfrol (Aberystwyth, 1992), I, 40, 317.

At hyn, dyma brawf pellach o'r rôl ganolog a chwaraeir gan arddodiaid ym mywyd mwyseiriol y farddoniaeth. A rhag i neb feddwl mai cyd-ddigwyddiad yw'r cyfochredd rhwng 'trwy hun' a 'trwy hin', noder dau beth. Yn gyntaf, y ffaith nad 'Mae hun fawr ym Mhen y Fan – a thrwyddi', ond 'Lle rhedo sisial Alan – ynddi hi', yw'r darlleniad yn y copi cynnar hwnnw o'r awdl a ddiogelwyd gan D. J. Williams (hynny yw, ffrwyth ailfeddwl ac adolygu bwriadus yw'r cyfochredd hwn).[107] Ac yn ail, sylwer sut y cadarnheir y gyfatebiaeth rhwng yr 'hin' ar ddechrau ail adran yr awdl a'r 'hun' ar ddechrau'r adran gyntaf gan y ffaith mai'r hyn a geir gan Waldo yn dilyn y sôn am 'Lonydd haf trwy lonydd hin' yw 'Ni ŵyr dail llwyn na brwyn bro/Hynt y nawn. Maent yn [. . .]' – ie – 'huno' (*DP*, 14). Y mae cylch y berthynas yn grwn. Dwys a myfyrgar yw'r cyd-destun, bid sicr, ond ni ddylid colli golwg ar yr arabedd sydd i chwarae geiriol o'r fath (dyma gyfannu o fath arall, wrth gwrs). Gwelir yma 'gymdeithasiad geir-iau' ar ei orau, wrth i'r arddodiaid chwarae rhan flaenllaw yn y broses gymeriadol hon o sefydlu perthynas rhwng penillion ac adrannau o fewn y gerdd. Dyma broses sydd ar waith yn barhaus ym marddoniaeth Waldo, dylid nodi. O gymryd enghraifft arall o'r awdl 'Tŷ Ddewi' – gan ystyried y tro hwn rannau ymadrodd gwahanol – diddorol yw sylwi sut yr ym-gysylltai'r enw 'gweryd' yn y llinellau 'Rhwygo'r cryfder yn weryd – troi a hau[108]/Braenar y bau i Brynwr y Bywyd' (*DP*, 11) â 'gweryd' o fath arall, un berfol y tro hwn, ychydig benillion yn ddiweddarach: 'Mae Dewi'n sôn am y dawn sy i'r byd,/Am Un a'i gweryd ym mhoen ei garu' (*DP*, 12). Y mae hyn yn fwy na mater syml o glymu penillion neu adrannau o gerdd ynghyd â chyrch-gymeriad drwy ddefnyddio dau air â'r un ffurf ond ag ystyron gwahanol,[109] oherwydd yn sgil y cyplysu cymeriadol dan sylw, trawsffurfir pridd y ddaear – a chofier y gall 'gweryd' fel enw olygu 'bedd' – yn waredigaeth drwy gyfrwng cariad aberthol '[P]rynwr y Bywyd'. Dyfnheir arwyddocâd chwarae geiriol Waldo ymhellach gan y ffaith mai un o ystyron eraill yr enw 'gweryd' yw 'iachawdwriaeth'. Y mae'r berthynas gyrch-gymeriadol ynddi'i hun, gan hynny, yn sylwebaeth.

107. Casgliad D. J. Williams, Abergwaun, Llyfrgell Genedlaethol Cymru, P7/1, 'Barddoniaeth Waldo Williams'.

108. Derbynnir yma gywiriad J. E. Caerwyn Williams i'r cyrch ('– a throi a hau' yw'r darlleniad yn *Dail Pren*); gweler *Cerddi Waldo Williams*, 11.

109. Trafodir y dechneg hon gan John Morris-Jones yn *Cerdd Dafod* (Rhydychen, 1925), 293. Un o'r enghreifftiau a rydd Morris-Jones yma yw dwy linell Dafydd Nanmor: 'Na maen, ne bridd, mewn y bryn.//Ef a bryn y llyn a'r gwinllanav – mawr'; gweler Thomas Roberts ac Ifor Williams (goln.), *The Poetical Works of Dafydd Nanmor* (Cardiff and London, 1923), 4.

VIII

Ceir ym marddoniaeth Waldo grŵp o enghreifftiau o ddefnydd creadigol
o arddodiaid sy'n dwyn perthynas uniongyrchol, ddwysbigol ag agweddau
ar hanes teuluol y bardd. 'In expressing the fundamental relationship of
things, prepositions constitute a bedrock', medd Christopher Ricks[110] – ac
y mae'r creigwely hwnnw yn llythrennol berthnasol yng nghyswllt yr
enghraifft fwyaf trawiadol o'r defnydd hanesyddol-bersonol hwn o
arddodiaid. Enghraifft ydyw sy'n ymwneud â chwaer Waldo, Morvydd
Moneg – y chwaer honno a fu'n dysgu Waldo i farddoni (yn Saesneg, wrth
gwrs) ac a fu farw ym 1915 'yn ymyl tair ar ddeg', a dyfynnu ymadrodd
arddodiadol Waldo.[111] Mewn erthygl yn *Y Cymro* ym 1965, cofnoda D.
Jacob Davies ddarn pwysig o wybodaeth fywgraffyddol a gafwyd gan
Waldo ei hun mewn trafodaeth ar ei waith yng Ngŵyl Gelfyddyd Coleg y
Drindod, Caerfyrddin:

> Wrth drafod ei gerdd 'Yr Eiliad' lle mae'r frawddeg 'A gweidda'r
> [*sic*] graig' yn digwydd, fe fynnodd y bardd fod y 'graig' wedi bod
> yn symbol pwysig iddo erioed a'i fod wedi clywed y creigydd yn
> siarad ag ef lawer gwaith. Bu'n byw wrth ymyl mynydd creigiog a
> bu ef a'i chwiorydd yn cymryd taith wythnosol yn eu hieuenctid i
> ben un ohonynt. Yn fuan iawn wedi claddu eu henwau'n ddefodol
> yn un o'r creigydd, bu farw un o'r chwiorydd [Morvydd] a byth er
> hynny bu'r graig yn siarad ag ef.[112]

Y mae hyn oll yn dwyn perthynas ddadlennol â'r gerdd 'Geneth Ifanc',
myfyrdod ysgytwol Waldo ar yr 'ysgerbwd carreg' a welsai yn amgueddfa
Avebury yn ystod ei gyfnod fel athro yn Lyneham, Wiltshire yn y 1940au
(sylwer, wrth fynd heibio, fod hyd yn oed nodyn y bardd yng nghefn *Dail
Pren* yn y cyswllt hwn yn dra arddodiadol ei fynegiant: 'Yn Amgueddfa
Avebury, o hen bentref cynnar ar Windmill Hill gerllaw. Tua 2500 C.C.'

110. Ricks, 'William Wordsworth', 121.
111. Gweler sylwadau Waldo yn ei 'Sgwrs â Bobi Jones' (1958), *WWRh*, 93–4. Gweler hefyd
     dystiolaeth Dilys Williams yn 'Waldo Williams: Ychydig Ffeithiau', *Y Traethodydd*,
     CXXVI, 540 (Hydref 1971), 206, ynghyd â sylwadau'r bardd yn ei 'Sgwrs â T. Llew
     Jones' (1965), *WWRh*, 98, lle y dywed Waldo mai 'rhyw flwyddyn ar ôl i Morvydd
     farw' y dechreuodd farddoni yn Gymraeg.
112. D. Jacob Davies, 'Seiat i'r Beirdd yng Ngwyl [*sic*] Coleg y Drindod', *Y Cymro*, 8 Ebrill
     1965, 20. Cyfeirio yr oedd Waldo at y llinellau hyn o bennill cyntaf 'Yr Eiliad': 'Peidia'r
     afon â rhedeg/A gweidda'r [*sic*] graig/Ei bod yn dyst/I bethau ni welodd llygad/Ac ni
     chlywodd clust' (*DP*, 76).

(*DP*, 119)[113]. Dadleuwyd yn argyhoeddiadol fod marwolaeth Morvydd yn is-destun grymus yn 'Geneth Ifanc'.[114] Cadarnheir y cyswllt teuluol pwysig hwn ar draws deng mlynedd ar hugain, fe hoffwn awgrymu, gan un o arddodiaid huawdl y gerdd:

> Rhoesant hi'n gynnar yn ei chwrcwd oesol.
> Deuddeg tro yn y Croeso Mai
> Yna'r cydymaith tywyll a'i cafodd.
> Ni bu ei llais yn y mynydd mwy.
>
> (*DP*, 23)

Pennill tra chyfoethog ei arddodiaid yw hwn, fel y gwelir. Dylid nodi yn y lle cyntaf y gyfres drawiadol honno, 'yn . . . yn . . . yn', a'r ffaith fod natur y berthynas rhwng yr arddodiad a'r hyn sy'n dilyn – 'yn ei chwrcwd oesol', 'yn y Croeso Mai', 'yn y mynydd' – ychydig yn wahanol ym mhob achos wrth i'r bardd archwilio drwy gyfrwng y rhan ymadrodd hon ofod ffisegol ac amseryddol, a'u rhyngberthynas. (Yng nghyswllt y cyfeiriad at osod yr eneth ifanc 'yn ei chwrcwd oesol', tybed a wyddai Waldo fod 'cwrcwd' yn cael ei arfer yn Arfon fel term o anwyldeb am faban?) Ond yr arddodiad pwysicaf yng nghyswllt y cefndir teuluol y cyfeiriwyd ato yw hwnnw yn y llinell olaf a ddyfynnwyd: 'Ni bu ei llais yn y mynydd mwy'. Yr idiom Gymraeg 'yn y mynydd' – hynny yw, 'ar y mynydd' – sydd yma, wrth gwrs, megis yn Eseia 25:7 – 'Ac efe a ddifa yn y mynydd hwn y gorchudd sydd yn gorchuddio yr holl bobloedd'[115] – neu yn 'Nant y Mynydd' Ceiriog (cerdd y ceir parodi arni gan Waldo[116]): 'Ond mae 'nghalon yn y mynydd/ Efo'r grug a'r adar mân'. Ond yng ngoleuni'r ddefod deuluol honno o gladdu enwau yn un o greigiau'r mynydd ger ei gartref, ac o gofio am y llais a glywai Waldo yn siarad ag ef o'r graig wedi marwolaeth Morvydd, diau fod y bardd hefyd am inni fod yn effro i ystyr bellach – lythrennol – yn achos yr ymadrodd 'yn y mynydd'. Yn wir, o wneud hynny – o glywed y llais a ddaw o'r graig ar y mynydd – fe wrthweithir pŵer difäol 'y cydymaith tywyll', a grym y negydd ar ddechrau llinell glo'r pennill: 'Ni bu ei llais yn y mynydd mwy'. Gwelir Waldo yn y gerdd hon yn sefydlu cyswllt

---

113. Gweler hefyd, yn hyn o beth, nodyn Waldo ar y gerdd 'Y Tŵr a'r Graig': 'Castell y Garn yw'r tŵr, ac ar Fynydd Tre-Wman neu "Brwmston," neu "Plumstone" y mae'r graig. O'm hen gartref, saif y rhain ar y gorwel, ar draws y sir, yn eglur yn erbyn wybr yr hwyr' (*DP*, 119).

114. Gweler, er enghraifft, sylwadau James Nicholas, *Waldo Williams*, 9–11, ac eiddo R. Geraint Gruffydd, '"Geneth Ifanc": Rhai Sylwadau', uchod, 139.

115. 'Ac ar y mynydd hwn fe ddifa'r gorchudd . . .' yw fersiwn y Beibl Cymraeg Newydd.

116. 'Mab Tredafydd (Crwt ar ei Holidays)'; gweler Rhys, *Chwilio am Nodau'r Gân*, 199.

uniongyrchol â'i chwaer goll drwy gyfrwng yr arddodiad, gan ddistyllu
ynddo gydymdreiddiad arbennig iawn rhwng iaith a thir. Try'r farwnad,
yn dawel, yn ddathliad, fe ellid dadlau, hyd yn oed cyn cyrraedd y pennill
olaf cadarnhaol, sy'n diweddu â'r llinellau: 'Cadarnach y tŷ anweledig a
diamser/Erddi hi ar y copâu hyn' (*DP*, 23). Y mae'n werth tynnu sylw
yma at drosiad Greg Hill o 'Geneth Ifanc', ac yn benodol at ei gyfieithiad
o'r llinellau olaf hyn.

Diddorol odiaeth yng nghyd-destun yr hyn a
nodwyd uchod ynghylch ystyr lythrennol 'yn y mynydd' yw'r ffaith fod y
cyfieithydd wedi dewis tynnu'n groes i'r gwreiddiol. 'Her voice *on* the
mountain was no more' a geir ganddo fel cyfieithiad o 'Ni bu ei llais yn y
mynydd mwy', ond yn achos llinellau olaf y gerdd, yn lle'r darlun o dŷ
rhithiol ond arhosol yn sefyll 'Erddi hi ar y copâu', yr hyn a geir gan Hill
(a diau fod ei gyfieithiad hefyd yn chwarae'n awgrymog â'i gyfenw ei hun)
yw mynegiant (gohiriedig fel petai – ond cyflawn) o rym presenoldeb yr
eneth ifanc *yn* y bryniau: 'The unseen and timeless house the firmer/By
her being *in* these hills' (fy mhwyslais i).[117]

Teifl y pwynt hwn ynghylch ergyd yr arddodiad yn y llinell 'Ni bu ei
llais yn y mynydd mwy' oleuni dadlennol ar rannau eraill o waith Waldo.
Cerdd ganolog yn y cyd-destun hwn yw 'Y Tŵr a'r Graig' (1938), sy'n
cynnwys llinellau megis 'A llefair y gair o'r garn/Erys hwy na'r oes haearn'
(*DP*, 31) – datganiad y mae llinell Tudur Aled, 'Gair, wedi'r êl gŵr, a drig',
y tu ôl iddo, mi dybiaf[118] – ac, yn fwy pwysig, y cwpled canlynol, o bumed
adran y gerdd:

> Ond llais a glywais yn glir
> O hir wrando ar weundir . . .
>
> (*DP*, 33)

Tra chrefftus yw amwysedd yr ail linell hon – awgrymusedd sydd, unwaith
eto, yn deillio o'r arddodiad. Pe bai dyn yn mynd ati i gynnig cyfieithiad
o'r llinell, fe sylweddolai'n gyflym fod dwy ystyr iddi: yn y lle cyntaf,
'From listening long *on* the moorland', ond hefyd, ac yn dra arwyddocaol,
'From listening long *to* the moorland'. Rhyw wrando cyffredinol, pen-
agored yw'r naill; ond y mae'r llall yn wrando astud a phenodol iawn – yn
wrando ar lais y gweundir ei hun. Llais brawdgarwch yw'r llais hwn ym

---

117. Greg Hill, *Bastard Englyns* (Bow Street, 2000), 26. Ceir gan Hill yn y gyfrol hon yn
ogystal gyfieithiadau o'r pennill sy'n dechrau 'Ni saif a llunio arfaeth orffenedig' (a
gynhwyswyd gan Waldo yn 'Paham yr Wyf yn Grynwr'), a hefyd, yn gymwys iawn, o'r
gerdd 'Yr Eiliad'.

118. Jones (gol.), *Gwaith Tudur Aled*, I, 187.

mhumed adran y gerdd, a chyflwyna weledigaeth sy'n cyffroi 'Hen deim-
ladau ymledol/O'r hoff foreau tra[ph]ell/Ac aelwyd gynt. Golud gwell'
(*DP*, 33). Ond llais chwaer y bardd, Morvydd Moneg, ydyw hefyd, bid
siŵr, fel yr awgrymir ymhellach gan y cyfeiriadau poenus o hiraethlon
hynny at 'hoff foreau tra[ph]ell' ac 'aelwyd gynt' (ac at 'deulu' ychydig
linellau cyn hyn). Yn y gerdd fawr hon ar drothwy'r Ail Ryfel Byd –
'Tachwedd 1938 a'r Arglwyddi'n cynnig Gorfodaeth Filwrol', chwedl
Waldo (*DP*, 119) – fe glyw'r bardd lais o ganol Rhyfel Byd arall – llais
Morvydd Moneg, a fu farw ym 1915. Tystia'r enghreifftiau a nodwyd o'r
hyn y gellid ei alw'n 'ddefnydd bywgraffyddol' o arddodiaid i'r cyfoeth o
is-destunau allweddol, a dwysbigol, ym marddoniaeth Waldo Williams.

IX

Cyfeiriwyd uchod at y modd yr archwilir gofod ffisegol ac amseryddol gan
Waldo drwy gyfrwng yr arddodiad 'yn' yn nhrydydd pennill 'Geneth
Ifanc'. Y mae hon yn enghraifft sy'n rhan o batrwm ehangach yng ngwaith
y bardd, oherwydd fe'i gwelir yn aml iawn yn defnyddio parau o arddod-
iaid i gyfosod y ffisegol a'r amseryddol, gan adael i'r cyfosod hwnnw ynddo
ac ohono'i hun weithredu fel sylwebaeth. Egyr y gerdd 'Cân imi, Wynt', er
enghraifft, â'r llinell 'Cân imi, Wynt, o'r dyfnder ac o'r dechrau',[119] a
threwir ar yr un dechneg ar waith yn 'Mewn Dau Gae': 'O, trwy oesoedd
y gwaed ar y gwellt a thrwy'r goleuni y galar' (*DP*, 27). Y mae'r defnydd o
'trwy' yn nhrydedd linell y gerdd anghasgledig 'Ateb' (1939) yn enghraifft
ar ei phen ei hun, gan fod ystyron corfforol ac amseryddol yn cael eu
cyfuno yma o fewn un arddodiad:

> Pe gwanai miliwn bidog ddur
> Ni theimlai'r unben wae ei wŷr,
> Ond â pob brath trwy'r rhyfel hon
> I galon Crist fel gwaywffon.[120]

Agwedd bellach ar yr arddodiad 'trwy' y manteisir arni'n gyson gan Waldo
yw'r ystyr 'trwy gyfrwng', a hoff ganddo, yn ei farddoniaeth a'i ryddiaith,
yw cyfuno'r ystyr hon ag awgrym o'r llythrennol a'r ffisegol. Yn ei ysgrif
'Tri Emynydd', wrth drafod y modd y bu i rai darllenwyr gael delweddau'r
emynydd Dafydd William yn 'rhy fentrus' ac yn 'eithafol', medd Waldo,
yn arddodiadol-fentrus ei arddull: 'Dylem edrych ar y peth o safbwynt ei

119. *Taliesin*, 3 (1962), 76.
120. *Baner ac Amserau Cymru*, 18 Hydref 1939, 6.

oes. Yr oedd llu o'r trosiadau hyn yn yr awyr, rhwng yr emynau a'r pregethau. Gwelid un ddelwedd trwy un arall'.[121] Canolog yn y cyd-destun yw sylwadau'r bardd mewn ysgrif ar ei gyfaill E. Llwyd Williams ym 1958, lle y dywed, wrth drafod y dyfyniad 'Yma yr oeddwn yn yr ysbryd yn mwynhau'r fraint o fyw am ysbaid yn yr awyr denau sy'n ieuo ffeithiau a breuddwydion', o'r gyfrol *Rhamant Rhydwilym* (1939): 'Dychymyg, os mynnwch. Cymaint dychymyg ag iasau'r allt. Ond sylwedd yw'r awyr denau hon sy'n uno doe ac yfory ac yn anadl ynom hefyd, a thrwyddi, heibio i Rydwilym, gwelodd Llwyd Iesu hanes a chlywed ei alwad arnom heddiw'.[122] Ond dichon mai'r esiampl fwyaf diddorol yn y cyswllt hwn yw'r llinell 'Y deffro trwy'r credoau' o nawfed caniad 'Y Tŵr a'r Graig' (*DP*, 37). 'Y deffro di gredoau [*sic*]' oedd ffurf y llinell pan gyhoeddwyd y cywydd am y tro cyntaf ym 1938[123] – a hynny, fel y nododd Robert Rhys, yn 'cyfleu . . . agwedd ddrwgdybus [Waldo] tuag at unrhyw ddogma ym myd crefydd'.[124] Ond fe welir bod y bardd erbyn 1956 wedi taro ar linell lawer iawn mwy cyfoethog a soffistigedig – o ran ei chwarae geiriol a hefyd o ran yr athroniaeth y tu ôl iddi. Yn hytrach na mater syml, a simplistig, o 'ddeffro' sy'n ymwrthod yn llwyr â chredoau – 'Y deffro di gredoau' – yr hyn a geir yn y fersiwn o'r gerdd a ymddangosodd yn *Dail Pren* – 'Y deffro trwy'r credoau' – yw llinell sy'n llwyddo i gydbwyso dwy ystyr sydd ar un wedd yn wrthgyferbyniol: deffro sydd ar y naill law yn ffrwyth y credoau hynny, yn deillio ohonynt ('trwy' yn yr ystyr 'trwy gyfrwng'), ac sydd, ar y llall, yn broses sy'n torri llwybr *drwy'r* credoau, gan arwain dyn, yn wir, y tu hwnt iddynt (deffro sy'n digwydd, fe ellid dweud, *er gwaethaf* y credoau). Yr hyn sy'n 'ymguddio ynghanol y geiriau' yn y fersiwn hwn o'r llinell yw'r profiad a'r aeddfedrwydd a enillasai Waldo rhwng cyhoeddi 'Y Tŵr a'r Graig' ym 1938 a'i hadolygu ar gyfer *Dail Pren* bron ugain mlynedd yn ddiweddarach.

X

Ymadrodd o 'Mewn Dau Gae', wrth gwrs, yw 'ymguddio ynghanol y geiriau'. A theg yw dweud bod cryn dipyn yn ymguddio hyd yn oed yn nheitl y gerdd honno. '"Mewn Dau Gae" . . . mae'r arddodiad yn bwysig',

---

121. *WWRh*, 217.
122. *WWRh*, 247. Sylwadau yw'r rhain sy'n dwyn perthynas wrthbwyntiol ddiddorol â'r llinellau 'Ni sylwem arni, yr awyr a ddaliai'r arogl/I'n ffroenau' o'r gerdd 'Yr Heniaith' (*DP*, 95), ac ag esboniad Waldo arnynt mewn llythyr at Anna Wyn Jones ym 1967: 'Cyfrwng yw'r awyr i ddod â'r arogl inni. Mae'r awyr ei hun yn ddiarogl. Nid ydym yn sylwi arni'; *WWRh*, 103.
123. *Heddiw*, 4, 3 (Tachwedd 1938), 74.
124. Rhys, *Chwilio am Nodau'r Gân*, 143.

medd Bedwyr Lewis Jones yn ei ysgrif ar y gerdd.[125] Ei bwynt wrth ddweud hyn yw bod 'Mewn Dau Gae' yn llawer mwy na cherdd sy'n ymhyfrydu mewn tirwedd a thirlun (hynny yw, nid 'Dau Gae', yn syml felly, yw'r teitl): 'Ond rhan fach iawn o "Mewn Dau Gae" yw'r disgrifio golygfa. 'Dyw o'n ddim byd ond y cefndir i rywbeth a ddigwyddodd i'r bardd, yn ddim ond y llwyfan lle cafodd y bardd brofiad arbennig'.[126] Y mae hyn at ei gilydd yn ddigon teg – ond nid dyma brif arwyddocâd yr arddodiad yn nheitl Waldo. Y cyfieithiad gorau o'r gerdd, heb os, yw hwnnw gan Rowan Williams, 'Between Two Fields' – trosiad sy'n cloi ei gyfrol *Remembering Jerusalem* (2001).[127] 'Between Two Fields': ie, dyna deitl cyfieithiad Rowan Williams, nid 'In Two Fields'. Y mae'r 'camgyfieithiad' hwn (pwysig yw'r dyfynodau) yn dweud rhywbeth pwysig wrthym am y gwreiddiol, yn peri inni ddychwelyd ato'n ffres, gyda'r canlyniad ein bod yn gweld yn gliriach ei (hyn)odrwydd. 'Mewn Cae' – iawn – ond o sôn am ddau gae, onid 'rhwng' – 'Rhwng Dau Gae', chwedl teitl cyfieithiad Rowan Williams – fyddai'r arddodiad disgwyliedig, naturiol yn y cyddestun? Ac yn wir, fe gawn 'rhwng' gan Waldo ei hun yn ei esboniad ar y gerdd yn *Baner ac Amserau Cymru* ym 1958: 'Yn y bwlch rhwng y ddau gae tua deugain mlynedd yn ôl sylweddolais yn sydyn, ac yn fyw iawn, mewn amgylchiadau personol tra phendant, fod dynion, yn gyntaf dim, yn frodyr i'w gilydd'.[128] Ond 'Mewn Dau Gae' yw'r teitl, ac yn hynny o beth – yn y modd yr ymhyfrydir yma mewn tensiwn a pharadocs – y mae'r teitl yn arwyddbost sy'n ein cyfeirio at y llu o enghreifftiau eraill yng nghorff y gerdd o ymhoffi mewn deuoliaethau a gwrthddywediadau – ac o fynd ati hefyd i gyfuno categorïau, o gymodloni elfennau anghymarus, ac o gyfannu: prif nodweddion ymateb Waldo yn y gerdd, fe ellid dadlau, i'r

125. Jones, '"Mewn Dau Gae"', *CMWW*, 152.
126. Ibid.
127. *Remembering Jerusalem* (Oxford, 2001), 50–2. '*After* the Welsh of Waldo Williams' a nodir ar ddiwedd y gerdd yn y gyfrol hon – ymadrodd a newidiwyd i '*From* the Welsh of Waldo Williams' (fy mhwyslais i) pan gynhwyswyd y cyfieithiad flwyddyn yn ddiweddarach yn *The Poems of Rowan Williams* (Oxford, 2002), 91–3. Cynhwyswyd hefyd yn y gyfrol olaf hon gyfieithiadau Rowan Williams o'r cerddi canlynol gan Waldo: 'Cân Bom', 'Yn Nyddiau'r Cesar', 'Wedi'r Canrifoedd Mudan', 'Die Bibelforscher' ac 'Angharad'.
128. *WWRh*, 88. Nid anfuddiol fyddai awgrymu bod 'Mewn Dau Gae', cerdd aeddfetaf Waldo, yn dwyn perthynas ag un o'i gerddi gorau i blant, 'Y Morgrugyn'. Tybed a ellir haeru mai fersiwn o 'Mewn Dau Gae' ar gyfer plant yw'r gerdd fach gyfareddol hon, gyda'i chyfeiriadau at 'fwlch y waun' (er y gall 'bwlch' hefyd olygu 'congl' neu 'bwynt', wrth gwrs), y symudiad ynddi o'r unigol (a'r unig) at y torfol a'r cymdeithasol, a'r disgrifiad o'r creaduriaid yn y ddau bennill 'Yn gwau trwy'i gilydd i gyd' (cymharer 'A thrwyddynt, rhyngddynt, amdanynt ymdaenai . . .' yn 'Mewn Dau Gae')? Gweler E. Llwyd Williams a Waldo Williams, *Cerddi'r Plant* (Aberystwyth, 1936), 12. Yn sicr ddigon, byddai tynnu'r ddwy gerdd ynghyd (a'r ddwy gyfrol *Cerddi'r Plant* a *Dail Pren* hwythau) yn gwbl gyson a chydnaws ag ysbryd llywodraethol barddoniaeth Waldo.

'amgylchiadau personol tra phendant' hynny y cyfeiria atynt. Perthnasol yng nghyswllt y gwaith y mae'r arddodiad yn y teitl yn ei gyflawni yw nodi bod enwau'r ddau gae unigol yn y gerdd fel pe baent yn ymdoddi i'w gilydd – Weun Parc y Blawd a Parc y Blawd – argraff a gryfheir gan y ffaith '[na] threiglir *p* ar ôl *a* lle'r arferir y gair "parc"', fel y pwysleisia Waldo yn ei 'Sylwadau' ar ddiwedd *Dail Pren* (*DP*, 119). (Diddorol yw sylwi mai 'Weun Parc y Blawd a Pharc y Blawd' – hynny yw, gyda'r treiglad llaes – oedd y darlleniad pan gyhoeddwyd y gerdd hon gyntaf, yn *Baner ac Amserau Cymru*, ychydig fisoedd cyn ymddangosiad *Dail Pren*.[129]) Nid oes amheuaeth na fyddai Waldo wrth ei fodd â'r wrtheb anfwriadol yn sylw James Nicholas, yn ei gyfrol Saesneg ar y bardd, ynghylch y ddau gae ar dir John Beynon: 'They are joined by a gap in the hedge'.[130] Yng nghyd-destun y gerdd y mae'n amlwg, wrth gwrs, beth a olygir,[131] ond ymdeimlir ar yr un pryd â'r elfen bwerus o baradocs sydd yn yr ymadrodd hwnnw, 'joined by a gap' – gwrthddywediad hynod o Waldoaidd, dylid nodi.[132] 'Mewn Dau Gae', felly: y mae'n deitl yr ydym fel darllenwyr wedi ei gymryd yn ganiataol. Priodol, felly, yw cyfeirio sylw at gerdd gan T. James Jones sydd, o'i chyfosod â 'Mewn Dau Gae', yn fodd i bwysleisio ymhell-ach neilltuolrwydd teitl Waldo a llifoleuo'i arbenigrwydd. Oherwydd teitl cerdd T. James Jones yw 'Mewn Un Cae' – cerdd gynnil, Waldoaidd ei delweddaeth, a Waldoaidd hefyd, dylid nodi, ei defnydd o arddodiaid, fel y prawf y pennill agoriadol (ymateb ydyw i waith y gof Angharad Jones ar ochr bryn ger Y Bala):

> Mewn un cae mae haenau cof. Ar un bryn
>   bu bwrw haul i'r ogof
> ddi-hun sy'n fagddu ynof.[133]

---

129. *Baner ac Amserau Cymru*, 13 Mehefin 1956, 7.

130. Nicholas, *Waldo Williams*, 75.

131. Ar arwyddocâd y 'bwlch', gweler Ned Thomas, *Waldo*, 25.

132. Mewn erthygl ddiweddar, gesyd Damian Walford Davies deitl Waldo, a theitl trosiad Rowan Williams, yng nghyd-destun y cysyniad o ffiniau mewn perthynas ag ymateb Waldo i Ryfel Corea; gweler 'Waldo Williams, "In Two Fields", and the 38th Parallel', yn T. Robin Chapman (gol.), *The Idiom of Dissent: Protest and Propaganda in Wales* (Llandysul, 2006), 43–74, ac yn arbennig 56–7.

133. T. James Jones, *Diwrnod i'r Brenin* (Cyhoeddiadau Barddas, 2002), 51. Gweler hefyd Iwan Bala, *Darllen Delweddau* (Llanrwst, 2000), 44–5, lle y ceir ffotograffau o'r gwaith hwn gan Angharad Jones. Ymdrinia T. James Jones â dylanwad Waldo ar ei waith yn Iwan Llwyd a Myrddin ap Dafydd (goln.), *Mae'n Gêm o Ddau Fileniwm* (Llanrwst, 2002), 157–8. Diddorol yw'r hyn a ddywedodd T. James Jones yn ddiweddar ynghylch ei gyfieithiad Cymraeg o 'Fern Hill' Dylan Thomas: 'Mi wnaeth hi fy nharo i, unwaith y daeth hi yn y Gymraeg, ei bod hi'n swnio mwy fel "Mewn Dau Gae"'; 'Prifardd yn "Cymreigio" Dylan', *Golwg*, 18, 40 (15 Mehefin 2006), 25.

'Mewn Dau Gae': 'Between Two Fields', 'Mewn Un Cae'.[134] Y mae teitlau'r ymatebion barddonol a fu i gerdd Waldo ynddynt eu hunain yn arwyddo proses o gyfannu.

Prawf y teitl 'Mewn Dau Gae', felly, fod gofyn bod yn effro o hyd i'r llu o arlliwiau sydd i ddefnydd Waldo o'r iaith Gymraeg, ac mai ar ein menter ein hunain y bodlonwn ar ddarllen goddefol ac y cymerwn y cerddi'n ganiataol (fel y gwnaethom, heb unrhyw amheuaeth). Y mae ein cynefindra honedig â cherddi Waldo – ac â'i gerddi 'poblogaidd' yn arbennig – yn aml iawn yn ein rhwystro rhag gwerthfawrogi eu soffistigeiddrwydd geiriol. Un ateb i'r broblem yn hyn o beth yw craffu ar arddodiaid y cerddi, gan fod gwneud hynny yn aml iawn yn fodd i ddadlennu awgrymusedd a chymhlethdod y gweithiau hyn ac i ddyfnhau ein dealltwriaeth o wreiddioldeb a gwefreiddioldeb Waldo fel bardd. Cymerwn fel enghraifft y llinellau canlynol (diau y busasai Waldo yn gwerthfawrogi'r arlliw eironig sydd i'r ffaith ein bod yn dechrau yn y cyswllt hwn â diweddglo ac â dychweliad):

> Sŵn adeiladu daear newydd a nefoedd newydd
> Ar lawr y gegin oedd sŵn clocs mam i mi.

Llinellau clo adnabyddus 'Cwmwl Haf', wrth gwrs. Ond nid yn union ychwaith, oherwydd yr hyn a ddyfynnwyd yn y fan hon yw'r ffurf ar y llinellau a geir gan Angharad Tomos ar ddechrau ei hunangofiant, *Cnonyn Aflonydd*.[135] Yr hyn a ysgrifennodd Waldo yn llinell olaf 'Cwmwl Haf' oedd 'Ar lawr y gegin oedd clocs mam i mi' (*DP*, 49) – nid '. . . sŵn clocs mam . . .'. Camddyfynnu a wna Angharad Tomos, felly, ond dylid achub ei cham yn syth drwy ddweud, yn y lle cyntaf, mai 'sŵn clocs mam' yw'r union beth (unwaith eto) y byddem wedi disgwyl ei gael; ac yn ail, y gall camddyfyniadau o gerddi, megis cyfieithiadau (a chamgyfieithiadau) ohonynt, fod yn fodd i ganolbwyntio sylw ar yr hyn sy'n anarferol a chyrhaeddgar ynghylch eu defnydd o iaith. Felly yn y cyswllt hwn. Ystyr gysefin, sylfaenol y llinell, bid sicr, yw 'Sŵn adeiladu daear newydd a nefoedd newydd i mi oedd sŵn clocs mam ar lawr y gegin' – a dichon mai dyma'r fan i nodi bod traed, a sŵn traed, yn fotifau pwysig yng ngwaith Waldo Williams. (Difyr yn y cyd-destun yw'r hyn a ddywed Vernon Beynon mewn ysgrif ar Waldo a'r ddau gae yn ddiweddar: 'Bydden ni'n ei

---

134. Perthnasol yn y cyd-destun yw llinellau Gerallt Jones yn ei gerdd 'Waldo' (1968): 'Gwelodd yn ei gae ac yn ffurf ei goed/eli pob gwae'; *Cerddi 1955–1989* (Cyhoeddiadau Barddas, 1989), 113.

135. Angharad Tomos, *Cnonyn Aflonydd* (Caernarfon, 2001), 9.

glywed e'n dod [i fferm Y Cross, Llandysilio, lleoliad y 'ddau gae'] achos wêdd tacsen fach 'da ge o dan ei esgid. Wên i'n iwso gweud wrth fy nhad[,] "Ma Waldo in dod"[,] dim ond clywed swn yr esgid'.[136]) Hawdd, yn ddiau, y gallai Waldo fod wedi cynnwys y gair 'swn' yn llinell olaf, dyngedfennol 'Cwmwl Haf', fel y prawf camddyfyniad rhesymol, a rhesymegol, Angharad Tomos. Ond ni fu i'r bardd wneud hynny, ac y mae'r elipsis huawdl – y modd yr hepgorwyd yr ail 'swn' yn y llinell glo – yn arwyddocaol gan ei fod, ymhlith pethau eraill, yn cryfhau ymlyniad yr ymadrodd 'Ar lawr y gegin' wrth y llinell flaenorol ac yn sgil hyn yn ein cynorthwyo i ymglywed ag ystyr arall, fwy aruthr, i'r diweddglo hwn – bod y ddaear newydd a'r nefoedd newydd yn cael eu hadeiladu – ie – 'Ar lawr y gegin' (ac aralleirio Blake, 'Jerusalem was builded *there*'):

> Swn adeiladu daear newydd a nefoedd newydd
> Ar lawr y gegin oedd clocs mam i mi.

Daw i gof yn y fan hon eiriau Datguddiad 21:1–2: 'Ac mi a welais nef newydd, a daear newydd: canys y nef gyntaf a'r ddaear gyntaf a aeth heibio; a'r môr nid oedd mwyach. A myfi Ioan a welais y ddinas sanctaidd, Jerwsalem newydd, yn dyfod oddi wrth Dduw i waered o'r nef, wedi ei pharatoi fel priodasferch wedi ei thrwsio i'r gwr'; ac Eseia 65:17: 'Canys wele fi yn creu nefoedd newydd, a daear newydd; a'r rhai cyntaf ni chofir, ac ni feddylir amdanynt'. Drwy gyfrwng amwysedd cystrawennol llinellau Waldo, lleolir yr adeiladu cosmig ac apocalyptaidd yng nghartref y bardd – ac yn y gegin, sylwer, sef calon y tŷ (un o ddelweddau mawr Waldo, fe gofir). Perthnasol yw gosod hyn yng nghyd-destun un o sylwadau tad Waldo, J. Edwal Williams, yn y llythyr hwnnw at ei fab a ddarganfuwyd gan Dilys Williams rhwng tudalennau Beibl mam Waldo yn fuan wedi marwolaeth y bardd:

> Remember that the Heavenly Jerusalem is all around us in all directions. Keep all the windows of the soul and body open, let the vivifying words have access.[137]

Nid yr arddodiad ar ei liwt ei hun, wrth gwrs, sy'n gwneud yr holl waith yn llinellau clo 'Cwmwl Haf', ond y mae'r 'Ar' hwnnw yn sicr yn chwarae'i ran yn y broses o drosglwyddo'r ail ystyr ddramatig hon, ac yntau'n 'sefyll

---

136. Vernon Beynon, 'Parc y Blawd a Weun Parc y Blawd – Y Ddau Gae', *Clebran*, 328 (Awst, 2004), 13.

137. Cyhoeddwyd y llythyr pwysig hwn yn *CDW*, 225–6.

ac yn cynnwys' (a dyfynnu o 'Mewn Dau Gae') ar ddechrau'r ffwlcrwm hwn o ymadrodd – 'Ar lawr y gegin' – a osododd Waldo ar ddechrau llinell glo, ac uchafbwynt, y gerdd.[138] A grymusir y syniad hwn o'r ddaear a'r nefoedd newydd yn ymffurfio ar lawr cegin y cartref gan y ffaith fod Waldo, mewn copi holograff o'r gerdd a gynhwysodd mewn llythyr anghyhoeddedig at Anna Wyn Jones o Chippenham, Wiltshire, dyddiedig 25 Ionawr 1948, wedi rhoi coma ar ôl yr ymadrodd 'Ar lawr y gegin':

> Swn [sic] adeiladu daear newydd a nefoedd newydd
> Ar lawr y gegin, oedd clocs Mam i mi.[139]

Cadarnheir yn y modd hwn berthynas adferfol yr ymadrodd 'Ar lawr y gegin' â'r hyn sy'n ei ragflaenu. (Tra diddorol, o ddwyn i gof linellau agoriadol pedwerydd pennill y gerdd – 'Unwaith daeth ysbryd cawr mawr i lawr/Trwy'r haul haf, yn yr awr ni thybioch' (DP, 48) – yw'r sylw hwn gan y bardd yn yr un llythyr anghyhoeddedig: 'Nid oedd gennyf lawer o flas at 1948 ar y dechrau. Pam y mae'r darlunwyr yn rhoi'r flwyddyn newydd o'n blaen yn faban o hyd? Cawr ydyw, ond cawr yn mynd yn llai o faint wrth inni afael ynddo, ac yn gorffen yn faban eithaf swynol ac yn mynd yn ol [sic] i groth tragwyddoldeb'[140].)

Llinellau eraill a gymerwyd yn ganiataol gennym yw'r rheini ar ddechrau 'Y Tangnefeddwyr': 'Uwch yr eira, wybren ros,/Lle mae Abertawe'n fflam' (DP, 41). Bu i Saunders Lewis, mewn ysgrif ym 1971 ar Dail Pren, gollfarnu gweddill y pennill agoriadol hwn – a gweddill y gerdd, yn wir; ond am y cwpled a ddyfynnwyd, meddai:

> Yn yr ail linell nid oes acen drom nes dyfod at drydedd sillaf enw'r dref ac wedyn ar y gair fflam. Felly y mae'r darlun cyffrous yn y llinell gyntaf a'r miwsig cynhyrfus yn yr ail linell sy'n cydio'r dref â'r goelcerth, yn codi Abertawe i ofnadwyaeth barddoniaeth, i fawredd.[141]

Gellir mynd ymhellach, a dweud bod Abertawe yn cael ei chodi yn llythrennol ym mhennill Waldo. Y tu ôl i'r darlun o wybren rosliw uwchben y dref eiraog adeg y *blitz* y mae ail olygfa. Y mae cystrawen fwriadol lac

---

138. Gall y 'cynnwys' hwn, fel y nododd R. M. Jones, olygu 'cynnal' yn ogystal â'r ystyr arferol – a gellid ychwanegu 'cefnogi' ac 'annog' hefyd fel ystyron yn y cyd-destun; gweler *Cyfriniaeth Gymraeg*, 221.

139. Llsgr. LlGC 23896D.

140. Ibid.

141. Saunders Lewis, '*Dail Pren*', *CMWW*, 266.

llinellau agoriadol y gerdd – beth yn union, gofynnwn, yw grym y 'Lle' hwnnw ar ddechrau'r ail linell? – yn caniatáu ail bosibilrwydd, wrth i'r ddinas ei hun gael ei lleoli 'Uwch yr eira', yn yr wybren: 'Uwch yr eira, wybren ros,/Lle mae Abertawe'n fflam'. Y mae'r syniad hwn o ddinas nefol yn gryfach fyth yn y fersiwn cyhoeddedig cyntaf o'r gerdd, lle na cheir coma ar ddiwedd y llinell agoriadol.[142] Os oedd yr amwysedd cystrawennol creadigol yn 'Cwmwl Haf' yn fodd inni fedru gweld nefoedd newydd yn cael eu llunio ar lawr y gegin yng nghartref y bardd, y mae adeiladwaith llinellau agoriadol 'Y Tangnefeddwyr' yn mynd â ni i'r cyfeiriad arall, gan beri bod dinas ddaearol am ennyd yn troi'n ddinas nefol – ffordd drawiadol o gyfleu'r profiad cynhyrfus o weld fflamau'r *blitz* yn tanio'r cymylau uwchben Abertawe ac yn creu'r argraff o ail ddinas yn yr wybren. Gwelir bod yr arddodiad – gair agoriadol y gerdd yn y cyswllt hwn, sylwer – unwaith eto'n 'sefyll ac yn cynnwys' ac yn tynnu ei bwysau (bron na ddywedwn, o ystyried natur y ddelwedd dan sylw, ei fod yn *cynnal* y pwysau) yn y broses drawsffurfiol ddramatig hon ar ddechrau 'Y Tangnefeddwyr'.

Ac ymhellach, ystyrier y cwpled enwog hwnnw ym mhennill olaf yr un gerdd – 'Mae Gwirionedd gyda 'nhad[,]/Mae Maddeuant gyda 'mam' (*DP*, 42) – a'r modd y manteisir ar bosibiliadau'r gair 'gyda'. Troedia'r bardd yn llwyddiannus yn y fan hon lwybr canol rhwng y 'gyda' tafodieithol – yn yr ystyr 'gan', megis yn achos teitl ysgrif Waldo, 'Gyda ni y mae'r Drydedd Ffordd'[143] (dyma'r Waldo 'lleol' yn siarad drwy gyfrwng ei arddodiaid) – a 'gyda' yn yr ystyr 'yng nghwmni'. Y mae'r ystyr olaf yn peri i ddarlun Waldo ddod yn ddiraethol fyw, a gellid dweud bod y priflythrennau hynny sy'n mynd ati i bersonoli yn y fan hon – 'Gwirionedd', 'Maddeuant' – gan hynny'n ddiangen. (Y mae modd dadlau, wrth gwrs, fod rhoi priflythrennau i haniaethau megis 'gwirionedd' a 'maddeuant' yn ffordd o gadarnhau ac o ddwysáu'r haniaethau hynny. O ddod at y llinell o'r cyfeiriad hwn, felly, gwelir bod yr ystyr 'yng nghwmni' sydd i'r arddodiad 'gyda' yn fodd i ddiriaethu'r haniaethau hynny – proses sydd, fel y gwelsom, yn un greiddiol yng ngwaith Waldo.) Yn achos y defnydd tafodieithol o 'gyda' (hynny yw, yn yr ystyr 'gan') ar ddiwedd 'Y Tangnefeddwyr', perthnasol yw dyfynnu o lythyr anghyhoeddedig gan Waldo, dyddiedig 26 Mehefin 1966, at ei ffrind Megan Humphreys (a oedd yn byw yn Sir Gaernarfon), lle y gwelir y bardd yn galw sylw penodol at y defnydd arbennig hwn o'r arddodiad wrth drafod anhwylder a'i blinai: 'Rwy'n cerdded chwe milltir bob bore Sul os bydd y tywydd yn caniatau

---

142. *Baner ac Amserau Cymru*, 5 Mawrth 1941, 4.
143. *WWRh*, 299–301.

[*sic*], ac rwy'n cael llonydd gyda'r (sef gan) y dolur ar ôl y ddwy filltir gyntaf'.[144] Anwadadwy i'm tyb i yw ergyd gyffredinol beirniadaeth Saunders Lewis yn yr ysgrif honno o'i eiddo ar waith Waldo ym 1971 – 'nad yn y darnau siriol broffwydol y clywir ei wir awen ef' ac 'nad rhuthmau creadigol Waldo a glywir yn ei hymnau buddugoliaethus'.[145] Ond tystia'r enghreifftiau a nodwyd o strategaethau arddodiadol yn 'Y Tangnefeddwyr' y gall cryn soffistigeiddrwydd geiriol fod yn ymguddio ynghanol rhethreg y 'dosbarth' hwn o gerddi hefyd.

XI

Ar ddiwedd ei ysgrif ar ddefnydd Wordsworth o arddodiaid, ceir gan Christopher Ricks restr ddadlennol o ddyfyniadau o ymdriniaethau beirniadol â gwaith y bardd hwnnw – dyfyniadau a nodweddir gan ymadroddi arddodiadol y beirniaid ac sy'n dangos, chwedl Ricks, 'how natural it is for the critic's way of couching things to learn from the poet's own way'.[146] Os yw hynny'n wir yn achos beirniaid Wordsworthaidd, yna y mae'n ddiau yn wir yn achos beirniaid Waldoaidd, sydd fel petaent wedi amsugno, drwy broses o osmosis beirniadol-lenyddol, ieithwedd arddodiadol gwrthrych eu sylw. Y mae amlder yr enghreifftiau yn hyn o beth yn drawiadol, ond rhaid bodloni ar dynnu sylw at ambell un yn unig. Egyr J. E. Caerwyn Williams ei ragymadrodd i'w olygiad o gerddi Waldo â'r frawddeg 'Anodd tynnu dyn oddi ar ei dylwyth, ac anodd didoli'r llenor oddi wrth y gŵr sy'n llenydda' – ac o'r fan honno, cynyddol arddodiadol yw'r dweud: 'Yn Lloegr cafodd Waldo well cyfle i encilio iddo'i hun heb dynnu sylw ato'i hun . . . i gymryd golwg newydd arno'i hun'.[147] Ar dudalen cyntaf monograff Ned Thomas ar Waldo, eir i'r afael â'r pethau hynny 'sy'n gyffredin rhyngom a'r bardd', ac ystyrir sut y mae 'ei gerddi yn gweithio arnom ac ynom' ac ym mha ffyrdd y maent yn 'siarad â ni, a throsom ni'. A dewisodd yr awdur gloi'r gyfrol â'r dyfyniad: 'Rhed yr arial trwom ni'.[148] Rhan

---

144. Llythyr ym meddiant yr awdur presennol. Dyfynnir ohono â chaniatâd caredig Mr Gareth Pritchard. Ymhellach ar y llinellau 'Mae Gwirionedd gyda 'nhad[,]/Mae Maddeuant gyda 'mam', gweler Rhys, 'Barddoniaeth Waldo Williams, 1940–2', uchod, 36.

145. Lewis, '*Dail Pren*', *CMWW*, 268.

146. Ricks, 'William Wordsworth', 132.

147. Williams (gol.), *Cerddi Waldo Williams*, vii, xii. Noder yn ogystal y brawddegau hyn yn y paragraff dilynol: 'Siaradwn amdano [yr 'ysbrydol'] a phriodolwn iddo ei hawliau, ond ni rown le iddo oddieithr yn ein hysgrifeniadau a'n llyfrau, ni rown le iddo yn ein gweithredoedd, yn ein bywydau. Nid yw'r ysbrydol yn gosod rhwymedigaethau arnom ni, ond yr oedd yn gosod rhwymedigaethau ar Waldo'; ibid., xiii.

148. Thomas, *Waldo*, 5, 73.

o'r un patrwm yw ieithwedd disgrifiad yr un beirniad o ddefnydd Waldo
o'r gair 'awen': 'Mae'n gyfraniad gyda'r mwyaf gwerthfawr i'n hymwybydd-
iaeth; mae'n feirniadaeth barhaol ar y defnydd cyfyngedig o'r gair, ac
mae'n ychwanegiad at adnoddau'r iaith'.[149] Yn gymwys iawn, nodwedd
feirniadol yw hon sydd hefyd yn croesi'r ffin rhwng y ddwy iaith. Er
enghraifft, yn ei adolygiad ar olygiad J. E. Caerwyn Williams o waith
Waldo, sonia Bobi Jones am gerddi'r gyfrol honno yn nhermau 'meditations
of a master-craftsman following his trade as if it were under assault', ac â
rhagddo i ddatgan: 'The consequent tension combined with dignity and
desperate affection produce a directness within ambiguity and a heroicism
within scepticism that would seem strange within the "majority-literature"
context'.[150] A gwelir Cyril Williams yn mynd gam ymhellach ar hyd y
trywydd arddodiadol pan ddywed fel hyn ynghylch y gerdd ddi-deitl sy'n
dechrau â'r llinell 'Nid oes yng ngwreiddyn Bod un wywedigaeth': '[It
was] composed in bereavement after the loss of his wife, Linda. It is, in
spite of, or indeed because of, his grief, a song of hope which speaks not
only of a basic unity but also of the restorative power of Life at the heart
of Beingness itself'.[151]

At hyn, y mae i nifer o'r sylwadau beirniadol arddodiadol eu bywyd
creadigol, barddonol eu hunain. Wrth drafod y llinellau enwog 'Beth yw
adnabod? Cael un gwraidd/Dan y canghennau' o'r gerdd 'Pa Beth yw Dyn?'
(DP, 67), dywed Dafydd Owen:

> Adnabod yw meddu yr un gwraidd hwnnw o gyfrifoldeb ac o
> gariad sydd yn ein huno o dan yr holl wahanu a fu arnom gan
> swyddi a diddordebau, ac yn peri fod inni ambell gangen lesol ar
> bren ein byw.[152]

Gellid dadlau bod y dweud ychydig yn chwithig yn y fan hon, ond nid oes
amheuaeth nad yw cymdeithasiad y geiriau – y rhyngweithio amlhaenog
rhyngddynt dan arweiniad yr arddodiaid – yn ffurfio edau gyfrodedd o
ystyron awgrymus. Er enghraifft, diau y byddai'r ymadrodd diddorol 'o
dan yr holl wahanu' wedi apelio'n fawr at Waldo fel awdur y llinell 'Trig
ynom trwy'r gwahanu' (o'i farwnad 'Llwyd'),[153] ac y mae'n sicr y byddai'r

149. Ibid., 40.
150. Bobi Jones, *Poetry Wales*, 28, 4 (Ebrill 1993), 65.
151. Cyril Williams, 'Waldo Williams: A Celtic Mystic?' yn Gavin D. Flood (gol.), *Mapping Invisible Worlds* (Edinburgh, 1993), 135.
152. Dafydd Owen, *Dal Pridd y Dail Pren* (Llandybïe, 1972), 68.
153. Williams (gol.), *Cerddi Waldo Williams*, 93.

bardd hefyd wedi gwerthfawrogi'r ymadrodd gan ei fod yn ffurfio llinell o gynghanedd lusg y mae ei hodlau'n dod â'r 'uno' hwnnw sy'n ei rhagflaenu ym mrawddeg yr awdur yn fyw. Dafydd Owen hefyd a ddywedodd mai canlyniad y gwrthgyferbynnu rhwng 'arafwch [hynny yw, mwynder] bro a'r rhyfyg brwnt' yn y gerdd 'Gŵyl Ddewi' (*DP*, 92) yw '[c]reu cywilydd ynom. Ac y mae dweud hynny hefyd yn golygu ei bod yn gerdd lwyddiannus'.[154] Cymaint mwy gafaelgar na 'chodi cywilydd arnom' (sef yr hyn y byddem wedi disgwyl ei gael yma) yw'r ymadrodd hwnnw, '[c]reu cywilydd ynom'. Rhyw embaras arwynebol a byrhoedlog a awgrymir gan y naill, ond cyfleu sylweddoliad dwfn, parhaol ac edifeiriol o gamwri y mae'r llall. Y mae'r defnydd o '[c]reu cywilydd ynom' hefyd yn golygu, ac adleisio Dafydd Owen, fod hyn yn feirniadaeth lenyddol lwyddiannus. Ac ymhellach, diau y buasai'r ymadrodd hwn hefyd wrth fodd calon Waldo, a hynny yn rhinwedd y ffaith ei fod yn dwyn perthynas fywiol â llinell yn y gerdd 'Adnabod', sef 'Tosturi rho inni' (*DP*, 62). Megis yn achos rhagoriaeth ymadrodd Dafydd Owen, '[c]reu cywilydd ynom', ar y dweud disgwyl-iedig, 'codi cywilydd arnom', cymaint mwy cyrhaeddgar yw 'Tosturi rho inni' na chyfluniad megis 'Tosturia wrthym'. Y mae'r naill yn weithredol-ddramatig, y llall yn oddefol-lipa. Arwyddocaol, heb os, yw'r ffaith mai ffrwyth ailfeddwl ar ran Waldo oedd y llinell dan sylw.[155]

Agwedd bellach ar hyn yw'r ffaith fod y mynegiant arddodiadol Waldo-aidd y buwyd yn ei drafod wedi ymdreiddio hefyd i'r corff nid ansylweddol hwnnw o gerddi a ysbrydolwyd gan agweddau ar fywyd a gwaith Waldo (dyma esgor ar rwydwaith dirgel arall sy'n dwyn ynghyd y bardd a'i ddarllenwyr effro). Drwy gyfrwng y dilyniant 'Yn ei wâl . . . Yn ei dŷ . . . Yn ei ddau gae' yn llinellau agoriadol ei phenillion y strwythurir cerdd Gerallt Jones, 'Waldo' (1972),[156] er enghraifft, ac egyr cerdd Bobi Jones, 'Bardd', sy'n deyrnged i Waldo, â'r llinellau 'Closiaf yn dy dŷ, dan dy do, at dân d'awen/Dyddynnwr diddan!'.[157] Ond dichon mai'r esiampl orau yn y cyswllt hwn yw cerdd ardderchog Menna Elfyn, 'Heb (Gan feddwl am

154. Owen, *Dal Pridd y Dail Pren*, 55.
155. 'Ti gryfder rho inni' a geir gan Waldo yn y fan hon mewn copi holograff o'r gerdd a anfonodd mewn llythyr o Swydd Huntingdon at D. J. Williams a'i wraig Siân ychydig dros fis cyn i 'Adnabod' weld golau dydd am y tro cyntaf mewn print (yn *Baner ac Amserau Cymru*, 29 Mai 1946, 4); llythyr dyddiedig 16 Ebrill 1946, Casgliad D. J. Williams, Abergwaun, Llyfrgell Genedlaethol Cymru, Bocs 20, P2/35/27. Y mae'r copi holograff hwn yn wahanol iawn mewn mannau i'r fersiwn cyhoeddedig cyntaf. Diddorol yn y cyd-destun yw gweld mai'r hyn a geir yn llinell olaf ond un y pedwerydd pennill yn y copi holograff yw 'Ti yw Tosturi' (y darlleniad yn *Baner ac Amserau Cymru*, ac yn *Dail Pren*, yw 'Ti yw'r teithiwr sy'n curo').
156. Jones, *Cerddi 1955–1989*, 120.
157. *Casgliad o Gerddi Bobi Jones* (Cyhoeddiadau Barddas, 1989), 47.

Waldo)' – a hynny am fod Waldo nid yn unig yn cael ei ddisgrifio mewn termau arddodiadol ynddi, ond yn cael ei ddiffinio felly. Fel hyn yr egyr y gerdd:

> Heb oedd y gair cyntaf a ddysges
> Amdano. Heb dalu. Heb eiddo.
> Heb oedd ar wawr ei wyneb.
> Yn ddeg oed, methwn â deall
> Fel y troediodd y ddaearen,
> Gŵr yn ei oed a'i amser, heb gymar
> A heb amser i oedi ar drosedd
> Yn erbyn tangnefedd.[158]

Erbyn diwedd y gerdd try'r 'diffyg' hwn, tlodi'r 'heb', yn gymynrodd Waldoaidd werthfawr – 'Yn eiddo i beidio â gafael ynddo', yn '[G]erddi ar gof, geiriau heb y goleuni/Hawdd ei gael' – a hefyd yn ymwybod â'r byd ysbrydol, ac, yn wir, â natur anhraethadwy'r duwdod. Trawsffurfir yn y gerdd hon fynegiant o ddiffyg yn sylwedd anghyffwrdd (paradocs y byddai Waldo wedi'i gymeradwyo):

> A thrwy
> Fod weithiau'n amddifad,
> Heb bethau, daeth trugareddau byw
> I ddwyn y dychymyg, heb glust
> At ddim heblaw'r eithriadol, eiriasol
> 'Ust'.[159]

XII

Tystia manylder y drafodaeth yn yr astudiaeth hon i'r soffistigeiddrwydd cyffrous ac amlweddog sy'n nodweddu'r ffordd y bu i Waldo Williams ddyrchafu 'geiriau bach' yn eiriau gwironeddol fawr – yn wir, yn wironeddau mawr. Gellir gweld y rôl ganolog a rydd Waldo i'r 'geiriau bach' hyn fel mynegiant sylfaenol o ddemocratiaeth ei weledigaeth gymdeithasol-farddonol – ystyriaeth sy'n golygu bod i'r rhan ymadrodd hon yng ngwaith y bardd arwyddocâd politicaidd diymwad. Gwireddir yn y modd hwn, a

158. Menna Elfyn, *Perffaith Nam* (Llandysul, 2005), 50. Ceir mân wahaniaethau teipograff-yddol yn y fersiwn o'r gerdd a ymddangosodd yn *Clebran*, 328 (Awst 2004), 26.
159. Elfyn, *Perffaith Nam*, 50.

hynny ar lefel y gair unigol, y broffwydoliaeth enwog honno yn y gerdd 'Plentyn y Ddaear': 'Daw dydd y bydd mawr y rhai bychain' (*DP*, 68). Ynddynt hwy, yr arddodiaid, y ceir gweledigaeth gydgysylltiol a chyfannol Waldo ar ei gwedd fwyaf sylfaenol a distylledig-bwerus. Ac nid *ynddynt* yn unig, eithr, yn ogystal – fel y dangoswyd yn yr astudiaeth hon – drwyddynt, rhyngddynt ac amdanynt.

Translating Waldo Williams

Rowan Williams

MEWN DAU GAE

O ba le'r ymroliai'r môr goleuni
Oedd [â]'i waelod ar Weun Parc y Blawd a Parc y Blawd?
Ar ôl imi holi'n hir yn y tir tywyll,
O b'le deuai, yr un a fu erioed?
Neu pwy, pwy oedd y saethwr, yr eglurwr sydyn?
Bywiol heliwr y maes oedd rholiwr y môr.
Oddi fry uwch y chwibanwyr gloywbib, uwch callwib y cornicyllod,
Dygai i mi y llonyddwch mawr.

Rhoddai i mi'r cyffro lle nad oedd
Ond cyffro meddwl yr haul yn mydru'r tes,
Yr eithin aeddfed ar y cloddiau'n clecian,
Y brwyn lu yn breuddwydio'r wybren las.
Pwy sydd yn galw pan fo'r dychymyg yn dihuno?
Cyfod, cerdd, dawnsia, wele'r bydysawd.
Pwy sydd yn ymguddio ynghanol y geiriau?
Yr oedd hyn ar Weun Parc y Blawd a Parc y Blawd.

A phan fyddai'r cymylau mawr ffoadur a phererin
Yn goch gan heulwen hwyrol tymestl Tachwedd
Lawr yn yr ynn a'r masarn a rannai'r meysydd
Yr oedd cân y gwynt a dyfnder fel dyfnder distawrwydd.
Pwy sydd, ynghanol y rhwysg a'r rhemp?
Pwy sydd yn sefyll ac yn cynnwys?
Tyst pob tyst, cof pob cof, hoedl pob hoedl,
Tawel ostegwr helbul hunan.

Nes dyfod o'r hollfyd weithiau i'r tawelwch
Ac ar y ddau barc fe gerddai ei bobl,
A thrwyddynt, rhyngddynt, amdanynt ymdaenai

Awen yn codi o'r cudd, yn cydio'r cwbl,
Fel gyda ni'r ychydig pan fyddai'r cyrch picwerchi
Neu'r tynnu to deir draw ar y weun drom.
Mor agos at ei gilydd y deuem –
Yr oedd yr heliwr distaw yn bwrw ei rwyd amdanom.

O, trwy oesoedd y gwaed ar y gwellt a thrwy'r goleuni y galar
Pa chwiban nas clywai ond mynwes? O, pwy oedd?
Twyllwr pob traha, rhedwr pob trywydd,
Hai! y dihangwr o'r byddinoedd
Yn chwiban adnabod, adnabod nes bod adnabod.
Mawr oedd cydnaid calonnau wedi eu rhew rhyn.
Yr oedd rhyw ffynhonnau'n torri tua'r nefoedd
Ac yn syrthio'n ôl a'u dagrau fel dail pren.

Am hyn y myfyria'r dydd dan yr haul a'r cwmwl
A'r nos trwy'r celloedd i'w mawrfrig ymennydd.
Mor llonydd ydynt a hithau a'i hanadl
Dros Weun Parc y Blawd a Parc y Blawd heb ludd,
A'u gafael ar y gwrthrych, y perci llawn pobl.
Diau y daw'r dirhau, a pha awr yw hi
Y daw'r herwr, daw'r heliwr, daw'r hawliwr i'r bwlch,
Daw'r Brenin Alltud a'r brwyn yn hollti.

(*DP*, 26–7)

BETWEEN TWO FIELDS

These two fields a green sea-shore, the tide spilling
radiance across them, and who knows
where such waters rise? And I'd had years
in a dark land, looking: where did it, where did he
come from then? Only he'd been there
all along. Who though? who
was this marksman loosing off bolts
of sudden light? One and the same the lightning
hunter across the field, the hand to tilt
and spill the sea, who from the vaults
above the bright-voiced whistlers, the keen darting plovers,
brought down on me such quiet, such

Quiet: enough to rouse me. Up to that day
nothing had worked but the hot sun to get me going,
stir up drowsy warm verses: like blossom
on gorse that crackles in the ditches, or
like the army of dozy rushes, dreaming
of clear summer sky. But now: imagination
shakes off the night. Someone is shouting
(who?), Stand up and walk. Dance. Look.
Here is the world entire. And in the middle
of all the words, who is hiding? Like this
is how it was. There on the shores of light
between these fields, under these clouds.

Clouds: big clouds, pilgrims, refugees,
red with the evening sun of a November storm.
Down where the fields divide, and ash and maple
cluster, the wind's sound, the sound of the deep,
is an abyss of silence. So who was it stood
there in the middle of this shameless glory, who
stood holding it all? Of every witness witness,
the memory of every memory, the life
of every life? who with a quiet word
calms the red storms of self, till all
the labours of the whole wide world
fold up into this silence.

And on the silent sea-floor of these fields,
his people stroll. Somewhere between them,
through them, around them, there is a new voice
rising and spilling from its hiding place
to hold them, a new voice, call it the poet's
as it was for some of us, the little group
who'd been all day mounting assault
against the harvest with our forks, dragging
the roof-thatch over the heavy meadow. So near,
we came so near then to each other, the quiet huntsman
spreading his net around us.
Listen! you can
just catch his whistling, hear it?

Whistling, across the centuries of blood
on the grass, and the hard light of pain; whistling
only your heart hears. Who was it then, for God's sake?
mocking our boasts, tracking our every trail and slipping past
all our recruiting sergeants? Don't you know?
says the whistling, Don't you remember?
don't you recognise? it says; until we do.
And then, our ice age over, think of the force
of hearts released, springing together, think
of the fountains breaking out, reaching up
after the sky, and falling back, showers
of falling leaves, waters of autumn.

Think every day, under the sun,
under these clouds, think every night of this,
with every cell of your mind's branching swelling shoots;
but with the quiet, the same quiet, the steady breath,
the steady gaze across the two fields, holding still
the vision: fair fields full of folk;
for it will come, dawn of his longed-for coming,
and what a dawn to long for. He will arrive, the outlaw,
the huntsman, the lost heir making good his claim
to no-man's land, the exiled king
is coming home one day; the rushes sweep aside
to let him through.

Rowan Williams
From the Welsh of Waldo Williams[1]

In many ways, Waldo Williams is not a poet who presents to the trans-
lator an unusually high level of verbal difficulty. Although he is more
verbally subtle than a lot of Gwenallt, say, he is, even when writing in
fairly strict form, a poet whose imagery is concrete and vivid. 'Mewn Dau
Gae', to take an obvious example, is a poem depending on a series of very
strong visual images: the tide of light flowing over the landscape, the
heavy storm clouds of the November afternoon, the harvest field, the
fountains bursting upwards and falling back. All this translates without
too much effort. Yet the overall task is far from straightforward. In this

---

1. Rowan Williams, *Remembering Jerusalem* (Oxford, 2001), 50–2, a *The Poems of Rowan
Williams* (Oxford, 2002), 91–3.

brief reflection, I want to trace some of the specific challenges in rendering this particular poem into English – which may suggest some broader thoughts about Waldo himself and about translation in general.

VERSE 1

The tide of light flows over two fields; the sea now has its bottom on the solid land the poet is looking at. Do you think about a 'sea-floor' or a 'seashore' inundated by the tide? *Gwaelod* certainly indicates the former; but the picture of water flowing in needs the shore, doesn't it? I settled for this, though I'm far from sure I was right; I hoped that insisting on a 'green' shore might evoke something of the idea of a watery depth as well as the obvious green of the fields. Then what about the place names? Other translators have either kept them as they stand or rendered them as 'Flower Meadow Field' and 'Flower Field', but I am not quite convinced by either. How much does the specificity matter? In one way, greatly: this is a particular landscape at a particular moment seen by this man and no other. But the names, either in English or Welsh, seem to me to hold up the poem in translation, giving a moment either exotic or banal. I'm well aware of how particular Waldo's landscape always is. But perhaps the whole poem can be allowed to create the landscape if there is no easy way of managing the names?

O b'le deuai, yr un a fu erioed? The incoming tide has metamorphosed without warning into a reality unmistakably personal – a transition that works economically in Welsh by a subjectless verb (*deuai*) that can with economical surprise be retrospectively given a personal subject. You can't do this in English, so you have to stammer, to make explicit the transition from the 'it' of the water flowing over to the 'he' of the next lines. Is it a 'what' or a 'who' we're talking about? Waldo moves subtly through this, from an implied what to an implied who to an explicit who. The rapidity of the transfiguration of the fields is linked with an image we are going to hear more of, the huntsman with his bow, though *heliwr y maes oedd rholiwr y môr* will defeat attempts at any comparable conciseness: those plain nouns will need expansion, a different kind of music ('field', 'tilt', 'spill', to catch a tiny portion of the *cynghanedd* of the original). And the last line, *Dygai i mi . . .*: perhaps the hunting image sanctions just a hint of a net coming down, bringing the quietness that ends the first stanza.

VERSE 2

We need to hold on to the paradox that is not quite stated in the original: it is quiet that stirs imaginative action; not the sort of quiet that comes from dozing or lazing under the sun, but a depth of peace that is actually a waking up. So: 'Quiet: enough to rouse', marking the shift from plain *llonyddwch* to the awakening of this second verse. There is a difficulty in the *clecian* of the gorse, which comes between two images of indulgent idleness; and it would be good to capture something of a vernacular sense of the word, 'chatter, gossip'. But, with due respect to the original, the thrust might be weakened if that were brought in too obviously, so let's leave a neutral and not too noisy 'crackling'. Then at the fifth line of this stanza in the Welsh, as at the fifth line of the first, comes the 'who' question again (it will come once more at the fifth line of the next verse). I see no way of echoing this parallel placement of the question in English without too much abruptness. I need the sense of a transitional moment – 'But now . . .' – and the 'who' might come in effectively in brackets, to parallel the mysteriousness in the first stanza of the sudden introduction of a someone instead of a something. And the end of the verse has to be a kind of reining in, a slowing of pace, a repeated assurance that it was indeed here and at this moment that all this began to appear. *Yr oedd hyn*; these were the things that happened – 'Like this/is how it was'. I think that will have to do, though it isn't ideal. We have already noted the loss of a specific location, and the original here could be more economically rendered if I could find a way; but I can't for now.

VERSE 3

Economy; we are already running in English at stanzas of twelve rather than eight lines. Anyway, this verse begins with a robust and straight-forward image and builds on the quiet/wakefulness tension with a storm/silence tension. The repeated *dyfnder* of line 4 won't survive a plain render-ing. It doesn't have to carry the same metrical and verbal significance, fortunately; no one English word will quite bring together the 'deep' of the cleft between the fields with the roar of wind above and the 'depths' of a felt inner silence. *Rhwysg a'r rhemp* is one of those Welsh idioms that needs unscrambling: 'power and excess' has to become something more like 'abundant power'; and the 'excess' element in *rhemp* allows that hint of something morally ambiguous now overcome that 'shameless' can carry in English.

But the hardest lines are at the end of the verse; once more, Welsh economy challenges English verbosity. I have to reach for a rather archaic inversion to signal that these words have a slowing and deepening function ('Of every witness witness'). And the final line defies a straight-forward rendering because we have no English word that will do for *gostegwr*: 'silencer' makes you think of guns, which is exactly what you don't want to be evoking just here. I think it's admissible to bring back the red storm clouds from the beginning of this verse in speaking of the *helbul* of the mind, though *helbul* isn't quite storm. Still, it offers a symmetry that compensates a little for the loss of economy in the translation. Bringing in the first line of verse 4 feels slightly like cheating, but the emerging demands of a twelve-line stanza have suddenly become a problem, and this is surely better than simply padding – especially as verse 4 is pretty dense and will probably need a fair amount of spelling out.

VERSE 4

At least this sleight of hand allows this verse to start with a good clear reprise of the opening and of the end of verse 2. The *Awen* that rises out of hiding (and I deliberately echo here the tidal imagery of verse 1) needs a bit of a gloss, as 'muse' in English would have an unhelpfully precious and archaising feel. It will have to be 'a new voice/. . . call it the poet's', hoping that there is enough to make it clear that this is not just a matter of some one poet's imagination at work. I don't think this is properly captured in my version, I have to say.

The next few lines in the Welsh are very compressed, and the translation has to tease it out a bit. *Cyrch picwerchi,* 'an attack of pitchforks', is abrupt; somehow a slightly more distant, slow and elegiac tone has to be found for a significant and distant memory. 'As it was for some of us, the little group/. . . all day mounting assault' at least in introducing 'all day' suggests that elegiac distance to some extent. And the final lines bring back the hunter with his net – an image that justifies, I hope, the hint at the end of my version of verse 1.

VERSE 5

Much the hardest of all, partly because it begins with a raising of the emotional register both by the opening *O* and by the heavy alliteration of *gwaed ar y gwellt* and *goleuni y galar.* In fact the whole of this verse is emotionally weighted with apostrophes and repetitions. I'm not convinced about too many 'O's in English; but some feel of urgency and even anguish has to be there – hence, 'Who . . . for God's sake?'. And again, as in verse 3, English hasn't the nouns to cope: 'escaper from armies' is what *dihangwr o'r byddinoedd* means most directly; but is it permissible to bring in as a counter to the mysterious commanding 'whistler' a shadowy counterforce – the 'recruiting sergeant' who tries to seduce in an opposite direction, or tries to 'conscript' the transcendent liberator into human service? I think that's just about defensible licence, given that we do speak of 'conscripting' ideas for our purposes.

Yn chwiban adnabod, adnabod nes bod adnabod defeats the translator. Not only is *adnabod* one of Waldo's most important 'weight-bearing' words in many poems – indeed, the subject of one very fine poem; the idiom and balance of the line depend on stressing *bod* in a way that can't be reproduced. So I have to stand back and rethink the whole line: what does the summons say? 'Recognise.' But what does this mean? 'Don't you know?/. . . Don't you remember?/don't you recognise?' And it goes on saying the same thing until it actually happens. Clumsy, but more or less there. And this sort of recasting does allow you some leeway with the emotional register by a different route. The final image, like the November clouds, is a strong one that needs very little doing to it: 'waters of autumn' is partly to fill up the line, I confess, but it connects the falling leaves imagery with the implied seasonal imagery. Winter is over, waters spring up and trees blossom, then the fruit falls back to fertilise the soil in autumn.

VERSE 6

The opening is tricky because it is rather flatly descriptive, in a somewhat abstract mode. To be honest, I think it's one of the least strong bits of an exceptionally strong poem. But almost immediately the imagery of the brain's branches and shoots restores the tone. Again we lose the place names, but I don't think it's any worse than in the other instances. 'Fair fields full of folk' is a bit of an impertinence, I know; but how in English can you evoke a vision of fields full of people without some echo of Langland's *Piers Plowman*? So why not come clean and use the phrase?

But with the last few lines – among the most weighty and memorable in all of twentieth-century Welsh verse – there is no hope of reproducing the balance and music of *daw'r herwr, daw'r heliwr, daw'r hawliwr i'r bwlch*. You can only try something possibly parallel by accumulating a different sort of series of titles, keeping up some tension by enjambment and so on. 'No-man's land' is a risky gloss; it has something to do with the *bwlch* of the original, since this is most prosaically the gap between territories, but also brings in some sense of 'standing in the breach'. Ann Griffiths in one of her hymns depicts Christ crucified standing in the *bwlch*, the gulf between God and humanity, and, whether or not Waldo meant us to hear any echo of that, it does echo for some. No-man's land – the frontier, the place of terror between the battling armies (and remember that this is the one who escapes all armies); no *man's* land, which only the divine huntsman can claim as his own; one could go on, and it is a lot to put on one word, but again it is a way of recreating some of the unreproducible emotional tension of the Welsh original.

The concluding line depends so much on the beauty of the *cynghanedd* that there can be no comparably epigrammatic version in English. 'The rushes sweep aside' is inadequate, I know; but 'part' seems not quite forceful enough for the compressed energy of the Welsh. Perhaps we need an explicated metaphor: it is like the wind blowing the reeds apart. But I hesitate to go quite that far; I know that I must end with what is, compared with the original, an anticlimax, simply because English does not do poetic climaxes in that way, and anything comparable (George Herbert's monosyllabic last lines, for example) would need a more extensive recasting of the material than I can see my way to.

It is entirely appropriate to end with an admission of total defeat. Poetic translation is like that. But my aim has been to show that the process of translating is not just a losing battle. What the translator is setting out to do is a kind of reworking; where does this poem start, how does it move, what are the connections 'under' the words as well as in them? The philosopher Jacques Maritain spoke in his lectures on aesthetics about a 'music', a set of what he called 'pulsions', that was there before the words. Not that there is a pre-verbal 'message' or content that is then dressed up in words that are accidental to the real work; Maritain, like every sensible theorist of modernity, fully acknowledged that the poem was itself and not a second-best, that the words were what the poem *was*. But if a poem is translatable at all, there must be a set of rhythms and connections that stand beneath the words, a cluster of percepts and overlapping impressions; writing a poem is a struggle (not just an exercise in verbal patterning) precisely because you have to discover words that give a kind of freedom to that underlying movement and patterning, a freedom to 'manifest' both in and around the words. To translate is to try and think and feel around the words for what is being manifested, what *world* is being constructed for contemplation, and to find again in another language something like that same world.

Hence translation is always in one way the composition of a new poem – but a deeply parasitic one. You are always looking or listening for what these particular words in one language make possible, for their range and echoes; you are feeling around them, sensing the alternatives they hint at and deny. And in that process you share enough of the poet's own choices about the verbal music to alert you to some extent to what the poet is sensing of that other music, and so to allow you to trace his movement across a territory of perception and feeling. From this comes another work. It is colossally unlikely that it will be of the same stature as the original (though it is not absolutely impossible – Catullus and Sappho, perhaps?), but it will give a measure of access to the same world and so is not a total waste of time. And for the translator, it will be an exercise in that listening to your own perceptions that – if you are in any sense a poet – is essential to your own craft.

Waldo Williams's world is one that both invites and tests the translator. Because he can create an imaginative world so charged with light and with what I can only call a sense, an unmistakably Christian sense, of 'wisdom' embodied – a world charged with moral as well as visual vigour and radiance, charged with expectation of a personal but also a cosmic epiphany – the impulse to recreate is strong. These are poems that make demands on the reader that are far from being simply conceptual or even, in the weaker sense, imaginative; they offer, precisely, a world under another light, whether the light is the benign transfiguration of the poem we have been examining, or the alien and hostile light that disfigures the landscape in 'Gŵyl Ddewi' and 'Die Bibelforscher', or the aphoristic illumination of 'Pa Beth yw Dyn?'. The test comes in the economy of what he writes, an economy that is characteristic of the language itself, with its strong nouns, its ability to deploy various techniques to raise the affective temperature (apostrophe, intensified alliterative patterns) and its essentially concrete register. The test is thus worth subjecting yourself to, because it challenges things in poetic composition that are deeply dangerous – an avoidance of nouns and an undue reliance on adjectives, a failure to feel the exact ways in which language tightens and loosens its affective intensity, and a surrender to abstraction. These are things, I find, that any translation from Welsh in particular reinforces; but Waldo's combination of density and luminosity makes him a specially significant partner in the complex engagement of translating, and a specially fruitful presence in the process of composition.

Y Cyfranwyr

M. PAUL BRYANT-QUINN: Ganed yn Llundain; fe'i haddysgwyd mewn prif-ysgolion yn yr Eidal, lle y graddiodd mewn diwinyddiaeth, ac yng Nghymru. Bu am ddeng mlynedd yn ymchwilydd yng Nghanolfan Uwchefrydiau Cymreig a Cheltaidd Prifysgol Cymru yn Aberystwyth, ac y mae'n awdur pedair cyfrol a nifer o ysgrifau ar waith Beirdd yr Uchelwyr. Prif ddiddordeb ymchwil Paul yw agweddau ar gefndir crefyddol Cymru'r Oesoedd Canol. Ar hyn o bryd y mae'n paratoi astudiaeth newydd o'r naw englyn i'r Drindod a geir yn llawysgrif y Juvencus, ymdriniaeth â'r cerddi a briodolir i Siôn Cent, a golygiad o'r *Athrawaeth Gristnogawl* – catecism Catholig a luniwyd gan Morys Clynnog ym 1568. Y mae'n aelod o Gymdeithas y Cyfeillion (Y Crynwyr).

T. ROBIN CHAPMAN: Yn dilyn gyrfa fel athro ac fel cyfieithydd hunan-gyflogedig, y mae bellach yn Ddarlithydd yn Adran y Gymraeg, Prifysgol Cymru, Aberystwyth. Y mae wedi cyhoeddi nifer helaeth o fywgraffiadau beirniadol-lenyddol, gan ennill gwobr Llyfr y Flwyddyn ym 1994 am ei gofiant i W. J. Gruffydd (Gwasg Prifysgol Cymru, 1993). Ei gyhoeddiadau diweddaraf yw *Meibion Afradlon a Chymeriadau Eraill: Golwg ar y Dymer Delynegol, 1890–1940* (Gwasg Prifysgol Cymru, 2004), a'r ymdriniaeth lawn gyntaf â bywyd a gwaith Saunders Lewis, *Un Bywyd o Blith Nifer* (Gwasg Gomer, 2006).

R. GERAINT GRUFFYDD: Athro Emeritws y Gymraeg, Prifysgol Cymru, Aber-ystwyth. Ymddeolodd fel Cyfarwyddwr Canolfan Uwchefrydiau Cymreig a Cheltaidd Prifysgol Cymru ym 1993. Ymddiddorodd mewn sawl maes, ond efallai mai ei gyfraniad mwyaf sylweddol yw ei waith fel Golygydd Cyff-redinol 'Cyfres Beirdd y Tywysogion' y Ganolfan (7 cyfrol, 1991–6). Y mae'n parhau'n Olygydd Ymgynghorol 'Cyfres Beirdd yr Uchelwyr' y Ganolfan (Golygydd Cyffredinol: Ann Parry Owen; 31 cyfrol, 1994–) a *Geiriadur Prifysgol Cymru* (Golygyddion: Gareth A. Bevan a Patrick J. Donovan). Daeth i sylweddoli gyntaf bwysigrwydd Waldo Williams fel bardd drwy ddarllen Colofn Farddonol *Baner ac Amserau Cymru* yn ystod y blynyddoedd wedi'r Ail Ryfel Byd.

R. M. JONES: Athro Emeritws y Gymraeg, Prifysgol Cymru, Aberystwyth. Ymhlith ei gyhoeddiadau diweddaraf y mae'r casgliad o gerddi *Y Fadarchen Hudol* (Cyhoeddiadau Barddas, 2005) a'r astudiaeth *Meddwl y Gynghanedd* (Cyhoeddiadau Barddas, 2005). Y mae ei wraig Beti yn dod o Glunderwen, ym mro mebyd Waldo Williams. Yr ysgrif hon fu'r bennod gyntaf mewn cyfres a gyhoeddwyd i gofio canmlwyddiant geni Waldo Williams yn 2004.

ALAN LLWYD: Ganed yn Nolgellau ym 1948, a threuliodd ei blentyndod yn Llan Ffestiniog, Meirionnydd, ac ym Mhen Llŷn. Graddiodd gydag Anrhydedd yn y Gymraeg ym Mangor ym 1970, ac y mae'n Gymrawd er Anrhydedd yn ei hen goleg. Y mae'n gweithio i'r Gymdeithas Gerdd Dafod, ac ef yw golygydd ei chylchgrawn, *Barddas*. Ef hefyd sy'n gyfrifol am ochr gyhoeddi'r Gymdeithas. Cyhoeddodd bron hanner cant o lyfrau un ai fel awdur neu olygydd. Ymhlith ei gyhoeddiadau diweddaraf y mae *Rhyfel a Gwrthryfel: Brwydr Moderniaeth a Beirdd Modern* (Cyhoeddiadau Barddas, 2003), *Cymru Ddu: Black Wales* (Hughes, 2005), a *Clirio'r Atig a Cherddi Eraill* (Cyhoeddiadau Barddas, 2005). Yn 2006 cyhoeddodd y gyfrol gyntaf yn ei gyfres arfaethedig ar hanes yr Eisteddfod Genedlaethol yn yr ugeinfed ganrif, *Y Gaer Fechan Olaf: Hanes Eisteddfod Genedlaethol Cymru 1937–1950*.

JOHN ROWLANDS: Athro Emeritws y Gymraeg ym Mhrifysgol Cymru. Brodor o Drawsfynydd a addysgwyd ym Mronaber, Blaenau Ffestiniog, Bangor a Rhydychen, ac a ddaliodd swyddi academaidd yn Abertawe, Caerfyrddin, Llanbedr Pont Steffan ac Aberystwyth. Bellach y mae wedi ymddeol i gyffiniau'r Groeslon. Y mae'n awdur saith nofel a nifer o astudiaethau beirniadol (yn cynnwys *Ysgrifau ar y Nofel* (Gwasg Prifysgol Cymru, 1992)). Ef yw Golygydd y gyfres 'Y Meddwl a'r Dychymyg Cymreig' (Gwasg Prifysgol Cymru).

ROBERT RHYS: Uwch-ddarlithydd yn Adran y Gymraeg, Prifysgol Abertawe. Cyhoeddodd astudiaeth fanwl o yrfa gynnar Waldo Williams, *Chwilio am Nodau'r Gân* (Gwasg Gomer, 1992), ac ef a olygodd *Waldo Williams: Cyfres y Meistri 2* (Christopher Davies, 1981). Y mae'r bedwaredd ganrif ar bymtheg hefyd yn faes ymchwil iddo; lluniodd gofiant Daniel Owen ar gyfer cyfres 'Dawn Dweud' Gwasg Prifysgol Cymru (2000), a bwriedir cyhoeddi ei astudiaeth o fywyd a gwaith y bardd a'r esboniwr James Hughes yn 2007. Y mae'n byw ym Mhorth-y-rhyd yng Nghwm Gwendraeth Fach, y cwm yr adroddodd hanes y frwydr i'w amddiffyn yn ei gyfrol *Cloi'r Clwydi* (Cymdeithas Les Llangyndeyrn, 1983). Bu'n Gyfarwyddwr Cyhoeddi *Barn* er 1986, ac yn olygydd *Y Cylchgrawn Efengylaidd* er 1996.

DAMIAN WALFORD DAVIES: Uwch-ddarlithydd a Chyd-gyfarwyddwr y Ganolfan Astudiaethau Rhamantaidd yn yr Adran Saesneg, Prifysgol Cymru, Aberystwyth. Prif feysydd ei ymchwil yw llenyddiaeth a gwleidyddiaeth cyfnod y Rhamantwyr, a llên Cymru yn Saesneg. Ymhlith ei gyhoeddiadau y mae *Presences that Disturb: Models of Romantic Identity in the Literature and Culture of the 1790s* (Gwasg Prifysgol Cymru, 2002), ac, fel golygydd, *Echoes to the Amen: Essays After R. S. Thomas* (Gwasg Prifysgol Cymru, 2003), *The*

Monstrous Debt: Modalities of Romantic Influence in Twentieth-Century Literature (Gwasg Prifysgol Wayne State, 2006; gyda Richard Marggraf Turley), a *Wales and the Romantic Imagination* (Gwasg Prifysgol Cymru, 2007; gyda Lynda Pratt).

Y mae ei gyhoeddiadau ar Waldo Williams yn cynnwys *Waldo Williams: Rhyddiaith* (Gwasg Prifysgol Cymru, 2001), *Môr Goleuni/Tir Tywyll* (Gwasg Gomer, 2004; gydag Aled Rhys Hughes), a 'Waldo Williams, "In Two Fields", and the 38th Parallel' yn *The Idiom of Dissent* (Gwasg Gomer, 2006; Golygydd: T. Robin Chapman).

JASON WALFORD DAVIES: Uwch-ddarlithydd yn Ysgol y Gymraeg a Chyd-gyfarwyddwr Canolfan Ymchwil R. S. Thomas ym Mhrifysgol Cymru, Bangor. Prif feysydd ei ymchwil yw llenyddiaeth Gymraeg yr Oesoedd Canol a'r ugeinfed ganrif, a llên Cymru yn Saesneg. Cyhoeddodd yn helaeth ar waith R. S. Thomas, ac ymhlith ei ymdriniaethau â'r bardd hwnnw y mae'r cyfrolau *R. S. Thomas: Autobiographies* (J. M. Dent, 1997), a *Gororau'r Iaith: R. S. Thomas a'r Traddodiad Llenyddol Cymraeg* (Gwasg Prifysgol Cymru, 2003) – monograff a osodwyd ar Restr Fer Llyfr y Flwyddyn 2004. Enillodd y Goron yn Eisteddfod Genedlaethol Casnewydd 2004 â'i bryddest 'Egni'. Ef yw Golygydd *Gweledigaethau: Cyfrol Deyrnged Yr Athro Gwyn Thomas* (Cyhoeddiadau Barddas, 2007) – casgliad y cyfrannodd hefyd ysgrif iddo ar 'Waldo Williams a "Buddugoliaeth yr Afonydd"' (ymdriniaeth â'r gerdd 'Y Dderwen Gam'). Y mae wrthi'n llunio cofiant i Waldo yn y gyfres 'Dawn Dweud' (Gwasg Prifysgol Cymru), a hefyd yn paratoi'r golygiad beirniadol diffiniol o gerddi'r bardd ar gyfer Gwasg Gomer.

ROWAN WILLIAMS: Archesgob Caer-gaint. Fe'i haddysgwyd yng Nghaer-grawnt, lle'r astudiodd ddiwinyddiaeth. Wedi gwaith ymchwil yn Rhydychen ar y meddwl crefyddol Rwsiaidd, gweithiodd fel offeiriad a darlithydd mewn diwinyddiaeth cyn cael ei benodi'n Athro Diwinyddiaeth ym Mhrifysgol Rhydychen ym 1986. Gwasanaethodd fel Esgob Mynwy rhwng 1992 a 2002, ac fel Archesgob Cymru rhwng 1999 a 2002. Y mae'n Gymrawd o'r Academi Brydeinig, ac ymhlith ei gyhoeddiadau y mae'r cyfrolau *The Wound of Knowledge* (Darton, Longman and Todd, 1979), *The Truce of God* (Fount, 1983), *Arius: Heresy and Tradition* (Darton, Longman and Todd, 1987), *Teresa of Avila* (Geoffrey Chapman, 1991), *Open to Judgement: Sermons and Addresses* (Darton, Longman and Todd, 1994), *Lost Icons: Reflections on Cultural Bereavement* (T&T Clark, 2000), *Christ on Trial* (Fount, 2000), a *Writing in the Dust: Reflections on 11th September and its Aftermath* (Hodder and Stoughton, 2000). Cyhoeddodd nifer o ysgrifau ar lên Cymru yn Saes-neg – yn eu plith ymdriniaethau â gwaith R. S. Thomas a Vernon Watkins – ynghyd â thair cyfrol o gerddi. Y ddiweddaraf yw *The Poems of Rowan Williams* (Perpetua Press, 2002).

Mynegai